111 GRÜNDE, DYNAMO DRESDEN ZU LIEBEN

Eric Spannaus

111 GRÜNDE, DYNAMO DRESDEN ZU LIEBEN

Eine Liebeserklärung an den großartigsten Fußballverein der Welt

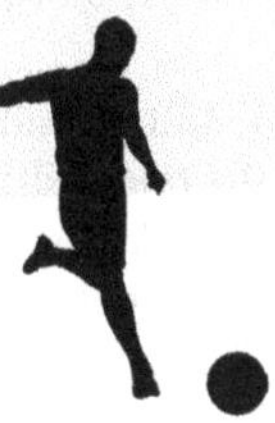

WIR SIND DER ZWÖLFTE MANN, FUSSBALL IST UNSERE LIEBE!

INHALT

DYNAMO DRESDEN, EINE UNMÖGLICHE UND NAHEZU UNBESCHREIBLICHE LIEBE

VORWORT

Wenn du dieses Buch über die SG Dynamo Dresden in den Händen hältst und dir sicher bist, es erwerben zu wollen, dann sei dir bewusst, vielleicht etwas völlig anderes zu lesen, als du zuvor vermutet hast. Dieser Verein ist so einzigartig und vielfältig in seiner Geschichte, dass es für mehrere Versionen von *111 Gründen, Dynamo Dresden zu lieben* reichen würde.

Erwartest du eventuell den Schwerpunkt auf der überbordenden Geschichte des Vereins? Stehen für dich die hart erkämpften Meisterschaften, die noch heute immer wieder erwähnten Europapokalschlachten oder die oftmals engen Pokalspiele im Mittelpunkt? Hoffst du auf die großen Siege und dramatischen Niederlagen einer längst vergangenen und in sich abgeschlossenen Epoche?

Oder liegt dein Hauptaugenmerk in der vielfältigen Fankultur Dynamos und ihren kreativen Auswüchsen? Könnte ein komplett ausgeschmücktes Dresdner Stadion für dich ein Beispiel sein, diesen Verein zu lieben? Wenn jeder der etwa 30.000 Zuschauer gegen einen sächsischen Konkurrenten eine gelbe, rote oder weiße Pappe in die Höhe hält und damit aus vielen kleinen Puzzleteilen ein großes zusammenhängendes Stadionbild entsteht? Ein großartiges Bild, welches dem Einzelnen, dir wie mir, aus dem Nichts und völlig unerwartet mal wieder intensiv zeigt, nicht nur gerade in einem Buch über den großartigsten Verein zu schmökern, sondern ihm wirklich ein für alle Mal verfallen zu sein? Oder verbietet sich das, wenn genau an diesem Ort Böller auf eigene und Gästespieler geworfen wurden?

Sollte man eher das Engagement der Fans wie die antirassistische Faninitiative namens 1953international oder die, welche die Schuldentilgung im Blick hat, in den Fokus der öffentlichen Wahrnehmung legen? Sollte es vielleicht viel eher im Vordergrund stehen, dass wahrhafte Massen dem Verein, der seit gefühlten zwei Jahrzehnten seinen früheren Erfolgen hinterherhinkt, treu bleiben?

Es könnte auch sein, dass nach dem Lizenzentzug die Rückkehr Dynamos aus der völligen Versenkung der Vierten Liga in den Mittelpunkt gerückt wird. An vorderster Front haben sich dabei meine persönlichen »Helden« Volker Oppitz und Maik Wagefeld gezeigt, welche sich in meiner Wertschätzung auch ohne ein einziges Europapokal- oder Länderspiel keinesfalls hinter einstigen Helden wie Reinhard Häfner oder den beiden Hans-Jürgens namens Kreische und Dörner verstecken müssen. Ist ein drittklassiges Spiel gegen Kickers Emden, gedreht in den letzten fünf Minuten, weniger legendär als ein Halbfinale im FDGB-Pokal 1978, welches ebenfalls erst ganz am Ende einen bereits unerwarteten dynamischen Sieger erhielt?

Wo kann man diesen Verein für die »Alten«, welche die großen Zeiten erlebt haben, oder die »Jungen«, welche von ihr gehört haben, greifen, um allen irgendwie gerecht zu werden? Kann das überhaupt gelingen?

Ist die SG Dynamo Dresden noch derselbe Verein, der er einmal war? Ist er aber wirklich ein anderer, wenn sich in diesen Jahren schwarz-gelbe Fans mehrere Tage vor den Ticketschaltern anstellen, um Karten für ein Relegationsspiel zwischen einem Zweit- und Drittligisten zu erwerben und das langersehnte Ticket dann feiern wie jene, die sich eine oder zwei Generationen zuvor nächtelang für ein Europapokalduell angestellt haben?

Es ist ein Spagat, dem Vorgestern, Gestern, Heute und vielleicht auch dem Morgen Genüge zu tun, aber es sollte wenigstens versucht werden …

Eric Spannaus

»Dynamo sorgt für emotionale Achterbahnfahrten. Es geht 90 Minuten hin und her, ganz nach unten, noch etwas tiefer, dann wird man nach oben geschleudert, nur, damit einem direkt im Anschluss vollständig der Boden unter den Füßen weggezogen wird. Wenigstens wird manchmal ein Eimer zum Erbrechen gereicht. Das ist Dynamo. Das war, ist und bleibt mein Leben!«

So endete 2014 mit dem letzten Zweitligaspiel gegen Arminia Bielefeld der 111. Grund und die 1. Auflage dieses Buches. Inzwischen sind zwei Jahre vergangen, und rund um die Sportgemeinschaft werden aktuell keine Eimer benötigt.

Unsere Sportgemeinschaft ist wieder zurück. Das Spiel gegen Arminia Bielefeld ist Geschichte und wird in der gerade begonnenen Zweitligasaison 2016/17 auch wieder weitere erhalten. Wir Anhänger schauen nicht mehr zurück, sondern optimistisch nach vorn.

Vor allem, nachdem wir nach Leverkusen 2011, dem FC Schalke 04 und dem VfL Bochum im Jahr 2014 vor wenigen Wochen den RasenBallern aus Leipzig ein wirklich schönes und uns allen noch einige Zeit in Erinnerung bleibendes Pokalspiel geliefert haben.

Manchmal mag man sich noch zwicken, ob es wirklich so gut ist, wie es derzeit erscheint, aber so langsam hat sich unser Vertrauen gefestigt, und Meinungsverschiedenheiten, die es in einem so emotionalen Verein wie Dynamo immer geben wird, werden inzwischen intern geführt.

Dies ist wahrscheinlich der interessanteste Punkt der vergangenen beiden Jahre, denn in Zeiten, in denen die Welt im Großen und Kleinen immer mehr zersplittert und Angst und Hass auch in Dresden eine tiefe Furche durch die Stadt gezogen haben, hat sich Dynamo, ein in der äußeren Wahrnehmung bisher als zutiefst zerstritten bekannter Verein, offensichtlich in seiner Vielfalt zusammenfinden können.

Eric Spannaus

EIN ERSTES WORT, EIN ERSTER GRUND

1. GRUND

Weil Dynamo Dresden ein Ruf vorauseilt

Schon einmal einen Anhänger der SG Dynamo Dresden gesehen? Die Fans sind alles Hooligans, welche provozierend und ständig betrunken Angst und Schrecken verbreiten. Wer dem erlebnisorientierten Pöbel mit den falschen Vereinsklamotten oder Aufnähern im Weg steht, hat diese samt Schal und Fahne abzugeben. Vielleicht werden rote-weiße Sachen des FSV Zwickau geduldet, aber das ist nur die einzige Ausnahme, welche die Regel bestätigt.

Unser Verein hatte seinen Tross noch nie im Griff, und eigentlich ist es doch eine Überlegung wert, ihn endlich aus dem Ligenbetrieb zu entfernen, wenn schon die ausgesprochene Sperre im DFB-Pokal nicht fruchtete. Zwischen 2002 und 2011 gab es 28 Verurteilungen und 16 Abmahnungen des Sportgerichtes gegenüber Dynamo.[1] Wir sind unbelehrbare Wiederholungstäter.

Im nebelnden Rauch, welcher ständig in und um unsere Fanblöcke aufsteigt, ist unsere Liebenswürdigkeit und sichere Orientierung irgendwann verloren gegangen. Die beste Zeit des Lebens ist die zwischen dem 20. und 35. Geburtstag. So war es bei uns auch. Obwohl: Wir hatten unseren Höhepunkt mit 36. Knapp drüber! Wir haben es ausgekostet, und danach ging es wie in unser aller Leben bergab, erst langsam und kaum spürbar, dann rasant und gewaltig. Noch heute sehnen wir uns nach den Zeiten zurück, die wohl nie mehr kommen werden. Erfolg definieren wir inzwischen großzügiger. Euphorie besteht schon, wenn wir mal drei Spiele am Stück nicht verlieren.

Die Geschäftsführung Dynamos, die in regelmäßigen Intervallen selbst hinwirft oder durch vereinsinterne Hinterlist hingeworfen wird, ist eine einzige Marionette des Aufsichtsrates, der Grauen Eminenz im Hintergrund. Dieser entscheidet letztendlich über die sportlichen Pläne derer, die es eigentlich verantworten sollten.

Ebenso sind unsere ständig wechselnden Trainer nicht zu beneiden. Sie scheitern wiederholt an den unterirdischen Trainingsbedingungen oder den ungezählten Vollzeittrainern aus dem schwarz-gelben Umfeld. Letztendlich sind es auch einzelne Spieler, welche, wenn es um einen neuen teuren Vertrag geht, zeigen, dass sie einen Ball stoppen können, ihn aber dann, wenn die Unterschrift unter dem neuen Kontrakt getrocknet ist, nicht mehr planvoll weiterspielen können.

Der langfristige Plan unseres Vereins besteht aus der ständig betriebenen Flickschusterei. Mit den Füßen wird niedergetrampelt, was in wenigen kontinuierlichen Jahren gesät wurde und langsam hätte zu wachsen beginnen können. Die Folge ist ein Verein, der davon lebt, dass aktuelle sportliche Entscheidungsträger mit den Ideen und Plänen ihrer Vorgänger arbeiten müssen.

Mein Verein befindet sich seit weit mehr als einem Jahrzehnt knapp vor der Insolvenz. Manchmal schienen wir uns bereits stillschweigend mittendrin zu befinden, bis wieder ein neuer Rettungsanker geworfen wird und uns ankettet. Einige Jahre später fällt der dann garantiert auf den Kopf der Nachfolger des Nachfolgers vom Nachfolger.

War es erst die Goldgräberzeit der Wende, welche gute dynamische Spieler für wenig Geld in die Bundesliga spülte und im Gegenzug einen gebrauchten Mannschaftsbus nach Dresden brachte, so waren es, als die ersten Millionen unerklärlicherweise versickert sind, selbst ernannte Fachleute aus verschiedenen Himmelsrichtungen, die den Verein noch weiter herunterwirtschafteten.

Das Stadion verfiel währenddessen. Die Weltmeisterschaft 2006 hätte vielleicht sogar ein kostengünstiges neues mit vielen Fördermillionen für die Stadt gestellt, wenn, ja wenn sich zu dieser Zeit nicht mehr als je zuvor die Sinnfrage gestellt hätte. Ein WM-taugliches Stadion für einen maroden Viertligisten? Das war den Entscheidungsträgern letztendlich zu heiß.

Aber Dynamo hat sich irgendwie wieder aufgerappelt, mit dem Fachverstand eines Trainers, der Cleverness eines Teilzeitmanagers und einem Geschäftsführer, der zur richtigen Zeit auch mal den überschäumenden äußeren Erwartungsdruck aushalten konnte. Parallel entwickelten junge Anhänger eine neue Art der Unterstützung des Vereins und schlossen sich zu den Ultras Dresden zusammen. Verkürzend zusammengefasst entstand durch sie der inoffizielle Nachfolger der legendären Dresdner Stadionshows aus den letzten wirklich großen Jahren.

Doch mit der Veränderung, welche den Verein vor der Beliebigkeit gerettet hat, ist auch die Krux der heutigen Wahrnehmung enthalten. Die neue Stadionshow war laut, hell und ziemlich heiß. Sie wurde in Dresden wahr- und angenommen, und im Inneren unseres Fußballtempels wurde es wieder sichtbar voller.

Der Sportgerichtsbarkeit war das Unangepasste der Dresdner ein Dorn im Auge, und das wurde abgestraft. Die Presselandschaft saugte den Knatsch begierig auf und verkürzte das Geschehen, dass es in eine Schlagzeile passte und sich weiter schön erhitzte. Parallel hielten Schlagworte wie »Kommerz«, »Tradition«, »Fankultur« und »Moderne« nicht nur in Dresden Einzug. Es folgte für unseren Verein ein Spagat zwischen dem harten Kern seiner Fans und dem Verband, welcher Dynamo innerlich zerreißt, und die Spirale drehte sich immer weiter.

Die am Anfang genannten Verurteilungen und Abmahnungen sowie die öffentliche Wahrnehmung haben zunehmend eine Schlinge um den Hals des Vereins gelegt. Zwischenzeitlich glaubte man fast, dass sich eine Annäherung zwischen den Streithähnen anbahnen könnte, doch die aktuelle Saisonauftaktansprache der Ultras lässt anderes erahnen. Zwar erfolgte eine Distanzierung von

Böllern, jedoch keine vom aktiven Nutzen der Pyrotechnik, welche unsere neue Stadionshow jahrelang begleitete. Dafür werden auch neue Strafgelder für den Verein in Kauf genommen sowie die weitere Zementierung unserer bereits dürftigen Außenwahrnehmung. Unsere Bewährung für alte Verfehlungen läuft fast eine ganze Saison. Es ist nicht unwahrscheinlich, dass sie uns vor dem aktuellen Saisonende auf die Füße fällt.

So sieht es aus, wenn man einen ersten kleinen Blick von außen auf die SG Dynamo Dresden wirft. Es klingt nicht wirklich positiv. Es zeichnet das graue Bild eines Vereins ab, der noch in und von der Vergangenheit lebt. Harter Tobak, aber schließlich gibt es noch 110 Gründe, viele verschiedene Farben hinzuzufügen und damit zu zeigen, dass »Dresden … anders ist«.

KAPITEL 1

PERSÖNLICHES

WIE ES MICH ERWISCHTE UND NIE WIEDER LOSGELASSEN HAT

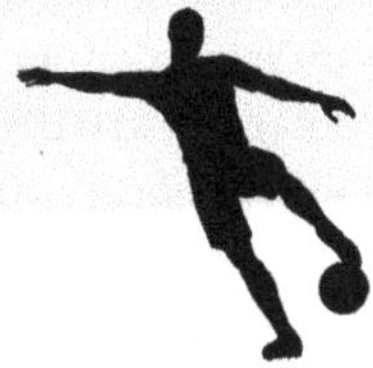

2. GRUND

Weil ich im größten Erfolg zum Verein gefunden habe und bis heute geblieben bin

Von der Familie habe ich meinen Faible für Dynamo Dresden nicht. Einzig mein Opa spitzte jeden Samstag ein Ohr für den Verein, wenn er am Küchentisch vor dem Radio saß und bei den Übertragungen der Spiele mitfieberte. Da hatte Ruhe zu sein. Dies war für kleine Rabauken von nicht einmal zehn Jahren so jedoch nicht umsetzbar. Also mied ich die Küche, wenn ich an der Tür bemerkte, dass ein Sportreporter kommentierte.

Mein Vater, meine Mutter oder andere Verwandte hatten mit dem Ball überhaupt keine Freude. Es waren nicht die besten Voraussetzungen, ein Fan der SG Dynamo Dresden zu werden. Der wurde ich dennoch und zwar im Verlauf einer ganzen Saison, der erfolgreichsten der gesamten Vereinsgeschichte. Das überhaupt erst einmal richtig einzuordnen, dauerte eine lange Zeit.

Spielte Dynamo, so konnte ich die Aufregung in der ganzen Stadt bemerken. Vor allem vor internationalen Spielen nahm ich es wahr. Die Spannung, die vor den Spielen spürbar ist, hat im 70. Grund einen Platz in diesem Buch erhalten. Dynamo Dresden war und ist noch heute der Mittelpunkt der Stadt.

Die ersten beiden Runden um den UEFA-Pokal waren mir noch relativ egal, dann kamen Ende des Jahres die Achtelfinalspiele gegen den AS Rom. Ich war altersbedingt weder politisch vorbelastet noch vorgebildet. Für mich klang der AS Rom nach großem Fußball, und von Rudi Völler, der damals für die Römer auflief, hatte ich schon einmal gehört. Wer in Italien spielte, musste schon besonders gut sein, also war das auch eine große Mannschaft, in der er spielte. – Kinderlogik, gar nicht so verkehrt.

Und wir gewannen! Mein Opa war nach dem Spiel sehr zufrieden. Leider sah er in seinem Enkel nicht unbedingt einen adäquaten

Gesprächspartner, wodurch die Fragen, die ich hatte, unbeantwortet blieben. In meiner Klasse erwachten zu dieser Zeit noch weitere kleine Dynamo-Fans, doch deren Wissen war ähnlich rudimentär.

Ich begann, alle Zeitungsberichte über Dynamo zu lesen. Der Briefkasten wurde ein enger Freund nach Schulschluss. Hier las ich nach dem Rückspiel, das »Ein 4:0 am Ende in der Gesamtrechnung … die Sensation dieser Achtelfinalrunde des UEFA-Cups …« gewesen sei.[2]

Ich wollte noch mehr wissen. Dass Dynamo parallel die Oberliga dominierte, hatte ich inzwischen auch bemerkt. Das Viertelfinale im Europapokal gegen Victoria Bukarest ist mir aus heutiger Sicht nicht so in Erinnerung geblieben. Das Halbfinale jedoch beschäftigt mich noch heute.

Während des Hinspieles waren meine Klasse und ich auf unserer ersten Klassenfahrt im Zittauer Gebirge. Die Anspannung vor den Europapokalspielen hatte sich inzwischen auch auf einige meiner Klassenkameraden übertragen. Jens hatte ein Radio dabei und war unser Held. Gemeinsam saßen wir in Schlafanzügen zwischen den Doppelstockbetten und lauschten gebannt der Stimme des Reporters, der uns gedanklich nach Stuttgart mitgenommen hatte. Unsere Klassenlehrerin lauschte seinen Worten ebenfalls. Sie war wahrscheinlich genauso von der Spannung des ersten Halbfinalspiels angesteckt wie wir. Mit geschlossenen Augen folgte ich den Beschreibungen des Reporters. Mit den Bildern, die in meinem Kopf entstanden, erlebte ich meinen ersten Stadionbesuch.

Das 0:1-Ergebnis bot einige Möglichkeiten, im Rückspiel eventuell noch das Finale erreichen zu können. Davon waren wir überzeugt, als wir nach dem Spiel völlig fertig waren. Dass wir uns gerade im größten Moment der Vereinsgeschichte befanden, ist für mich auch heute noch etwas Besonderes. Ich habe die ganzen Meistertitel und Pokale in den 70ern verpasst, aber der Moment, in dem es bei mir so richtig eingeschlagen hat, ist der tatsächliche Höhepunkt Dynamos!

Das Rückspiel verfolgten mein Bruder und ich ebenfalls am Radio. Wir hatten unsere Eltern nicht in unsere Pläne eingeweiht. Um keine ungewollte Aufmerksamkeit auf uns zu ziehen, waren wir ungewohnt pünktlich bettfertig. Das Radio hatten wir vor dem ersten elterlichen Blick gut versteckt, und als sich die Tür von außen schloss, begann für uns das Spiel der Spiele. Ab jetzt war ich Feuer und Flamme, seit der ersten Spielminute.

Knapp zwei Monate später endete die Oberligasaison mit dem siebten Meistertitel nach zehn Jahren Berliner Glücksseligkeit. Inzwischen kam es immer öfter vor, dass ich neben meinem Opa saß, wenn am Wochenende ein Spiel im Radion zu hören war.

3. GRUND

Weil mein erster Besuch des Stadions gut ausgegangen ist

Ich bin Fan von Dynamo geworden, ehe ich sie überhaupt einmal im Stadion erlebt habe. Meine Eltern hatten kein großes Interesse, mit mir im Regen in einem Block zu stehen, wo 22 Spieler einem Ball nachlaufen, nur gebrüllt wird und außerdem immer irgendwas passiert. Gegen diese Totschlagargumente kam ich, gerade einmal zehn Jahre alt geworden, noch nicht an. Der Einzige, der mir hätte helfen können, war mein Opa, der sein Ohr noch immer bei jeder Radioübertragung hatte, aber selbst nie im Stadion gewesen war. Es gab für mich keinen innerfamiliären Fürsprecher und daher auch vorerst keinen Besuch im Stadion.

Alles, was ich mitbekam, waren die samstäglichen Zusammenfassungen in der *ARD-Sportschau*. Nachdem 1992 die Senderechte an SAT.1 gingen und wir in Dresden noch immer ahnungslos lebten, durfte ich hin und wieder das *Aktuelle Sportstudio* im ZDF schauen. Neben Radioübertragungen zu hören, las ich Zeitungsartikel, die zwei Tage später erschienen. Sternstunden waren natürlich, wenn es mir gelang, im richtigen Moment bei jemandem zu sein, der eine Satellitenschüssel oder Kabelfernsehen sein Eigen nannte.

Meine Eltern blieben unnachgiebig, mussten aber langsam anerkennen, dass Dynamo höchstwahrscheinlich nichts war, was etwas anderem weichen würde. Irgendwann war ich so weit gekommen, dass sie ihr kategorisches Nein zu einem »auf keinen Fall allein« aufweichten. Ich bemerkte die dezente Veränderung in ihrer Aussage. Als ich einen unserer Nachbarn mit einem schwarz-gelben Schal an mir vorbeilaufen sah, wusste ich, was zu tun war.

Am gleichen Abend erzählte ich meinen Eltern von meinem Plan, mit Herrn Wahl ins Stadion zu marschieren. Sein Nachname war Programm. Er war riesengroß, breitschultrig und das Allerwichtigste: Er war erwachsen. Wenn jemand zu einem Bodyguard taugte, dann war er es. Meine Eltern hatte ich dermaßen überrumpelt, dass ihnen auf die Schnelle kein Gegenargument mehr einfiel. Herr Wahl konnte damit leben, mir als übergroßer Schutzschild einen Stadionbesuch zu ermöglichen.

So durfte ich am 12. November 1994, mehr als fünf Jahre nach meiner Erweckung, erstmalig das Innere eines Fußballstadions erleben. Im Nachhinein war es wohl gut, dass meine Eltern nichts über unseren Gegner wussten, außer dass er laut der Aussage meines persönlichen Beschützers als Aufsteiger aus einer kleinen Stadt garantiert nur wenige Fans mitbringen würde und unsere Fans als zu erwartender Sieger bestimmt eher Feierlaune haben würden als alles andere. Herr Wahl war ein positiv denkender Mensch, der wusste, was man laut sagen sollte und wie man unbegründete Sorgen von Eltern vermied.

Die Geschichte um das erste Aufeinandertreffen vor ungefähr acht Jahren, als wir im Europapokal bereits einmal nachhaltig aufeinandertrafen, war in diesem Gespräch kein Thema. Ich hatte zwar schon davon gehört, dass es da ein Wahnsinns-Spiel gab, stöberte jedoch noch nicht in der Vereinsgeschichte herum.

Ich war aufgeregt und stolz wie Bolle und genoss schon vor dem Anpfiff meinen ersten Besuch. Herr Wahl »beschützte« mich, während wir schräg hinter einem der Tore standen, direkt im äußersten Winkel des bereits damals berühmten K-Blocks. Der Anpfiff war kaum ertönt, als ich das Spiel mit all seinen Protagonisten in mich aufsog. Ich behielt, anders als am Radio, die Augen geöffnet und genoss die unbekannten Freiheiten, selbst entscheiden zu können, wohin sich mein Blick richtete. Erstmals sah ich, was die Kameras nicht einfingen. Plötzlich war es gespenstig still, denn Uerdingen hatte zum 1:0 getroffen.

Die heute oft erlebte Dauerbeschallung durch den eigenen oder auswärtigen Anhang gab es in der Form noch nicht. Es war sogar möglich, mit einem gut geplanten Ruf auf den Rasen gehört zu werden. Kurz vor der Pause gelang der Ausgleich. Thomas Rath war der erste Dresdner Torschütze, dem ich kräftig zujubelte. Anfang der zweiten Hälfte gab es die kalte Dusche und die endgültige Sicherheit, sich in einer schweren Saison zu befinden. Uerdingen erzielte noch ein Tor und markierte damit den Endstand von 1:2.

Ich schwankte euphorisiert neben meinem Bodyguard nach Hause. Nun endlich hatte ich einen ersten kleinen Einblick, was da drinnen so vor sich ging. Es war das letzte Heimspiel unseres Trainers Siegfried Held. Die Abwärtsspirale, die bereits Fahrt aufgenommen hatte, drehte sich schneller und zog uns mit sich, und ich war dabei.

4. GRUND

Weil das *kicker Sonderheft* Torsten Gütschows Leistungen jahrelang missachtet hat

Da ich das Stadion in der gesamten Bundesligazeit von Dynamo nur einmal von innen gesehen habe, benötigte ich etwas anderes, um meine Zeit mit dem Verein zu verbringen. Nach dem ersten Bundesligajahr war Dynamo als einzige Ostmannschaft übrig geblieben und war nun das Aushängeschild des ganzen Fußball-Ostens. Vor der zweiten Saison war ich sehr nervös. Was würde uns erwarten?

In der Sommerpause kaufte ich mir mein erstes *kicker Sonderheft*. Dieses Heft wurde über die Jahre so etwas wie eine Bibel für mich. In ihm fand ich alles, was ich teilweise nicht einmal suchte. Die höchsten Siege der verschiedenen Vereine, die fünf Spieler mit den meisten Einsätzen und die kompletten Kader aller Bundesligamannschaften.

Vor allem fesselte mich natürlich mein Herzensverein. Während ich von der Oberliga nur die letzten zweieinhalb Jahre erlebt hatte und meine Vorstellungskraft nicht annähernd an die 392 Oberligaspiele eines Hans-Jürgen Dörner heranreichte, war ich jetzt von Anfang an dabei. Natürlich gab es nach dem ersten Jahr noch nicht so viel zu sehen, und die Listen waren gegenüber Vereinen wie dem Hamburger SV oder dem 1. FC Köln eher niedlich. Aber es gab Vereine wie den 1. FC Saarbrücken, an die wir bald herankommen könnten.

Das Sonderheft begleitete mich das gesamte Jahr. Es wurde immer wieder hervorgekramt, wenn ich während der Saison mitbekam, dass Spieler X oder Y sein zehntes Saisontor erzielt hatte oder ein anderes Jubiläum feierte. Auch war ich firm darin, zu wissen, von welchem Verein ein Spieler wohin gewechselt war. Dass ich die meisten Gesichter den einzelnen Mannschaften zuordnen konnte, versteht sich von selbst.

Gespannt wartete ich auf das Erscheinen meiner Bibel im folgenden Sommer. Dynamo hatte inzwischen zwei Jahre in der Bundesliga bestanden. Zittrig öffnete ich das Heft, als ich es endlich in den Fingern hatte. Es hatte Verschiebungen in den einzelnen Listen gegeben. René Müller hatte noch immer sämtliche absolvierten Spiele auf dem Feld erlebt und war als bester Dresdner inzwischen bei 72 Einsätzen angekommen.

Aber bei den Torschützen hatten die was vergessen.[3] Da teilte sich Torsten Gütschow den Sonnenplatz mit Dirk Zander. »Horstl« war einer meiner ersten Fußballhelden, er hatte aber nicht zehn-, sondern zwölfmal ins Bundesligator getroffen. Inzwischen spielte er in Istanbul und interessierte sich aus der Türkei wahrscheinlich nur bedingt dafür, ob seine letzten beiden Tore aus der Saison 1992/93 aufgeführt waren; aber für mich, der die Entwicklung der eigenen Mannschaft in einer neuen Liga mitverfolgen konnte, war diese Liste ganz elementar, und sie war falsch!

Ich war enttäuscht. Die Artikel über die 18 Vereine vor der Saison waren für mich nebensächlich. An die Überschrift, »Ein Held und sein Marschall-Plan«, erinnere ich mich noch heute, aber eher beschäftigten mich damals diese zwei fehlenden Tore.

Glücklicherweise war Dynamo Dresden auch nach der »4-Punkte-Saison« ein Vertreter der Ersten Bundesliga, und erneut kaufte ich mir das Sonderheft. Ich ging fest davon aus, dass der verantwortliche Redakteur seinen Fauxpas mitbekommen hatte oder durch einen interessierten Leser hingewiesen worden war. Freudig schlug ich das neu erschienene Büchlein auf und sichtete die Zahlen. Die meisten Spiele, 96 an der Zahl, hatte inzwischen Detlef Schößler absolviert. Sein persönliches Jubiläum nahte. Die meisten Tore hatte …

… ich konnte es nicht fassen! Der »Marschall-Plan« hatte gut funktioniert. Die elf Saisontore des Olaf Marschall waren korrekt eingetragen, aber er war nun mal nicht bester Bundesligatorschütze der Dresdner, das war unverändert Torsten Gütschow. Den fand ich auf dem Silberrang mit zehn Treffern aufgelistet.[4]

Als Dynamo nach der vierten Saison in der Ersten Bundesliga keine Lizenz mehr erhielt und zwei Ligen tiefer mit einer völlig neuen Mannschaft begann, beschloss ich, selbst aufzupassen, wer wann wie viele Spieler absolviert und Tore erzielt hatte. Torsten Gütschow erhielt viele Jahre später seine verdiente Toreszahl. Im Sonderheft anlässlich 50 Jahre Bundesliga gab es noch einmal eine Auflistung der Besten. Da stimmte dann endlich alles.

5. GRUND

Weil es bei Dynamo den Klub der älteren Semester gab

Als die Lizenz verloren war, habe ich regelmäßiger ins Stadion gehen dürfen. Ich hatte inzwischen auch ein Alter erreicht, wo ein durch meine Eltern ausgesprochenes Verbot eher eine Herausforderung darstellte, als es zu akzeptieren. Zähneknirschend ließen sie mich eigene Erfahrungen im Stadion sammeln.

Mit ein paar Schulfreunden war ich ab da immer wieder im Stadion, und gemeinsam erlebten wir den sichtbar gewordenen Absturz hautnah mit. Zuerst natürlich da, wo es am lautesten und auch unkorrektesten zuging, in dem Block, wo ich mein erstes Spiel erlebt habe. Mir wurden Geräusche und Rufe bewusst, die ich beim ersten Besuch nicht wahrgenommen hatte. Affenlaute, Arschlochrufe, Drohungen. Selbst wenn die Gürtellinie bereits von Anfang an sehr leger hing, wurde sie während eines Spieles gegenüber dem Schiedsrichter und den gegnerischen Spielern noch mehrfach tiefer gelegt. »Weißflog, deine Frau geht fremd, und sie f***t im Unterhemd.«

Es war das erste Regionalligaheimspiel, und Ralf Minge lief zielstrebig zur falschen Trainerbank. Ich sah das sächsische Derby, welches nach vier Spieljahren seine Neuauflage erlebte. Inzwischen 16 Jahre alt, fühlte ich mich zwischen den grölenden Massen unwohl. Zum Glück sahen es meine Freunde ähnlich, und so wanderten wir nach einem traurigen Versuch in den benachbarten Block L ab. Dass wir uns da genau zwischen der lauten Fanszene, aus der später die Ultras Dresden entstanden, und den Hools aus Block M niederließen, hätte meinen Eltern garantiert besorgt. Zum Glück wussten sie es nicht, wir zu dieser Zeit übrigens ebenso wenig.

Ich beschreibe hier die Regionalligazeit Mitte der 90er-Jahre kurz nach dem Lizenzentzug und nicht das Heute, aber wenn's beim ersten Kennenlernen nicht funzt, wird's am Ende selten die heiße Liebe.

Im Block L war es bedeutend ruhiger. Dort sammelten sich die älteren Semester, welche die erfolgreichen Zeiten des Vereins erlebt hatten und dementsprechend litten. Als wir uns das erste Mal dazugesellten, wurden wir nicht einmal kritisch beäugt, sondern einfach ignoriert. Sie wollten ihre Ruhe haben.

Aufgrund der tristen Zeit wurden wir glücklicherweise nicht als Erfolgsfans verhöhnt. Als gleichberechtigt wahrgenommen wurden wir jedoch definitiv auch nicht. Da wir nicht miteinander sprachen, gaben wir einigen von ihnen Namen. Da war ein älterer Anhänger, den wir aufgrund seines gestrickten Pullovers mit dem großen »D« in der Mitte »Martin« tauften. Neben ihm stand »Wolle«, dazu gesellte sich regelmäßig »Horst mit seiner Fahne«. Martin, Wolle und Horst mit seiner Fahne waren nicht nur vor dem Spiel ruhig, auch währenddessen waren sie stille Beobachter der spielerischen Offenbarung, die da auf dem Feld abgeliefert wurde.

Wir schauten uns das Spiel an und betrieben unsere pubertierenden Sozialstudien, jedoch fühlten wir uns deutlich wohler als bei den tobenden Fans. Nach mehreren Spielen im gemeinsamen Block nickten wir uns dann zu, was nahezu die Endstufe unserer Beziehung darstellte.

Martin war der Trainer unter den dreien. Er beobachtete und nahm dann in der Halbzeitpause das Spielgeschehen auf dem Feld auseinander, dass man sich durch seine Beschreibungen wieder mittendrin befand. Ich konnte wie früher die Augen schließen und war trotzdem dabei. Wo welche Chance ihren Anfang genommen hatte und wer wann nicht aufgepasst hatte – Martin hatte alles gespeichert. Seinen Halbzeitbeobachtungen zu folgen wurde zu unserem unausgesprochenen Highlight.

Gegen Ende des Spieles wurde es dann auch in unserem neuen Block lauter. Horst mit seiner Fahne war ein wenig der Einpeitscher. Wedelte er, begann Wolle, die Energie seines Kumpels in gebrüllte Lautstärke umzuwandeln. Martin stand und beobachtete weiter. Besonders gegen die Reinickendörfer Füchse, als Jörg Schmidt fast zeitgleich mit dem eigentlich erwarteten Schlusspfiff doch noch das 1:0 erzielte, explodierte auch unser Block an ungewohnten Gefühlsaufwallungen. Wir lagen uns kurz in den Armen und feierten einen glücklichen Sieg.

Ich weiß bis heute nicht die wirklichen Namen von Martin, Wolle und Horst mit seiner Fahne, sie waren aber am ehesten meine Mentoren, wenn man seine eigene Art des Fandaseins beschreiben möchte. Sie waren die Art Fan, zu der ich selbst geworden bin. Ein stiller und genauer Beobachter des Spieles. Ich leide 90 Minuten mit und speie am Ende das ganze angestaute Adrenalin verbal aus.

6. GRUND

Weil sich unsere Idole den Ball zuspielten, während wir ihm nachrannten

Der Ambulante Kinderhospizdienst Dresden begleitet Familien mit lebensverkürzend erkrankten Kindern in ihrem Alltag.[5] Ehrenamtliche Mitarbeiterinnen und Mitarbeiter geben ihr wertvollstes Gut, ihre Zeit, um Freiräume für die betroffenen Familien zu schaffen. Das Geld, um die Dienste arbeitsfähig zu gestalten, muss zum überwiegenden Teil über Spenden gesammelt werden. Zum Glück gibt es Leute wie Oliver, die ein Talent zum Organisieren haben, ein weitreichendes persönliches Netzwerk und vor allem Ideen.

Im Sommer 2009 fand ein Fußballturnier zugunsten des Dresdner Dienstes statt. Zehn Mannschaften kämpften auf einem Halbfeld um einen Pokal, zuallererst jedoch um Tore. Jedes einzelne war Oliver fünf Euro wert. Wir nahmen als begünstigter Verein selbst mit einem bunten Team teil. Zusammengestellt aus ehrenamtlichen Mitarbeitern, betroffenen Vätern, Freunden und Bekannten, befand ich mich nach langer Zeit mal wieder selbst aktiv auf einem Fußballplatz. Die Kondition würde nicht lang reichen und mein fußballerisches Know-how war ausbaufähig, dennoch waren wir guter Dinge, denn wir hatten einen Trumpf, der es für uns richten würde.

Thomas Rath, der erste Torschütze, welchem ich im Stadion zujubeln durfte, befand sich unter uns. Es konnte gar nichts schiefgehen. Jedoch konnte er vorn gar nicht so viele Tore schießen, wie wir hinten durchließen. »War fünf Euro wert«, wurde schnell zum geflügelten Wort, um die eigenen konditionellen Dissonanzen zu kaschieren. Für mich gab es bei jedem gegnerischen Angriff genau einen Versuch, ihn zu unterbinden. Gelang das nicht, »war (es) fünf Euro wert!«, denn wenn Ball und Gegner an mir vorbei waren, holte ich sie garantiert nicht mehr ein.

Für das Finale reichte es nicht, aber wir hatten trotzdem viel Spaß. Wie oft spielt man schon mit einem ehemaligen Bundesligaspieler in einer Mannschaft? Vor dem Finale wurde gebeten, dass von den Truppen, die ausgeschieden waren, sich noch einmal jeweils ein Spieler auf dem Platz einfinden solle. Unsere Begeisterung hielt sich in Grenzen. Wir waren platt, frisch geduscht und spürten Muskelstränge, die wir im Alltag gar nicht nutzten.

Das änderte sich schlagartig, als ich sie zum Sportplatz schlendern sah. Ralf Minge, flankiert von Volker Oppitz, Maik Wagefeld, Axel Keller und einem Spieler, den ich nicht richtig zuordnen konnte. Zusätzlich streifte sich Thomas Rath ein gelbes Leibchen über. Ein dynamisches Allstarteam würde gegen uns antreten. In mir erwachten neue Kräfte. Ich wollte, ich konnte und ich würde!

Auch in die anderen ausgeschiedenen Turnierhelden kam Bewegung. Unser zusammengewürfeltes Team war auf einmal zahlenmäßig fast schon zu gut besetzt. Ich stellte mich demonstrativ auf das Feld. Das musste ich erleben.

Schnell bekamen wir gezeigt, wie ein Spiel aussehen könnte, wenn man den Ball beherrschte. Wir flitzten, während sich unsere Helden die Bälle zuspielten. Ihre Pässe kamen an, ich staunte. Der Ball tropfte an Maik Wagefeld ab und wurde von ihm zu Ralf Minge weiterbefördert. Dass ich schnaufte und eher ein Hindernis als ein Mitspieler meiner Mannschaft war, war mir völlig egal! Ich war dabei.

Der überwiegende Teil ihrer finalen Pässe war im Anschluss »fünf Euro wert«. Die, die es können, hatten rasch 45 Euro erspielt und nahmen nun mehrere Gänge raus, um uns Geld einspielen zu lassen. Mir gelang es, das Klischee der runden Fußballerbeine zu bedienen, als ich ungeplant Ralf Minge tunnelte. Leider war das keine fünf Euro wert.

Sie ließen uns gewähren. Als ich erschöpft im Strafraum ankam und über meine Beine zu Boden glitt, ertönte ein Pfiff und der Schiri zeigte grinsend auf den Punkt. Maik Wagefeld half mir hoch und meinte, dass er mich irgendwann zu Boden hätte befördern müssen, wenn ich nicht langsam mal selbst gefallen wäre. Unter gütiger Hilfe des Torwartes gelang es mir, dass mein »Schüsschen« noch über die Linie kullerte.

Am Ende des Tages wurden insgesamt 1.000 Euro für die Arbeit des Ambulanten Kinderhospizdienstes Dresden erspielt, über eine Tombola eingenommen und mit Essen und Trinken erwirtschaftet. Es war, auch wenn es nur eine Gaudi war, ein großes Erlebnis, zwischen aktuellen und einstigen Fußballgrößen auf dem Fußballfeld zu stehen.

Ralf Minge ließ es sich einige Wochen später nicht nehmen, mehrere vom Dienst begleitete Familien und ehrenamtliche Mitarbeiterinnen und Mitarbeiter zu einem Punktspiel ins neu eröffnete Stadion einzuladen. Das Spiel wurde nach zweimaliger Führung gegen Kickers Offenbach noch mit 2:4 verloren, war für die Eingeladenen dennoch ein großes Erlebnis.

7. GRUND

Weil mir Dynamo ganz nebenbei gezeigt hat, wie mein Kind größer wird

Als Fan von Dynamo hat man es nicht immer leicht. Diese Lektion wurde mir rasch eingeimpft. Während andere Mannschaften lange Zeit vor Saisonende Planungssicherheit haben und sich in Ruhe auf das kommende Spieljahr vorbereiten können, tanzen wir vorwiegend auf einer dünnen Schnur am Abgrund entlang.

Am 14. April 2014 spielte Dynamo unter Montagsflutlicht gegen den TSV 1860 München und gewann erstmals nach vorher 13 missglückten Versuchen. Der Abstand zu einem direkten Abstiegsplatz war größer geworden. Als ich am darauffolgenden Morgen meinen Sohn für die Schule weckte, gab es eine kleine Sequenz, in der ich von jetzt auf gleich gezeigt bekam, dass er größer und reifer geworden ist. Andere Eltern werden ähnliche Momente sicherlich kennen.

Ich war noch völlig euphorisiert und wollte ihm rasch mitteilen, was am Vorhabend passiert war. Das süße dynamische Gift, das ein Vierteljahrhundert zuvor aus mir einen Fan gemacht hat, hat bereits eine spürbare Wirkung auf ihn hinterlassen, aber als Vater möchte man ja auch sichergehen. Wenigstens ein weiterer Fan, wenn schon die eigene Frau immun gegen die Farben Schwarz und Gelb ist, würde unserer Familie gut zu Gesicht stehen.

»Guten Morgen, aufstehen! Wir haben gewonnen!« Die Wichtigkeit morgendlicher Informationen wurde bewahrt.

»Echt?« Etwas schlaftrunken sah er mich an.

»4:2!«

»Quatsch! Vier Tore!«

Das war neu. Es gab kein Alles oder Nichts mehr. Er zweifelte nicht prinzipiell die erhaltene Information an, jedoch glaubte er, ich übertreibe.

»Kannste glauben.« Und schon bog Pawlow um die Ecke und ich begann reflexartig, Dynamo gegenüber demjenigen, der gerade vom Glauben abgefallen war, zu verteidigen.

»1:0 Tobias Kempe nach fünf Minuten durch einen direkten Freistoß. 2:0 nach elf Minuten durch Idir Ouali. Direkt in den rechten Winkel gedreht. 3:0 nach 20 Minuten durch Fußballgott ...«

Ich unterbrach meine Aufzählung. Die eigene Begeisterung war ungebrochen, doch mein Sohn hatte recht. Das klang für das morgendliche Ohr zu unglaublich. Mehr als zwei Jahre hatten wir keine vier Tore mehr in einem Spiel erzielt und jetzt war ich bereits nach 20 Minuten bei dreien angelangt. Zuletzt hatten wir zwei Spiele am Stück gar nicht getroffen. Außerdem, direkter Freistoß, ein Kunstschuss, ein Fußballgott, der seine Ladehemmung überwunden hatte ... Das sollte Dynamo im Abstiegskampf sein?

»Das glaube ich nicht!«

Sohnemann war sich sicher, und ich konnte es ihm nicht einmal verübeln. Er schaute mich fest an und seine Skepsis war ungebrochen. Es war gerade ein besonderer Moment, den ich hier erlebte. Mein Sohn hinterfragte den eigenen Vater. Nichts, was ihm erzählt wird, galt nun noch als unumstößlicher Fakt. Ich war stolz auf ihn, und doch musste es mir irgendwie gelingen, ihm glaubhaft zu übermitteln, was gestern Abend geschehen war.

»Und das stimmt wirklich? Wo ist die Zeitung?«

Mein Sohn kam mir entgegen. Er mochte mir glauben. Als ich ihm auf die Schnelle über das Handy ein Interview vorspielte, in dem unser Trainer ebenso begeistert wirkte, wie ich es noch immer war, strahlte auch er. Auch wenn man oft mit ihr hadert, das war unsere Mannschaft, unser Verein. Dass man Interviews manipulieren könnte, werde ich ihm bei anderer Gelegenheit erzählen.

8. GRUND

Weil sich Dynamo im Würgegriff schlechter Theaterstücke befand

Bei uns ist es ein Ritual, sich zu Geburtstagen langfristig einen großmütterlichen Babysitter zu organisieren und als Paar einmal wieder schick auszugehen. Im Herbst 2011 wollte ich an einem gemeinsamen Abend gleich mehrere Fliegen mit einer Klappe schlagen. Im Dresdner Wechselbad war kurz vorher ein Krimidinner mit dem Namen *Im Würgegriff der Taubenmafia* neu ins Spielprogramm aufgenommen worden. Mit der Liebsten lecker speisen, eine Theateraufführung genießen und am Ende gemeinsam den oder die Täter überführen. Das klang nach einem angenehmen Abend. Vielleicht war auch ein wenig der erhöhte Druck herauszuhören, weil ja alles passen sollte, wenn man schon einmal einen Abend sturmfrei hat.

Der Abend war fußballfrei geplant. Dynamo Dresden war glücklich aufgestiegen und in der Stadt herrschte die bekannte Erfolgshysterie nach der ersten kleinen Erfolgsserie. Irgendwie war es wohl eine logische Folge, dass mein Herzensverein zu dieser Zeit in ein Theaterstück hineingeschrieben werden musste.

Ich hatte mich im Vorfeld definitiv ungenügend über das Stück informiert und war überrascht, im Bühnenbild ein schwarz-gelbes Mannschaftsposter entdecken zu können. Der Theaterabend handelte von einer folgenreichen Erpressung durch die Taubenmafia. Genmanipulierte Vögel, die deutlich größer als ihre Artgenossen wurden, bedrohten die Dresdner Barockstadt durch ihre massiven Ausscheidungsmengen. Ihre überall im Stadtgebiet abgehenden Enddarmgeschosse bedrohten Leib und Leben der rasch verängstigten Stadtbewohner, bis ein eingehendes Erpresserschreiben bei der Polizei ein wenig Licht ins Dunkel brachte. Die bisher unkontrolliert abgesetzten Nahrungsendprodukte würden umgehend minimiert werden, wenn (und jetzt wird nach dem Bild der Mannschaft der gesamte Verein ins schlechte Spiel einbezogen) …:

… wenn Dynamo Dresden, dem zu Wendezeiten übel mitgespielt worden war, endlich Gerechtigkeit gegeben werden würde! Als erstes Beispiel für die erfolgte Ausbeutung wurde (welch gute Recherche im Vorfeld …) der Berliner Spieler Andreas Thom genannt. Um dieses Unrecht wieder gutzumachen, wurde zuerst ein Nachschlag von 70 Meisterschaftspunkten gefordert sowie im Anschluss die komplette Übernahme der deutschen Nationalelf, die auch noch unentgeltlich für Dynamo auflaufen sollte. Wie das mit Erpressungen ist, versucht man, sie zuerst zu ignorieren, dann wird verhandelt und letztendlich geht man zähneknirschend darauf ein.

Im folgenden Spiel trat folgerichtig Dynamo »Deutschland« Dresden in Berlin bei den Eisernen an und bekam eine fürchterliche Klatsche eingeschenkt. Wenigstens waren die Tauben verschwunden. Es gab dann noch ein paar Irrungen und Wirrungen, und kopfschüttelnd warteten wir auf die nächste Dinnerpause, um alkoholgeschwängert wenigstens etwas abstumpfen zu können.

Dynamo Dresden in ein Theaterstück zu integrieren, ist bisher keine erfolgreiche Umsetzung gegönnt gewesen. Auch ein extra zum Aufstieg 2011 geschriebenes Theaterstück mit dem Namen *11 Freunde im Abseits*, welches im heimischen Stadion unter Mithilfe der aktiven Fanszene umgesetzt werden sollte, wurde zuerst um ein ganzes Jahr verschoben und dann ohne jede Aufführung im internen Ideenspeicher für gescheiterte Projekte versenkt.

Das Geburtstagsgeschenk für meine Frau war jedenfalls ein Reinfall. Auch das durchaus gelungene Dinner zwischen der Kriminalgroteske konnte nicht retten, was das Stück an Imageschäden für diesen Abend hinterließ. Auf dem Flyer, der das Geschenk für meine Frau ankündigte, war von einer Erpressung der Stadt die Rede. Dynamo, auf dessen Kosten fast drei Stunden schlecht geschauspielert wurde, tauchte mit keinem Wort auf.

In den folgenden Wochen senkte sich ein angenehmer Schleier des Vergessens über die Taubenmafia, bis Dynamo Dresden am 11. Februar 2012 in Wirklichkeit bei Union Berlin antrat. Ich hatte ein mäßig gutes Gefühl für dieses Spiel entwickelt, und unsere elf aufgestellten Recken waren ja nun wahrlich nicht die deutsche Nationalelf, die den Unionern gegenüberstand. An derselben deftigen Klatsche, mit der wir, wie im Theaterstück, auch im realen Leben nach Hause fuhren, änderte dies nichts.

9. GRUND

Weil ohne Dynamo etwas fehlen würde

Es gibt Menschen, die sich lieber gestern als morgen wünschen, die SGD möge sich endlich auflösen und verschwinden. Zuletzt regte im Dezember 2013 nach den Vorfällen in Bielefeld deren Geschäftsführer einen Liga-Ausschluss Dynamo Dresdens an. Auf einer in der *Neuen Westfälischen Zeitung* eiligst einberufenen Online-Abstimmung votierten mehr als zwei Drittel der über 2.000 abgegebenen Stimmen für dieses Vorhaben.

Dass alles rund um Dynamo zu einer Schlagzeile wird, unabhängig davon, ob es letztendlich in jener Intensität gerechtfertigt ist oder nicht, soll später und soll im 77. Grund ein Thema werden. Diejenigen, die dafür abgestimmt haben, werden einerseits zufrieden sein, schließlich haben wir uns den Wünschen gebeugt und sind am Saisonende fast ohne Gegenwehr freiwillig abgestiegen. Unglücklich war in dem Zusammenhang nur, dass es uns ihr Herzensverein aus Bielefeld nachgemacht hat und wir uns damit auch in der neuen Saison sehen werden. Doch was wären die Folgen, würde sich die Spirale an undurchdachten Äußerungen weiterdrehen, an deren Ende wirklich ein Ausschluss Dynamos stehen würde?

Wäre das Leipziger Modell, in welchem aus dem VFB der 1. FC Lok wieder auferstand, der sich von ganz unten durch die Ligen zurückquälte, eines für Dresden oder würde es fortan nur noch Freizeitfußball in der sächsischen Landeshauptstadt geben?

Für mich persönlich wäre diese Vorstellung grausam. Keine Stadionbesuche, kein Mitfiebern im Radio und definitiv keine Liveübertragungen in Kneipen oder im MDR-Fernsehen. Für gewünschte Adrenalinausschüttungen würde ich mir andere Hobbys suchen müssen. Mein Fußballblog würde ganz einschlafen oder sich nur noch von einer abgeschlossenen Geschichte nähren. Vielleicht würde ich nicht einmal mehr den Sportteil der Zeitung zuerst lesen. Manche wöchentlich erscheinende Kolumne im *Dresdner Wochenkurier* würde es dann wohl gar nicht mehr geben, was auch nicht unbedingt ein Verlust wäre.

Ich hätte jedoch definitiv mehr Zeit für andere Dinge. Die neu verordnete freie Zeit würde ich mit meiner Familie sowieso sinnvoll füllen können. Ich möchte aber selbst entscheiden können, welches Interesse ich wann und wo wie intensiv betreibe, und ich möchte nicht, dass Leute, deren Weitblick spätestens an der eigenen Nasenspitze endet, darüber entscheiden. Ich glaube auch nicht, dass sich in deutschen Stadien oder deren Umfeld irgendetwas ändern würde. Man würde wohl endlich in Dresden selbst wie in Bielefeld und anderswo bemerken, dass die Dynamik des Auslotens von bestehenden Grenzen, gelegentlichen (aber niemals zu entschuldigenden!) Ausbrüchen an Gewalt und jugendlicher Unangepasstheit, welche immer als reines Vereinsproblem beschrieben wurde, weiterhin existent wären, doch gleichzeitig noch schwerer greifbar. Wir sprechen von einem gesellschaftlichen Problem, welches sich Dynamo in den letzten Jahren verstärkt angenommen hat. Wer seine Unangepasstheit demonstrieren möchte, wird das, nur weil es das ausgemachte Übel nicht mehr im Vereinsregister gibt, nicht einstellen. Wer es möchte, findet auch eine neue Spielwiese.

Es würde der nächste Verein erwählt werden, der durchs Dorf getrieben wird und der wie Dynamo weg müsste. Der FC Hansa Rostock würde sich anbieten, die haben ähnliche Probleme. In Bielefeld ruderte man kurze Zeit später ein wenig zurück, doch einmal ausgesprochen, bleibt die Idee in manchen Hinterköpfen präsent.

Leider werden die vielfältigen Bemühungen, die der Verein und sein direktes Umfeld unternehmen, nur selten erwähnt. So war das Dresdner Fanprojekt 2012 für den Sächsischen Förderpreis für Demokratie nominiert. Es beschäftigt sich intensiv damit, Kinder und Jugendliche darin zu bestärken, in ihrem Alltag aktiv gegen Diskriminierung und Gewalt vorzugehen. Besonders benannt wurde außerdem das interne Projekt Denk-»Anstoß«, welches Jugendliche für Anwerbeversuche von Neonazis im Fußball sensibilisiert. Das ist Dynamo und das ist sein direktes Umfeld! Schade, dass man davon nur wenig lesen kann.

10. GRUND

Weil dynamische Fanliebe ins Detail geht

Neulich war ich mit Daniel unterwegs. Wir wollten einfach mal wieder zusammen abhängen, nachdem wir uns so lang nicht mehr gesehen hatten. Als wir durch die Äußere Neustadt schlenderten, wussten wir irgendwie beide, dass wir in der Groovestation landen würden. Das ist der besondere Ort, an dem es jeden Abend das ewige Duell der SG Dynamo Dresden gegen den FC Bayern München gibt. Doch hier sind nicht die Spiele in der Version auf Augenhöhe im Europapokals der Landesmeister aus dem Herbst 1973 zu sehen oder die acht Bundesligaduelle, als der David aus Sachsen dem bayrischen Goliath trotzte, sondern es wird eine modernere Version gespielt, und das im wörtlichen Sinne! Das Beste ist, man kann immer wieder selbst aufs Neue testen, ob es Robert Koch doch noch gelingt, Bastian Schweinsteiger den Ball durch dessen Klumpfüße zu spitzeln.

Neben den bekannten Nullachtfünfzehn-Kickertischen gibt es noch den begehrten Dynamo-Tisch. Für dessen individuelle Gestaltung haben sich die Mitarbeiter der Groovestation viel Zeit genommen. Sie haben das Trikot aus der Saison 2011/12 so originalgetreu wie nur möglich nachempfunden. Nicht einmal das Wappen fehlt, wohlgemerkt auf einem Spielfeld, auf dem jeweils elf Tischkicker mit einer Größe von gerade einmal 14 Zentimeter zu finden sind. Man benötigt nicht viel Fantasie, um Muhamed Subašić, den Doppeltorschützen in seinem allerersten Spiel für Dynamo, den alterslosen Cristian Fiél oder auch unseren in beschriebenem Jahr nur selten spielenden Maik Kegel zu erkennen. Hier kann man der Fantasie freien Lauf lassen. Wenn man den richtigen Gegner hat, dann vermöbelt Dynamo den Serienmeister nach Strich und Faden.

Irgendwann stehen wir am Tisch und vor einem Duell, das heute noch zwei Ligen entfernt ist. Daniel überlässt mir generös meinen Herzensverein. Ich bekomme sogar den ersten Ball und drehe meine Fünfermittelfeldreihe. Das Spiel beginnt, kurz darauf scheppert es. Wieder habe ich den Ball, drehe meine Mittelfeldreihe … Es ist eine Handlung, die ich an diesem Abend wieder und wieder vollführe.

Auch im virtuellen Spiel passieren keine Wunder, und ich bekomme meine Grenzen aufgezeigt. Ich könnte mit Daniel tauschen und damit Dynamo gewinnen lassen, aber das möchte ich eigentlich gar nicht, denn als strahlender Sieger wäre es nicht mehr mein Verein.

KAPITEL 2

GRUNDLAGEN

DIE REICHHALTIGE DRESDNER FUSSBALLGESCHICHTE

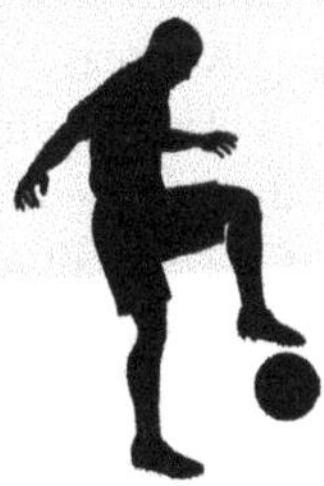

11. GRUND

Weil die Geschichte des Fußballs weiter zurückreicht als bis nach Braunschweig

Manchmal beschleicht mich das Gefühl, dass Dynamo das ungeliebte Balg eines folgenreichen Fehltrittes ist. Wir sind da, werden gerade so geduldet, waren und bleiben aber ungeliebt.

Als die Weltmeisterschaft 2006 in Deutschland stattfand, wühlte sich im Vorfeld Andreas Wittner, ein Würzburger Historiker, durch verschiedene Archive. Dabei entdeckte er Hinweise, welche die bis dahin bekannten Geschichte um die Ursprünge des Fußballs auf deutschem Boden um den Braunschweiger Lehrer Konrad Koch umschreiben würde.

Andreas Wittner fand heraus, dass es bereits im Frühjahr 1874 in Dresden einen Zusammenschluss junger Männer gegeben haben muss. Eine damals erscheinende Zeitschrift berichtete »von einer Gesellschaft, die sich Dresden Football Club (D.F.C.) nennt«, und von deren Spiel, »bei dem die Bälle mit dem Fuße fortgeschleutert werden«.[6] Hierzu veröffentlichte er während der Fußballweltmeisterschaft 2006 einen Artikel.

Ein Zeitungsbild unterstrich zusätzlich, dass dieser Verein nachweislich bereits mindestens ein halbes Jahr existierte, ehe Konrad Koch im Braunschweiger Gymnasium Martino-Katharineum erstmals seinen Schülern einen Fußball zuwarf. Auf dem Bild waren unter »Dresden Football Club« die Worte »Saturday, March 1874« zu lesen.[7]

Inzwischen schreiben wir das Jahr 2014. Die Internetpräsenz des Deutschen Fußball-Bundes ist gut geordnet und sortiert und enthält neben der Geschichte des DFB[8] auch wichtige Informationen über die Gründerjahre[9] des Fußballs. Konrad Koch ist auf beiden Seiten als der Pionier, der erstmals »Regeln für das Fußballspiel« aufstellte und den ersten »Schüler-Fußballverein« ins Leben rief, vertreten. Jedoch findet der Dresden Football Club auf den Seiten des DFB keine Erwähnung. Für den Dachverband der Fußballvereine hat es diesen Dresdner Verein wohl nie gegeben.

Natürlich kann es sein, dass irgendwann festgestellt wird, dass weder Braunschweiger Schüler das erste Fußballspiel absolvierten, noch in Dresden heimisch gewordene Engländer den ersten Verein auf dem europäischen Festland gründeten, sondern die eigentliche Zeugung noch einige Momente zuvor an einem beliebigen anderen Ort stattgefunden hat.

Wenn es so wäre, so hätten wir in Dresden die Sicherheit, dass neue Erkenntnisse unsere Stellung verändert haben, und nicht, dass historische Dokumente inzwischen fast ein Jahrzehnt ignoriert wurden, damit der bekannten Geschichte keine Patina entzogen wird.

Einen Grund zur Freude kann uns niemand nehmen. Die jungen Leute des Dresden Football Club spielten auf den Wiesen an der Lennéstraße, dem Ort, wo unser Stadion nach langen stadtinternen Kämpfen auch heute noch beheimatet ist. Die Geschichte unseres Vereins geht bis 1953 zurück, die seiner Vorgänger noch ein wenig weiter. Historisch bedeutsam bleibt unser Standort des Stadions, denn er reicht so oder so ganz nah an die Anfänge oder den Anfang des Sportes mit dem runden Leder, und Dynamo ist an diesem Ort zu Hause.

12. GRUND

Weil die SG Dynamo Dresden ein schwarzes Schaf in der Familie hat

Es ist nicht schön, einen Sonderling im entfernten Familienkreis zu haben, bei dem man immer das Gefühl hat, dass er bevorzugt wurde und jemand jahrelang seine Hand über ihn gehalten hat. Als dieser Pate wegbrach, ging es mit dem schwarzen Schaf bergab. Man sah sich zuerst seltener, später gar nicht mehr und irgendwann hieß es: Was wohl aus dem geworden ist? Dann begannen die Älteren aus der Familie zu reden. Traurige Familiengeschichten bleiben oftmals lange Zeit ein internes Tabu.

Unser schwarzes Schaf ist der BFC Dynamo, ein Halbbruder, dem in den 80er-Jahren in Dresden, aber nicht nur hier, die Pest an den Hals gewünscht wurde. Dass es einen Verwandtschaftsgrad gab, der weitaus tiefer ging, als es die gemeinsame Zugehörigkeit zur Sportvereinigung Dynamo sowieso erkennen ließ, wurde, so gut es ging, geleugnet.

In Dresden wurde ab Anfang der 50er-Jahre offensiver und erfolgreicher Fußball gespielt. Johannes Matzen, Rudolf Möbius oder auch Günter »Moppel« Schröter wussten, wo das gegnerische Tor steht. Sichtbar wurde die Dresdner Offensivfreude, gepaart mit einer stabilem Defensive durch den Gewinn der FDGB-Pokals 1952 und der Meisterschaft ein Jahr darauf. Wiederum zwölf Monate später wurde die Mannschaft am Saisonende Dritter.

In Berlin war die Lage problematischer. In der Hauptstadt ging es nicht darum, vorn mitzuspielen, sondern überhaupt eine Vertretung zu haben, die sich in der DDR-Oberliga halten konnte. Mit dem SV Vorwärts KVP Berlin und der BSG Motor Oberschöneweide waren 1953 zwei Mannschaften aus der höchsten Spielklasse abgestiegen. Damit gab es keine Mannschaft mehr aus Ostberlin, die in der höchsten Spielklasse vertreten war. Im Westsektor gab es zeitgleich mit Hertha BSC einen äußerst populären Verein, der ganz offensiv um Zuschauer aus dem staatlich getrennten Teil der Stadt warb. Im Osten musste, um die Fans bei Laune und gleichzeitig im Ostsektor zu halten, ein starker Gegenpol zu Hertha BSC geschaffen werden.

Als auch in der Saison 1954/55 in der DDR-Oberliga keine Berliner Mannschaft zu finden war, entschloss sich die Sportvereinigung Dynamo, an welche die SGD angegliedert war, zu handeln. Die Pläne dazu lagen bereits seit mehr als einem Jahr in der Schublade, nun wurden sie umgesetzt.[10]

Im November 1954 entstand aus der Mannschaft der SG Dynamo Dresden der SC Dynamo Berlin. Die Spieler waren nicht begeistert, doch ein Widerspruch war zwecklos. Sie waren offiziell bei der Polizei angestellt und damit an die von der SV Dynamo getroffenen Entscheidungen gebunden. Für einige von ihnen wie Johannes Matzen oder Herbert Schoen, die vier Jahre zuvor von Potsdam nach Dresden kamen, war es auch ein Weg zurück in die Nähe der alten Heimat.

Die Verschiebung des Oberligastartplatzes von Dresden in die Hauptstadt war nicht der erwartete Erfolg. Statt dem Gewinn der Meisterschaft 1953 und dem dritten Platz im Folgejahr beendete die Mannschaft die Saison auf einem siebenten Platz und damit im Niemandsland der Oberliga. Ein Spieljahr später stieg der SC Dynamo Berlin sogar in die Zweitklassigkeit ab.

Die Umbenennung des SC Dynamo in den BFC Dynamo erfolgte am 15. Januar 1966. Ähnlich wie bei uns wird dieser Tag als offizieller der Vereinsgründung gesehen. Aber so wie es in Dresden einen Vorgängerverein gab, war es beim BFC Dynamo Berlin nicht anders. Der SC Dynamo Berlin und damit auch die nach Berlin versetzte Mannschaft der SG Dynamo Dresden waren seine Urväter.

13. GRUND

Weil die SGD selbst ein schwarzes Schaf ist

Wenn wir gerade bei schwarzen Schafen sind: Dynamo Dresden selbst ist ebenfalls nicht reinblütig – denn auch mit dem Dresdner SC gibt es innigere Verbindungen, als es die gemeinsame Stadt im Namen vermuten lässt. Auch hier ist der Ursprung vor vielen Jahren zu finden.

Nach dem Ende des Zweiten Weltkrieges mussten auf einen Beschluss der Alliierten Kriegsmächte alle bestehenden Vereine aufgelöst werden. Das betraf neben den vielen Kleingarten- und Angelvereinen auch die Sportvereine. Während diese Anordnung bei den Siegermächten Frankreich, England und USA nur auf dem Papier bestand, wurde sie in der sowjetischen Besatzungszone konsequent umgesetzt. Vereinsneugründungen waren gestattet, wenn sie nicht den Namen aus Vorkriegszeiten erhielten.

Die Geschichte des Dresdner SC war daher offiziell beendet und wurde doch von der direkt nach Kriegsende gegründeten SG Dresden-Friedrichstadt fortgeführt. Spieler wie Helmut Schön, welche teilweise bereits für den DSC aktiv waren, liefen in der bekannten Farbkombination aus Rot und Schwarz auf. Heimspielstätte war und blieb das Ostragehege, im neuen Vereinswappen war noch das alte erkennbar.

Auch wenn es nach den Vorgaben ein neuer Verein war, lebte in ihm der Geist des Fußballmeisters von 1943 und 1944. Die neue alte Mannschaft wurde in der Stadt schnell angenommen. Markenzeichen waren ein erfolgreicher Fußball und ein gut gefülltes Stadion, was nahezu den doppelten Zuschauerschnitt wie die anderen Vereine hatte. 1950 gelang der SG Dresden-Friedrichstadt fast der Gewinn der DDR-Meisterschaft. Der Titel ging jedoch nach einem denkwürdigem 1:5 im letzten Saisonspiel zum direkten Konkurrenten der ZSG Horch Zwickau. Im prall gefüllten Stadion kam es zu folgenreichen Ausschreitungen, da eine Manipulation vermutet wurde.

Nach Saisonende sollte der beliebte, aber beim Verband in Ungnade gefallene Verein aufgelöst und die Mannschaft in Dresden unterklassig angegliedert werden. Für den Großteil der Spieler war dies nur einer der Gründe, Dresden zu verlassen. Eine neue Heimat fanden sie in Heidelberg oder im Westsektor Berlins. Ein anderer war ein Mäzen, der die Spieler in Dresden hin und wieder mit schwer erhältlichen Waren wie Tabak oder Alkohol versorgte. Selbst der Hehlerei bezichtigt, floh er nach Westberlin. Mit seinen weitreichenden Kontakten war er bereit, den Spielern erneut unter die Arme zu greifen.[11]

Dresden stand somit im Sommer 1950 mit frustrierten Fans und ohne Oberligamannschaft da. Den vakanten Oberligastartplatz erhielt der Sportverein Deutsche Volkspolizei Dresden, der seine Mannschaft in einem Casting geeigneter Spieler anderer Volkspolizeimannschaften zusammengestellt hatte. Aus ihm wird drei Jahre später die SG Dynamo Dresden.

Mit etwas Spitzfindigkeit könnte man folgende Reihe ergänzen. Aus dem Dresdner SC wird die SG Dresden-Friedrichstadt. Deren Platz nimmt wiederum die SV Deutsche Volkspolizei Dresden ein, aus der drei Jahre später die SG Dynamo Dresden hervorgeht.

Wir sind also durchaus ein Nachkomme, vielleicht der Neffe, des Dresdner Sportclubs. Die Geschichte der SG Dynamo Dresden aus heutiger Sicht liebenswert verschoben. Wer kann schon von sich behaupten, dass der große Gegner der 80er-Jahre in Wahrheit aus den eigenen Spielern entstanden ist oder dass der Verein, der Ende des 20. Jahrhunderts aus der Versenkung auftauchte, hoch aufstieg und tiefer fiel, eigentlich der lange Zeit verschollen geglaubte Onkel ist?

14. GRUND

Weil wir bereits im Alter von drei Monaten Oberligameister waren

Die Gründungsgeschichte der meisten Fußballmannschaften hat sich garantiert in einer verräucherten Hinterzimmerkneipe abgespielt, wo nicht mehr so ganz nüchterne junge Männer gemeinsam die linke Hand auf einen Ball in der Mitte eines Tisches gelegt haben und damit einen neuen Verein erweckten und ihm gleich noch ewige Treue schworen. Der bekam noch einen schönen Namen und ein krakeliges Wappen, ehe die Gründer heroische Lieder trällernd nach und nach unter den Tisch rutschten und am nächsten Morgen nicht mehr so genau eruieren können, was sie am Abend zuvor da eigentlich konkret aus der Taufe gehoben hatten.

Ganz so heroisch ist die Geschichte der SG Dynamo Dresden nicht. Sie ist auch nicht romantisch oder wild, geschweige denn, dass wir uns aus den Tiefen der Unterklassigkeit, wo brachial-brutaler Freizeitfußball betrieben wurde, befreit haben, um irgendwann die Oberliga der DDR zu dominieren. Mit dieser Geschichte könnte man etwas anfangen, aber die gibt es so in Dresden nicht. Wir hatten, wie bereits zu lesen war, mehrere Anfänge und seltsame Seitenwege, dennoch waren wir trotz Turbulenzen in den ersten Jahren gleich ganz vorn mit dabei.

Noch einmal kurz zusammengefasst, wurde unser Vorgängerverein am Schreibtisch der politisch Mächtigen 1950 in die DDR-Oberliga verpflanzt und bekam den sperrigen Namen »Sportverein Deutsche Volkspolizei Dresden« (kurz darauf »Sportgemeinschaft Volkspolizei Dresden«) verpasst. Um wettbewerbsfähig zu sein, wurde er mit Spielern anderer Volkspolizeimannschaften verstärkt. Die Rahmenbedingungen waren geschaffen und los konnte es gehen. Bereits zwei Jahre später gab es mit dem FDGB-Pokal den ersten Titelgewinn zu feiern.

Jetzt könnte es etwas unübersichtlich werden. Wir haben im zeitigen Frühjahr 1953 in Dresden einen Verein, der aus dem Nichts wie ein Phönix emporgestiegen war, kurz darauf den FDGB-Pokal gewinnt und im Jahr darauf die erste Meisterschaft. Kurz vor dem Ziel entsteht dann aber aus der »Sportgemeinschaft Volkspolizei« die »Sportgemeinschaft Dynamo«, was jedoch mehr darstellt als ein einfacher Namenswechsel. Es stehen von nun an mächtigere Förderquellen im Hintergrund zur Verfügung.

Der 12. April 1953 hat sich seitdem als Gründungstag der Sportgemeinschaft Dynamo Dresden etabliert. In der Schauburg wird an diesem Vormittag in einer feierlichen Stunde der neue Verein aus der Taufe gehoben. Er bekommt seinen Namen, die vorerst weinrote Spielkleidung und das Spielrecht der Volkspolizeimannschaft übertragen.

Dieselben Spieler laufen ab sofort als SG Dynamo Dresden auf und bringen die angefangene Saison zu Ende. Sie gewinnen den ersten Meistertitel, und der noch junge Verein schreibt ihn sich, ebenso wie den Gewinn der FDGB-Pokals von 1952, in seine noch weiße Chronik. Es scheint, als wäre die SG Volkspolizei nur ein Steigbügelhalter in der Vereinschronik gewesen.

Man kann es drehen und wenden, wie man möchte, unser Verein ist ein Produkt aus Wiedergründungen nach Weltkriegsende, Auflösungen, Neugründungen und Klüngeleien der Machthaber der DDR. Wir sind ein Ergebnis der damaligen Zeit, und wahrscheinlich ist es das Beste, den Status quo bestehen zu belassen. Unser Gründungstag ist der 12. April 1953. Wo andere Vereine fast schon zwanghaft eine Zahl in den Vereinsnamen integrieren, um ein höheres Alter zu suggerieren, pfeifen wir auf solche Spielereien und machen uns sogar jünger, als wir eigentlich sind. Wer macht das schon? Das Nebenprodukt ist der wahrscheinlich schnellste Titelgewinn nach Vereinsgründung. Fußballmeister nach gerade einmal 84 Tagen – wer kann das schon von sich behaupten?

15. GRUND

Weil Dynamo immer mal wieder gegnerische Fans in Wallung bringt

In Zeiten, wo noch niemand wusste, wie Emanzipation geschrieben wurde oder was das bedeutete, hatte Dynamo Dresden ab 1962 eine junge Ärztin für die Mannschaft in den eigenen Reihen, Frau Dr. Gisela Israel.

Naturgemäß blieben anfangs alle Augen an ihr hängen, und nachdem man sich in der Oberliga und Liga nach und nach an die selbstbewusste junge Frau in der Männerdomäne gewöhnt hatte, bestritt Dynamo Dresden im Herbst 1967 seine ersten Europapokalspiele. Erneut war sie statt der Spieler die gefragteste Gesprächspartnerin. Vor allem nach dem allerersten Spiel gegen die Glasgow Rangers gab es viele Fragen. Die schottischen Medienvertreter waren jedoch weniger am Spiel als an den Hintergründen ihres grünen Kleides mit dem weißen Kragen interessiert. Zuerst wunderte sie sich, letztendlich schien es ihr der damaligen Zeit geschuldet.

Doch die Fragen rissen auch dann nicht ab, als die SG Dynamo Dresden zum Rückspiel ins konservative Schottland angereist war. Den Reportern schien es äußerst wichtig, zu erfahren, ob sie dieses Kleid auch zu diesem Spiel tragen würde, erzählte sie Jens Genschmar in einem Interview.[12]

Den Grund für die sich immer wiederholenden Fragen erfuhr sie schließlich von der schottischen Polizei. Die Vereinskleidung der Glasgow Rangers war blau, weiß und rot, die großen Stadtrivalen von Celtic trugen gewöhnlich Grün und Weiß. Wenn ein offizieller Vertreter der gegnerischen Mannschaft grüne Farben im Ibrox-Stadium tragen würde, war nicht auszuschließen, dass einzelne Anhänger, nachdem sie das grüne Kleid erblickt hatten, gleich noch rot sehen würden. Doch Frau Dr. Israel musste das tragen, was der Kofferinhalt in dem Moment hergab.

In der schottischen Presse wurde parallel noch ein besänftigender Artikel veröffentlicht. In ihm wurde die Wahl des grünen Kleides der Dresdner Mannschaftsärztin mit dem Farbsymbol der Hoffnung begründet. Nach einem 1:1 im Hinspiel war für Dynamo in Schottland auch noch nicht alles verloren. Ein bewusster Affront gegen die Fans der Rangers wurde negiert.

»Gut zwei Stunden vor dem Anpfiff setzte schlagartig aus allen Richtungen der Anmarsch ein. Das Ziel der Massen war bei allen zu erkennen: irgendein Kleidungsstück in den Farben der Rangers Blau-Weiß-Rot trug jeder, was ihn als Anhänger dieses Klubs auswies …« Dazu schrieb die *Sächsische Zeitung* noch von einem »infernalischen Lärm«, der rund um das Stadion tobte.[13]

Dann kam der Auftritt unserer jungen Mannschaftsärztin. Es war sicherlich gewagt, sich den Massen in Grün entgegenzustellen im Wissen, was in den kommenden Minuten mutmaßlich passieren würde. So betrat sie mit einem mulmigen Gefühl den Innenraum des Stadions. Der Empfang war, wie zu erwarten, sehr frostig. An einem Ort, wo »selbst das Einlaufen der Balljungen … entweder bejubelt oder ausgepfiffen«[14] wurde, durfte eine junge Frau nicht auf Gnade hoffen. Unsere Ärztin wurde mit einem gellenden Pfeifkonzert begrüßt und mit Geldstücken und anderen Gegenständen beworfen.

Die Stimmung kippte, nachdem, dem einsetzenden Regenschauer sei Dank, Dynamos Clubchef Erich Jahnsmüller unserer Ärztin einen blauen Regenmantel über die Schultern streifte. – Manchmal muss es einfach auf erhitzte Heißsporne ein wenig regnen, um die Gemüter zu besänftigen.

Nun konnten sich alle im Stadion dem Spiel widmen und das war spannend. Die Schotten gingen schnell mit 1:0 in Führung, vergaßen jedoch, das zweite Tor nachzulegen. Als sich fast das gesamte Stadion mit dem knappen Erfolg abgefunden hatte, muss wohl unsere Ärztin kurzzeitig noch einmal den Regenmantel abgestreift haben. Unsere Mannschaft ging nach einem Tor durch Hans-Jürgen Kreische auf Verlängerungskurs und kurz keimte ein Moment der Hoffnung. Doch Dynamo-typisch zerrann, was bereits zum Greifen nah war, denn im Gegenzug fiel das 2:1 für die Schotten und wir schieden in unserer Europapokalpremiere unglücklich aus. Heute hängt das grüne Kleid unserer Mannschaftsärztin im Dresdner Fußballmuseum, ein Relikt der frühen Jahre.

16. GRUND

Weil wir auch in unseren erfolgreichsten Jahren immer wieder an derselben Stelle gescheitert sind

Aus heutiger Sicht ist es schon ein Wahnsinn, sich als kleine »Regionalauswahl« der DDR mit den großen europäischen Mannschaften gemessen zu haben. Ajax Amsterdam, Juventus Turin, der FC Porto, Bayern München, Atlético Madrid, Dynamo Moskau, der FC Liverpool und noch einige andere hatten wir alle in Dresden zu Gast. Die Engländer in den 70ern sogar dreimal.

Liverpool stellte in jenen Jahren das dar, was Dynamo Dresden und der 1. FC Magdeburg in der DDR waren und sich Borussia Mönchengladbach und der FC Bayern München in der BRD teilten. Der FC Liverpool war ein erfolgreicher Wiederholungstäter. Die schlechteste Platzierung gab es in der Saison 1970/71, als sie die Saison auf Platz fünf abschlossen. Meister- und Vizemeisterschaften gingen oftmals in den Nordwesten Englands.

Die Rollen waren klar verteilt, als Dynamo am 7. März 1973 erstmalig im Stadion an der Anfield Road antrat, vor allem, weil wichtige Dresdner Stützen fehlten. Unser Mittelfeldregisseur Reinhard Häfner war erkrankt, den Einsatz von Nationalmannschaftsverteidiger Sigmar Wätzlich verhinderte eine gezerrte Leiste, Stürmer Rainer Sachse fiel ebenfalls aus und nach der Halbzeitpause blieb auch noch Hans-Jürgen Kreische mit einer Knöchelverletzung in der Kabine. Die 0:2-Niederlage war leistungsgerecht und bedeutete noch nicht ganz das Ende aller Hoffnungen. Zwei Wochen später sahen die 35.000 Zuschauer in Dresden ein ganz anderes Bild der Mannschaft. Während wir im Hinspiel versucht hatten, in einer Abwehrschlacht Schlimmeres zu verhindern, rannten wir diesmal an, während den Engländern ein Konter durch Kevin Keegan genügte, den Sack zuzumachen. Am Ende der Saison konnten wir uns damit trösten, gegen den späteren Sieger dieser UEFA-Pokal-Saison ausgeschieden zu sein.

Drei Jahre später, erneut spielten wir im UEFA-Pokal und wieder war es das Viertelfinale, welches die Begegnung Dynamo Dresden gegen den FC Liverpool vorsah. Einzig die Ansetzung war diesmal getauscht. Das Hinspiel wurde in Dresden angepfiffen. In beiden Mannschaftsaufstellungen waren viele Spieler zu finden, die bereits drei Jahre zuvor aufeinandertrafen. Es blieb beim 0:0 nach 90 Minuten, was uns erneut eine kleine Chance für das Rückspiel ließ. Doch die Engländer spielten ihre Erfahrung aus und gewannen mit 2:1. Dynamo hatte sich erneut am späteren Cup-Gewinner Liverpool die Zähne ausgebissen.

Diesmal dauerte es nur zwei Jahre, bis wir uns, nun im Europapokal der Landesmeister, ein drittes Mal miteinander maßen. Nach einem 1:5 an der Anfield Road war das Rückspiel scheinbar nur statistischer Natur, trotzdem war das Stadion in Dresden mit 33.000 Zuschauern ausverkauft. Die Vorzeichen waren geklärt. Noch nie hatte Dresden gewonnen, und mindestens vier Tore zu erzielen, wenn es in den vorherigen fünf Partien zu gerade einmal zweien gereicht hatte, war vermessen. Doch Dynamo lief an, kämpfte und erspielte sich ein optisches Übergewicht. Zur Pause konnte ein Eckenverhältnis von 6:0 notiert werden, der Zwischenstand jedoch war torlos. Zwei Tore durch Peter Kotte und Rainer Sachse kurz nach der Pause reichten letztendlich zum ersten Sieg gegen den diesjährigen Sieger im Europapokal der Landesmeister, nach dem 1:2-Anschlusstreffer durch die Engländer blieb das Hoffen auf ein Wunder von Dresden jedoch aus.

Zu einem vierten Duell kam es nicht mehr. Dresden zu bezwingen war jedenfalls ein gutes Omen für die englische Mannschaft auf dem Weg zu großen Triumphen. Anfang der 80er-Jahre gewannen sie aber auch, ohne Dynamo auszuschalten, weitere zweimal den Europapokal der Landesmeister, während wir immer wieder Anlauf nahmen, ein Halbfinale zu erreichen. Man muss seiner Liebe auch zugestehen, dass es Hürden gibt, die definitiv zu hoch stehen.

17. GRUND

Weil wir unersättliche Titeljäger waren, obwohl wir regelmäßig anderen Mannschaften gratulieren »mussten«

Nachdem Dynamo Dresden 1971 im zweiten Jahr nach seinem letzten Aufstieg in die DDR-Oberliga Meister wurde sowie den FDGB-Pokal gewann und 1973 den Gewinn der Meisterschaft wiederholen konnte, entschied in den folgenden beiden Jahren der große Rivale 1. FC Magdeburg die Meisterschaften für sich. Unsere Aufgabe als Dritter der Abschlusstabelle bestand darin, artig zu gratulieren.

Der FC Carl Zeiss Jena war ebenfalls immer vorn dabei. Nach deren letzter Meisterschaft in unserer Aufstiegssaison feierte Jena vor allem in den Pokalendspielen. 1972 und 1974 konnten die Thüringer im Finale des FDGB-Pokals über die SGD triumphieren. Als das nur ein Jahr später auch der BSG Sachsenring Zwickau gelang, war Dynamo vom Favoriten vorerst wieder zum Herausforderer geschrumpft.

Doch unter die Saison 1975/76 setzte die SGD in mehrfacher Hinsicht ein dickes Ausrufezeichen. Den ersten Saisonhöhepunkt gab es am dritten Spieltag, als der BFC Dynamo zu Gast war. Die intensive Abneigung steckte noch in den Kinderschuhen, aber sie war bereits vorhanden. Die Berliner reisten als Tabellenführer nach Dresden, die in den ersten beiden Spieltagen mit einem 7:1 gegen Vorwärts Frankfurt und einem 6:1 gegen Energie Cottbus bereits erste Duftmarken gesetzt hatten. Dieses Spiel endete folgerichtig 5:1, jedoch war den Berlinern in unserem Dresdner Angriffsschwung schwindelig geworden.

Wir hatten in der gesamten Saison das Glück, dass die Gegner immer im richtigen Moment auf unsere Mannschaft stießen. Nach der ersten Saisonniederlage am zehnten Spieltag gegen den Halleschen FC sowie einem Unentschieden in Jena war die Tabellenführung vorerst zu Lok Leipzig gewandert. Kurz vor Weihnachten trafen die Leipziger im letzten Spiel vor der Winterpause auf Dynamo, verloren 0:2 und gaben den Platz wieder an uns ab. Nachdem am ersten Spieltag der Rückrunde die Leipziger unsere Niederlage in Erfurt nicht nutzen konnten, war spätestens klar, dass dies unsere Saison werden würde.

Bis Saisonende teilten wir noch zweimal die Punkte und gewannen alle restlichen Spiele. Nach einem 4:0 gegen Jena waren wir bereits zwei Spieltage vor Saisonende vorzeitig Meister. Dresden feierte. Wer nun glaubte, dass die letzten beiden Spiele etwas ruhiger ablaufen würden, der irrte gewaltig. Vier Tage später gab es mit einem 6:0 bei Stahl Riesa unseren höchsten Auswärtssieg aller Zeiten zu feiern. Am letzten Spieltag musste Claus Boden zum ersten Mal nach exakt 600 Minuten wieder ein Gegentor akzeptieren. Nie blieben wir in 31 Oberligajahren länger ohne Gegentreffer.[15]

Walter Fritzsch hatte es wieder allen gezeigt. Sein Faible, die Mannschaft ständig zu verjüngen und damit Druck auf die Etablierten auszuüben, war erstmals nicht mehr nötig. Nachdem er Klaus Sammer und Eduard Geyer ein Jahr zuvor aussortiert hatte, war es diesmal Frank Ganzera, welcher die magische Altersgrenze des Trainers übertroffen hatte und nur noch ein einziges Saisonspiel auf dem Dresdner Rasen stand. Das Durchschnittsalter der übrigen Mannschaft betrug etwas mehr als 23 Jahre. Das schien sogar dem Trainer vorerst zu genügen. Dynamo Dresden überrannte in diesem Jahr die Liga und traf dabei nach Belieben. 70 Saisontore waren ein weiterer neuer Bestwert. Vor allem Hans-Jürgen Kreische, mit inzwischen 28 Jahren der Seniorchef der Mannschaft, traf als Mittelfeldspieler in nahezu jedem Spiel. Er wurde in dieser Saison bereits zum vierten Mal Torschützenkönig und hatte damit einen wesentlichen Anteil am Gewinn der Meisterschaft.

Nachdem der Bann an dritten Plätzen und Pokalendspielniederlagen vorerst durchbrochen werden konnte, gelang im Folgejahr gleich noch einmal die Meisterschaft. Nach einer kleinen Schwächephase kurz vor der Winterpause lag Dynamo plötzlich hinter dem Rivalen aus Jena. Nachdem sich die Mannschaft rasch wieder gefangen hatte, gab es am 18. Spieltag das Duell beim Tabellenführer. Zwei Tore durch Hans-Jürgen Kreische, dem auch in dieser Saison wieder erfolgreichsten Torschützen, rückten das Tabellenbild zurecht.

Am vorletzten Spieltag konnte sich dann die Meisterschaft entscheiden, als der Zweite aus Magdeburg gegen den Ersten aus Dresden anzutreten hatte. Anders als in anderen Jahren, als es Dynamo in der Hand hatte und versiebte, reichte diesmal ein 0:0, um die schwere Aufgabe zu bestehen und um anschließend im Ernst-Grube-Stadion in Magdeburg den erneuten Meisterschaftsgewinn zu feiern.

Getoppt wurde das Ganze durch den emotionalen Endspielsieg im Pokal gegen den 1. FC Lok Leipzig. Dynamo hatte durch zwei späte Tore, welche Ausgleich und Siegtreffer zum 3:2 darstellten, mit dem erneuten Doublegewinn nach 1971 noch einen auf das erfolgreiche Jahr 1976 obenauf gesetzt. Dass Hans-Jürgen Dörner in diesem Jahr erstmals Fußballer des Jahres wurde, rundete ein nahezu perfektes Jahr ab.

Nach dem Gewinn von drei Titeln in zwei Jahren war die SGD noch immer nicht müde. Bisher war es drei Oberligavereinen gelungen, eine Meisterschaft zu verteidigen, jedoch immer nur einmal. Dynamo ließ zu Saisonbeginn keinen Zweifel am Ziel aufkommen, der erste Verein zu sein, dem eine Dreierserie gelingen würde. Bis zum zehnten Spieltag gelang es nur zwei Mannschaften, ein Unentschieden zu ertrotzen. Dynamo grüßte von Anfang an von der Tabellenspitze, und nur den Magdeburgern gelang es, aus einer Dresdner Schwächephase Nutzen ziehen zu können. Selbstverständlich für Dynamo gab es diese kurz vor der Winterpause. Nach nur zwei Siegen in sieben Spielen schob sich der einzige ernsthafte Konkurrent aus Magdeburg für sechs Spieltage an die Tabellenspitze.

Bereits während der laufenden Saison fand das Pokalfinale statt. Dort standen sich, wie könnte es anders sein, der 1. FC Magdeburg und die SG Dynamo Dresden gegenüber. Die Vorzeichen waren eindeutig. Die Magdeburger gingen das fünfte Finale bei bisher vier Triumphen an und Dynamo spielte unter Trainer Walter Fritzsch bereits das sechste Pokalfinale. Unsere Ausbeute war mit zwei Siegen dürftig. Um es kurz zu machen: Es hielten beide Serien.

Das Double war nicht mehr erreichbar; um so wichtiger war es, ein mögliches der Magdeburger zu verhindern. Vier Spieltage vor Saisonende hätte Dynamo bei einem Sieg in der Domstadt für eine Vorentscheidung sorgen können, doch die Magdeburger gewannen erneut. Nur das Torverhältnis beließ uns an der Tabellenspitze. Mit einer neuen kleinen Serie konnte der Pokalsieger auf Distanz gehalten werden, womit der Titelhattrick zum Abschied von Walter Fritzsch sichergestellt wurde.

Mit Matthias Döschner und Andreas Trautmann hatte der stetig sprudelnde Dresdner Nachwuchsquell zwei neue vielversprechende Talente an die erste Mannschaft herangeführt, während sich Hans-Jürgen Kreische in der laufenden Saison endgültig mit seinem Trainer überworfen hatte. Trotz einiger verpasster Möglichkeiten waren die 70er mit fünf Meisterschaften und zwei Pokalsiegen die erfolgreichste Epoche der Vereinsgeschichte.

18. GRUND

Weil die SGD Teil des größten Spieles aller Zeiten war

Das Fußballmagazin *11 Freunde* ging für seine 63. Ausgabe auf die Suche nach dem größten Fußballspiel aller Zeiten. Als die Ausgabe Ende Januar 2007 erschien, deuteten weder das Cover noch die kurz zuvor durch das Magazin veröffentlichten »Expertentipps« auf das am Ende wirklich gewählte Spiel.

Die Wahl der benannten Spiele von fünf stellvertretenden Experten aus insgesamt 200 befragten Spielern, Trainern und Journalisten war bunt gemischt. Für Manni Breuckmann, Frank Buschmann,

Pit Gottschalk und Günter Koch war das Europapokalviertelfinale zwischen Bayer Uerdingen und der SG Dynamo Dresden vom 19. März 1986 nicht einmal erwähnenswert. Einzig in der Liste von Florian Boitin, dem Chefredakteur des inzwischen eingestellten Männermagazins *Maxim*, tauchte das Spiel Bayer Uerdingen gegen Dynamo Dresden irgendwo zwischen bedeutenden WM-Spielen und Europapokalfinalen auf.[16]

Bereits eineinhalb Jahre zuvor veröffentlichten die Macher der *11 Freunde* ein kleines Büchlein mit dem Titel *Wenn Fußball unglaublich wird, Fußballwunder*. Enthalten waren 25 solcher außergewöhnlichen Spiele. Das angesprochene Spiel fehlte. Um im illustren Kreis der Wunder zu fehlen, aber dennoch zum entscheidenden und größten Spiel, also zur Mutter aller Fußballschlachten, erhoben zu werden, muss es schon einen epischen, aber nicht wundersamen Verlauf gegeben haben.

Das Hinspiel hatte die Dresdner Mannschaft daheim mit 2:0 gewonnen. Ausgeruht begann die Dresdner Elf das Spiel in Uerdingen. Am Wochenende zuvor war erstmals in der Geschichte des Vereins ein Heimspiel wegen Unbespielbarkeit des Platzes abgesagt worden. Erst einen Monat später teilte man sich die Punkte gegen den 1. FC Lok Leipzig, den späteren Gewinner um die Ausspielung des Platzes hinter dem BFC Dynamo.

In Uerdingen führten wir zur Pause mit 3:1, was nach den Regeln des Europapokals damals wie heute mehr als eine Vorentscheidung darstellte. Uerdingen musste fünf Tore erzielen, während wir gleichzeitig keins mehr hinzufügen durften. Nachdem Bayer in den bisherigen 135 Spielminuten nur einmal durch Wolfgang Funkel eingenetzt hatte, war in den verbleibenden 45 Minuten ein Uerdinger Offensivfeuerwerk vonnöten.

Mario schaute damals das Spiel im Fernsehen. Seine Freundin bat ihn in der Pause, umzuschalten, schließlich führte Dynamo mit 3:1. Aber er wollte alles sehen und tauschte einen romantischen gegen einen tränenreichen Abend.

Uerdingen legte los, jedoch zündete ihr plötzlich angefachter Offensivgeist nicht so schnell, wie man vielleicht vermuten würde. Bis zur 58. Minute passierte erst einmal gar nichts. Der für den an der Schulter verletzten und zur Pause ausgewechselten Bernd Jakubowski spielende Nobody Jens Ramme konnte seinen Kasten schützen. Wolfgang Funkel leitete dann mit einem verwandelten Foulelfmeter die halbe Stunde des Dresdner Grauens ein. Innerhalb von 20 Minuten erhöhte Uerdingen auf 5:3, ehe erneut Wolfgang Funkel zum Elfmeterpunkt schritt. Diesmal war ein Handspiel von Hans-Jürgen Dörner vorausgegangen und der Uerdinger Spieler ließ sich die Möglichkeit, seinen Namen unter dieses Schlachtfest zu ritzen, nicht mehr nehmen.

Das Spiel endete nach 90 Minuten mit 7:3. Die Sieger waren in einem jubelnden Uerdinger Spielerknäuel verknotet, und die euphorisierten Fans waren glücklich, es wie der trauernde Dynamo-Fan Mario am Fernseher gemacht zu haben und nicht den vielen anderen Zuschauern gefolgt zu sein, die in der Halbzeitpause das Spiel bereits verlassen hatten.

In Dresden wiederum war man sprachlos. Es wurden Erklärungen geäußert, die auch heute, mehr als ein Vierteljahrhundert später, nicht erklären können, wie eine erfahrene Mannschaft, wie die SGD in den 80ern, in 45 Minuten so gewaltig einbrechen konnte.

In einem Gespräch, welches ich für das Onlinefußballmagazin *OstDerby*[17] führen durfte, versuchte sich der damalige Trainer Klaus Sammer im letzten Herbst an einer Erklärung.

Da waren die erlittene Schulterverletzung von Torwart Bernd Jakubowski, welche dessen Karriere ein für alle Mal beendete. Seine heftigen Schmerzensausrufe, die in der Halbzeitpause aus einem benachbarten Raum der Kabine nicht zu überhören waren. Dresdner Spieler, welche die soeben gehörten Schreie ihres Torhüters verarbeiten mussten und kreidebleich auf das Spielfeld zurückkehrten. Es gab die vorhandene Angst vor sich wiederholenden Prophezeiungen, nachdem Dynamo bereits ein Jahr zuvor einen

3:0-Hinspielerfolg gegen Rapid Wien verspielt hatte, sowie die Angst vor der eigenen Courage, da Dresden bereits mehrfach in Viertelfinalspielen der einzelnen Europapokale scheiterte.

Außerdem warf die merkwürdige Auslegung der Fußballregeln durch den ungarischen Schiedsrichter viele Fragen auf. Die von Klaus Sammer hervorgezogenen Gründe waren ebenso alterslos wie das Spiel im März 1986, welches alle anderen zur Wahl stehenden in seinen Schatten stellte.

Es ist oftmals einfach, Erfolge zu erklären. Niederlagen zu verkraften, ist um ein Vielfaches schwerer. Die Mimik und Gestik von Klaus Sammer sagte mehr über diese Zeit aus, als alle seine Worte es vermochten. Auch nach mehr als 25 Jahren hatte er anscheinend noch keinen Frieden mit dem Verlauf dieses Spieles finden können. Mir brachte es diesen Verein noch näher, als er es bereits vorher war.

19. GRUND

Weil Dynamo das Dauerabonnement für die Meisterschaft des BFC gekündigt hat

Die 80er-Jahre der DDR-Oberliga waren nicht so unspannend, wie es gern dargestellt wird. Es wurden jedes Jahr so wichtige Fragen geklärt, wie: Welche zwei Mannschaften ziehen in den UEFA-Pokal ein? Welche zwei Mannschaften steigen am Saisonende ab? Welche Spieler werden Torschützenkönig und Spieler des Jahres? Welchem Verein gelingt es, dem BFC das Double zu vermasseln?

Meister, so stand fest, wurde jedes Jahr der BFC Dynamo. Mal waren es zwölf Punkte wie 1983, mal kümmerliche acht Tore wie 1988, die den Unterschied zwischen dem BFC und den wechselnden Herausforderern besiegelten. Ärgerlich war die Saison 1979/80, als wir am letzten Spieltag als Tabellenführer nach Berlin reisten und nach dem Spiel als Vizemeister nach Dresden zurückkehrten. Der

Spielverlauf entsprach dem, was zuerst im Stillen und später immer lauter geäußert wurde. Es lief die letzte Viertelstunde der gesamten Saison und wir befanden uns im Angriff. Peter Kotte wurde im gegnerischen Strafraum von Ball und Boden getrennt, und während im Stadion alle Nicht-BFCer vergeblich auf den Elfmeterpfiff warten, stürmen die zu diesem Zeitpunkt Zweitplatzierten auf Bernd Jakubowski zu. Es fällt das für den BFC erlösende 1:0 und dem zu diesem Zeitpunkt noch vorsichtigem Jubel folgt kurze Zeit später Berliner Ausgelassenheit sowie die zweite Meisterschaft des Hauptstadtklubs.

Wie groß die Einflussnahme von außen wirklich war, ist nie erwiesen worden, doch auch die Berliner benötigten zuallererst Spieler, die ihr Handwerk verstanden, um Titel erringen zu können. So sah es auch Gerhard Prautzsch, jener Dresdner Trainer, der 1980 mit seiner Mannschaft so denkbar knapp an den Meisterehren vorbeischrammte.

Erst 1988/89 änderte sich nach zehn langen Jahren das Kräfteverhältnis in der Oberliga. Der BFC Dynamo fand zu Beginn der Saison nur schwer die Leichtigkeit und das Selbstbewusstsein eines zehnfachen Serienmeisters und startete mit vier Unentschieden in den ersten fünf Spielen in die neue Saison. Am sechsten Spieltag verloren sie in Dresden und bereits da hatten wir einen komfortablen Vorsprung erarbeitet.

Die Mannschaft spielte damals im dritten Jahr unter Eduard Geyer. Nach zwei Podestplätzen hinter dem BFC war die Erwartungshaltung etwas gestiegen. Der Titel konnte jedoch nicht als offizielles Ziel heraufbeschworen werden. Die unter Eduard Geyers Vorgänger Klaus Sammer integrierten Jugendspieler Jörg Stübner, Ulf Kirsten und Matthias Sammer waren zu Leistungsträgern gereift. Mit Ronny Teuber konnte ein junger Schlussmann vom 1. FC Union Berlin verpflichtet werden, der das große Vakuum, welches Bernd Jakubowski hinterlassen hatte, etwas besser ausfüllen konnte.

Die Saat war im Boden, und bei einem guten Lauf stand die Ernte bevor. Nachdem der BFC Dynamo in Dresden Federn lassen musste, folgten sieben weitere Siege der SGD bis zur Winterpause. Mit zwölf Siegen in 13 Spielen thronten wir bereits mit acht Punkten vor dem 1. FC Lok Leipzig und dem punktgleichen FC Hansa Rostock auf der Sonnenseite. 24:2 Punkte, 37:13 Tore sprachen fast für bayrische Verhältnisse, die da im Winter 1988/89 herrschten.

Eine kleine sieglose Serie von vier Spielen ließ die Rostocker noch einmal auf fünf Punkte in entfernte Sichtweite kommen, sorgte jedoch für keinerlei Zittern. Als wir auch im Rückspiel beim BFC bestanden, war klar, dass es diesmal nur einen Meister geben würde, der nicht aus Berlin kommt.

Leise wurde in Dresden bereits am 6. Mai 1989 nach einem 1:1 gegen den FC Carl Zeiss Jena gejubelt. Rechnerisch stand vier Tage später nach einem weiteren Remis in Rostock die Wachablösung fest. Die ersten beiden Plätze in der Torjägerliste gingen an Torsten Gütschow, der 17 Tore erzielte, und an Ulf Kirsten mit 14 Treffern. Auch bei der Wahl zum Fußballer des Jahres waren mit Andreas Trautmann und Torsten Gütschow zwei Dresdner ganz oben. International wurde die Saison durch das erstmalige Erreichen eines europäischen Pokalhalbfinales getoppt. Es war *das Jahr* der SG Dynamo Dresden. Der Verein begrüßte viele neue Erfolgsfans. Ich war einer und blieb es, wie wohl die meisten, bis heute.

20. GRUND

Weil das Ende unserer Europapokalabenteuer dem Verein wohl bis ans Ende seiner Tage anhängen wird

Das Ende der 24 intensiven Jahre im Europapokal passt aus heutiger Sicht perfekt zum Ruf, welchen Dynamo überregional genießt.

Unser letzter internationaler Mittwochabend endete an einem 20. März nicht mit einem leisen Ausscheiden der Mannschaft und dem etwas später folgenden Kappen der Stromzufuhr an den Stadiongiraffen. Unser vereinseigenes internationales Finale wurde live und hell erleuchtet vor einem Millionenpublikum in der ARD übertragen. Nach einem 0:3 aus dem Hinspiel begann es vielversprechend, als Torsten Gütschow bereits nach zwei Minuten einen Foulelfmeter verwandelte. Doch dann zogen schnell gewaltige dunkle Wolken auf.

Statt der Flucht durch die Hintertür gab es einen lauten Knall mit einem noch heute spürbaren Nachhall. Wenn bei Ausschreitungen, egal welcher Art, ein Vergleich benötigt wird, ist »der Spielabbruch gegen Belgrad 1991« ein immer wieder gern durchgekauter Satzfetzen, der im Zusammenhang mit oder auch auch ohne Dynamo Dresden nicht fehlen darf.

Dieser Abend war ohne Frage einer der schwarzen Tiefpunkte in der Vereinsgeschichte und unsere noch immer regelmäßig brennende Narbe, die uns sichtbar anhängt. An jenem Abend durfte ich mit meinen elf Jahren endlich mal während der Woche ein Spiel meines Lieblingsvereins im Fernsehen anschauen. Ich konnte nicht glauben, dass sich diese Szenen wirklich in Dresden abspielten. Meine ebenso fassungslosen Eltern entschieden daraufhin, dass der persönliche Besuch eines Spiels noch lange eine Fiktion für mich bleiben sollte.

An jenem 98. Europapokalabend randalierten in der Kurve des Dresdner Stadions aus der ganzen Bundesrepublik angereiste Hooligans. Mehr als 10.000 Stadionbesucher sahen hilflos zu, wie die Randalierer auf genügend Munition im bereits damals baufälligen Dresdner Stadion zurückgreifen konnten. Nachdem die losen Steine aus dem Stehplatzbereich zur Neige gingen, wurden weitere Mauerteile aus dem Stadionrund gebrochen und wahllos auf Spieler, Linienrichter, Vereinsoffizielle und das Betreuerteam beider Mannschaften geworfen. Der spanische Schiedsrichter Soriano

Aladrén brach das Spiel schließlich nach 78 gespielten Minuten ab und beendete damit bis heute die Dresdner Ära im Europapokal.

Eine gefühlte Ewigkeit nach seinem finalen Pfiff quälten sich rollende Wasserwerfer durch das Tor ins Innere des Stadions und sprühten eine Fontäne über die von Adrenalin aufgepeitschten Verursacher dieses verkorksten Abends. Während der Strahl im hohen Bogen nach außen schoss, regnete es sachte über die letzten verbliebenen Chaoten. Dieses Bild brannte sich in meiner Erinnerung ein. Ich erinnere mich immer daran, wenn ein Haus abgerissen wird und Wasser zum Abbinden des entstehenden Staubes verwendet wird. Die Wasserwerfer kamen zu spät und der Ausschreitungsdreck war längst aufgewirbelt. Ein für alle Mal gebunden wurde statt Staub nur der Zusammenhang Dynamo Dresden, Gewalt und Ausschreitungen.

Der Verein war fassungslos und mit der Aufarbeitung überfordert. Die folgende Europapokalsperre wurde für zwei Jahre, in denen die Qualifikation für den Europapokal gelingen sollte, festgeschrieben. Als drei Monate später die Vizemeisterschaft erreicht wird, ist das erste Jahr abgegolten. Wohl niemand hätte zu diesem Zeitpunkt gedacht, dass wir aktuell noch immer auf die zweite Qualifikation für den Europapokal und damit auf unser 99. und 100. Europapokalspiel warten. Wenigstens ist unsere Sperre inzwischen verjährt.[18]

Die nach jedem unerwarteten Sieg, wie zuletzt 2011 im DFB-Pokal gegen Bayer Leverkusen, aufkommende Euphorie und »Europabogaal«-Rufe sind Ausdruck unseres innigsten Wunsches nach einer Rückkehr zu diesen unvergessenen internationalen Spielen gegen die Großen Europas. Dieser Teil unserer Geschichte ist noch unrund und daher unvollständig. Irgendwann werden wir daran anknüpfen. Wir können warten, darin sind wir inzwischen geübt. Wir spielten 24 Jahre fast kontinuierlich auf internationalem Parkett. Inzwischen warten wir fast genau so lang auf eine Fortsetzung. Wir warten gemeinsam, das ist Liebe!

21. GRUND

Weil wir in Dresden zum Glück keine Alchimisten sind

Hans-Jürgen Kreische war immer ein Mann des direkten Wortes. Bereits in seinen sportlichen Jahren auf dem Rasen geriet er immer wieder mit seinem Trainer, dem Disziplinfanatiker Walter Fritzsch, aneinander. Nachdem sie sich immer wieder des sportlichen Erfolges wegen zusammengerauft hatten, verzichtete der Trainer im Herbst 1977 auf die weiteren Dienste des viermaligen Oberligatorschützenkönigs. Nach einer deftigen 1:5-Pleite in Liverpool, welche sich auch im dritten Anlauf als eine Nummer zu groß herausstellten, traf der Bannstrahl des Trainers seinen Mittelfeldregisseur und Dauertorschützen.

In dessen Rolle als Ballverteiler und Vollstrecker schien Gerd Weber hineinwachsen zu können, welcher im Mittelfeld in jener Saison als gerade einmal 21-Jähriger beachtliche zehn Treffer erzielte.

Am 5. November 1977 kam es dann zum finalen Eklat. Hans-Jürgen Kreische durfte sich noch einmal ordentlich erwärmen, doch die »Hansi! Hansi« Rufe des Publikums wurden nicht erfüllt. Dafür kam Karsten Petersohn zu seinem Debüt in der ersten Mannschaft. Es war eine Demonstration des Trainers über die bestehenden Machtverhältnisse im Verein und brachte das Fass beim erfolgreichsten Dresdner Oberligatorschützen endgültig zum Bersten.

Hans-Jürgen Kreische warf daraufhin dem Trainer die Fußballschuhe vor die Füße, ob bildlich gesehen oder reell geschehen, ist nicht ganz geklärt. Auf jeden Fall geklärt ist, dass unser torhungrigster Mittelfeldspieler aller Zeiten daraufhin mit gerade einmal 30 Jahren und 131 Oberligatoren seine Karriere beendete. Im Anschluss arbeitete Kreische im Trainerstab des Vereins.

Im Sommer 1995 wurde Hans-Jürgen Kreische dann der neue Mann an der Seitenlinie beim Neuaufbau nach dem Lizenzentzug. Der Druck, der auf ihm lastete, war enorm. Aus der Ersten Bundesliga in die Regionalliga Nordost zwangsversetzt, traf Dynamo Dresden statt auf Bayern München oder Borussia Mönchengladbach auf einmal auf Exoten wie Lok Stendal oder den FSV Velten. Zusätzlich erfrischten wir gezwungenermaßen eingeschlafene Beziehungen mit ehemaligen guten Bekannten aus dem Erzgebirge, von Energie Cottbus, Sachsen Leipzig oder auch Berlin. Wir alle hofften, dass das Wiedersehen jedoch nur für ein Jahr gelten würde.

Hans-Jürgen Kreische sollte die Mannschaft führen. Es war ein schwieriges Unterfangen, aus einer überhöhten Erwartungshaltung von innen und außen, finanziellen Desastern aus Vorjahren und einem komplett neuen Spielerkader etwas sportlich Erfolgreiches und im besten Falle auch Nachhaltiges zu formen. Es funktionierte leidlich bis in das letzte Saisondrittel. Am 15. April 1996 räumte der ehemalige Dresdner Torschützenkönig und Mann des direkten und deutlichen Wortes endgültig seinen Spind in Dresden.

Vorausgegangen waren Unstimmigkeiten bezüglich der Umsetzung der genauen Saisonzielsetzung. Unser Trainer hatte dabei den Fauxpas begangen, laut auszusprechen, was der ein oder andere garantiert gedacht hatte, aber wahrscheinlich so direkt niemals ausgesprochen hätte. »Ich kann aus Scheiße keine Bonbons machen!«[19]

Dieser alchemistische Vergleich saß erst einmal, während fieberhaft überlegt wurde, ob man sich wohl eben verhört haben könnte. In den kommenden Tagen konnte die Sache mit den Bonons überall nachgelesen werden. Ob sie so getroffen wurde oder nicht, war aufgrund des Schadens, den sie verursacht hatte, bereits nebensächlich.

Natürlich hinkt die Aussage, da des Trainers Ziel ja nicht Gold oder Edelsteine waren, sondern einfach eine aufstiegsreife Mannschaft, der mit ein wenig Training beizukommen war. Der Mannschaft missfiel dieser nicht schmeichelhafte Vergleich, er machte das gemeinsame Arbeiten mit dem Trainer nicht einfacher.

Nach einer Nullnummer daheim gegen den Bischofswerdaer FV zog Hans-Jürgen Kreische bereits acht Spieltage vor dem Saisonende Bilanz, indem er das Aufstiegsrennen für beendet erklärte.

Nach einer vorherigen Serie mit sieben knappen 1:0-Siegen in zehn Spielen war die Punkteausbeute zwar fast optimal, das Spielerlebnis für die früher meist verwöhnten Stadionbesucher jedoch nicht.

Danach begann eine Serie von mehreren torlosen Remis, welche für Kreische neben der im Raume stehenden Aussage immer mehr zum Bumerang wurden. Als neun Tage nach dem Bonbon-Zitat ein weiteres 0:0 bei Hertha Zehlendorf folgte, wurde entschieden, dass die Trainertätigkeit von Hans-Jürgen Kreische um kein weiteres Spiel mehr ergänzt werden würde. Ihm folgte sein ehemaliger Mitspieler Udo Schmuck. Seine Feuertaufe war ein Heimspiel gegen Wacker Nordhausen.

In meiner Kurve wurde der Bonbon-Vergleich im Spiel gegen die Thüringer ausführlich diskutiert. Für unsere Blockmitstreiter, die sonst immer pünktlich ab der 85. Spielminute erwachten, war diese Redefreude erstaunlich. Der Aussage Hans-Jürgen Kreische wurde überwiegend zugestimmt, und da die ja die guten Zeiten im Stadion live erlebt hatten, schloss ich mich dieser Sichtweise letztendlich auch an.

Ist es jedoch nicht so, dass Kritik, die von deinen Freunden kommt, die schmerzhafteste, aber auch ehrlichste ist? Also war es wohl Liebe, die Hans-Jürgen Kreische erfolglos versuchen ließ, durch Worte Bonbons herzustellen! Das erste Spiel unter Udo Schmuck gegen Nordhausen endete übrigens wie die letzten unter Kreische: torlos.

22. GRUND

Weil Dynamo immer wieder für spannende Wochen sorgt

Dynamo sorgt immer für Schlagzeilen. Oft wäre man als Fan froh, wenn es weniger wären, es gibt aber auch Momente, wo ein Runterlassen der Hosen zum richtigen Zeitpunkt etwas bewirken kann. Der Verein stand im Frühjahr 2002 gewaltig unter Druck. Die Mannschaft spielte eine sehr gute Runde, war aber sportlich noch nicht aufgestiegen. Mit dem VFC Plauen und dem Absteiger vom FC Carl Zeiss Jena befanden sich kurz vor dem letzten Spieltag noch zwei Mannschaften auf Schlagdistanz, welche ebenso auf die Relegationsspiele gegen die Amateure von Hertha BSC schielten.

Die zwischenzeitlich eingetroffenen Forderungen des DFB, welche innerhalb einer Wochenfrist zu erfüllen waren, waren hammerhart. Etwas mehr als 1,5 Millionen Euro mussten über Bürgschaften, abgeschlossene Sponsorenverträge, Spielerverkäufe oder einfach in bar nachgewiesen werden. Doch Dynamo wäre nicht der Verein, der er nun einmal ist, wenn nicht, wenn das Wasser bereits über die Unterlippe schwappt, doch alle zusammenstehen und anpacken.

Aufsichtsratschef Friedemann Küchenmeister erklärte öffentlich die Situation Dynamos: »Aus eigener Kraft sind wir nicht in der Lage, diese Summe aufzutreiben oder Bürgen zu finden. Wir sind jetzt auf Hilfe von außen angewiesen.« Wer von außen gemeint war, konkretisierte er gleich im nächsten Satz: »Wir stellen jetzt die Vertrauensfrage. Will die Stadt Dresden den 1. FC Dynamo Dresden im bezahlten Fußball haben oder nicht?«[20]

Dynamo war zu dieser Zeit sportlich nicht unumstritten, sondern spielte nur die zweite Geige in der Stadt. Dies waren nicht die besten Voraussetzungen, um öffentlich Forderungen zu stellen. Doch die sportliche Situation ist das eine, die Fans, die hinter einem Verein stehen, das andere. Eine schwarz-gelbe Wand demonstrierte für den Verein auf der Straße. Mehr als 1.200 Anhänger machten sich bereits zwei Tage, nachdem die Vorgaben des DFB öffentlich wurden, auf den Weg zum Dresdner Rathaus. Bürgermeister Ingolf Rosberg machte keine konkreten Zusagen, versprach aber, sein Möglichstes zu tun.

Die Fans initiierten parallel eine Aktion unter dem Slogan »Lizenz 2002 – ich war dabei«, auf der Urkunden für den Wert von

20, 40 oder 60 Euro erworben werden konnten. Die Beteiligung war rege.

Am vorletzten Spieltag gegen Stahl Riesa verkündete Peter Tauber, der Aufsichtsratsvizepräsident, in der Halbzeitpause optimistische Entwicklungen: »In der Not erkennt man seine Freunde und der 1. FC Dynamo hat Freunde.«[21]

Die letzten Bürgschaften waren am frühen Morgen des Stichtages unterschrieben worden. Das Erfüllen der Lizenzforderungen wurde danach medienwirksam im Flughafengelände Dresden-Klotzsche verkündet, ehe sich von dort ein kleines Privatflugzeug mit Friedemann Küchenmeister, Geschäftsführer Volkmar Köster und einem persönlichen Vertrauten des Dresdner Oberbürgermeisters Ingolf Rosberg auf den Weg nach Frankfurt am Main machte.

Der medienwirksame Auftritt wirkte von außen betrachtet sicherlich etwas überzogen, war aber dennoch wichtig. Am Morgen hatte sich Peter Tauber mit den Kopien aller Unterlagen ins Auto gesetzt, war durch einen Stau jedoch nicht bis zur Abgabefrist in der DFB-Zentrale erschienen. Die etwas später geflogenen Herren glücklicherweise schon.

Kurze Zeit später wurde bekannt, dass sich sogar der damalige Präsident des eine Liga höher spielenden Lokalrivalen Dresdner SC, Thomas Dathe, für Dynamo eingesetzt hatte, obwohl sein eigener Verein sportlich und finanziell ebenso angeknockt war. Er traf sich mit Filmrechtehändler Michael Kölmel, dem Dynamo zu dieser Zeit 4,5 Millionen Euro schuldete, und erreichte einen Rangrücktritt.[22] Michael Kölmel verzichtete zu dieser Zeit nicht nur vorerst auf die Rückzahlung seines Darlehens, er hinterlegte parallel noch einmal eine Kaution von 130.000 Euro in Frankfurt am Main.[23] Hätte der Filmrechtehändler nicht zugestimmt, hätte auch über diese Summe noch eine Bürgschaft hinterlegt werden müssen.

Dynamo befand sich in der Endphase der ersten wirklich erfolgreichen Saison nach dem Vierpunkteabzug acht Jahre zuvor.

Wenn sich dann der Präsident des Lokalrivalen für den Konkurrenten einsetzt und derjenige, der das Recht auf die Rückzahlung eines millionengroßen Darlehens hat, gleich noch einmal bürgt, dann kann man festhalten, dass Dynamo etwas Besonderes geblieben ist!

KAPITEL 3

TRADITIONEN

IN DRESDEN SEHR HOCHGEHALTEN, VERHINDERN SIE BELIEBIGKEIT

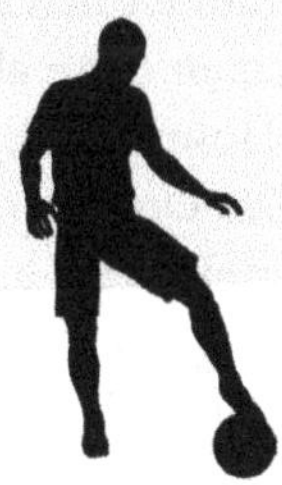

23. GRUND

Weil die Mitglieder des Vereins keine Fashion Victims sein wollen

Einen merkwürdigen Satzungsänderungsantrag gab es am 16. November 2013 auf der jährlichen Mitgliederversammlung. Es wurde der Antrag gestellt, zukünftig zu allen Heimspielen auf die neumodischen gelben Hosen zu verzichten und wieder konsequent im schwarzen kurzen Unterkleid anzutreten. Eigentlich war die Aufregung überflüssig, war doch Gelb eine der beiden Dresdner Vereinsfarben. Der überwiegende Teil der anwesenden Mitglieder war jedoch zu traditionsbewusst für den neuen Hingucker der Saison. Sie fühlten sich am Anfang der neuen Saison als Fashion Victims, machten dann aber deutlich, wer, egal in welcher Farbe, wirklich die Hosen im Verein anhat.

Das Dresdner Hosen-Desaster deutete sich bei der Präsentation im Juni bereits an. Die zur Vorstellung des Trikots genötigten Spieler trugen eine Obertrikotage in vorhersehbarer gelber Farbe mit bekanntem schwarzen Balken. Dieser verlief senkrecht – diesmal jedoch nicht im Barcode-Style des vorherigen Sommers, sondern etwas nach links versetzt. Zusätzlich gab es noch einen integrierten schwarzen Trauerflor am rechten Arm. Nach dem 34. Spieltag wirkte er wie eine Prophezeiung.

Alarm schlugen die Ästheten im Verein jedoch beim Anblick der unteren Bekleidungsschicht. Die war nicht wie in den vergangenen 45 Jahre schwarz, sondern in einem frischen Gelb gehalten und erweckte bei einer nicht zu unterschätzenden Anzahl an Fans ein Kopfkino der exkrementalen Art.

Torwart Benjamin Kirsten, dessen Arbeitshose eine ganz andere Farbe haben würde, ahnte bereits die sich anbahnende Hosen-Diskussion. Cristian Fiél versuchte es dezent optimistisch: »Es sieht gut aus, ist mal was anderes. Ich finde es cool, wenn wir mit gelber

Hose spielen, auch wenn manche sagen, sie müsste schwarz sein! … Wichtig ist, dass es Erfolg bringt und wir damit Erfolg haben. Davon gehen wir jetzt einfach mal aus.«[24]

Doch der Erfolg, um das Projekt »Gelb« erfolgreich gestalten zu können, stellte sich nicht ein. Die Hosen fanden mehrheitlich keine Akzeptanz, und so dauerte es gerade einmal bis zum sechsten Spieltag, dass die Mannschaft gegen Ingolstadt wieder in der bewährten Kleiderordnung auflief. Zu beschriebener Mitgliederversammlung wurde dann zukünftigen weiteren modischen Entgleisungen ein Satzungsriegel vorgeschoben. Schwarz war Schwarz, ist Schwarz und wird wohl immer Schwarz bleiben.

Der Verein hat aus dieser Niederlage gelernt, seine Konsequenzen gezogen und ist neue Wege gegangen. Damit in Zukunft niemand würde meckern können, wurde erstmals die Entscheidung, welches Trikot zukünftig zur schwarzen Hose getragen wird, an die Fans übertragen. Die Fangemeinschaft Dresden, Ultras Dynamo, 1953international sowie die Marketingabteilung der SGD erarbeiteten jeweils ein mögliches Design. Der fünfte Entwurf kam direkt von den Fans und zwischen den Spieljahren konnte dann gewählt werden. Die Vorgaben des DFB waren streng und so unterschieden sich von den fünf vorgestellten Varianten drei nur in kaum wahrnehmbaren Nuancen. Es gewann die Fangemeinschaft mit ihrem Vorschlag.

Man kann über Abstimmungen auf Mitgliederversammlungen in Dresden bezüglich Hosenfarben geteilter Meinung sein. Es ist ja nicht so, dass wir keine anderen dringenden Probleme hätten. Das mit den Hosen haben wir jedenfalls ein für alle Mal gelöst. Doch in trauter Harmonie schwelgten wir trotzdem nicht. Gemeckert wurde über das auserwählte Trikot, welches wir 2014/15 tragen. Die eingeschränkten Wahlmodalitäten über Facebook, die durch den DFB gekappte Kreativität der Vorschläge und natürlich über das, was am Ende herauskommt, wenn der Verein eine Entscheidung an die Basis zurückgibt.

Wir haben immer was zu nörgeln, aber wir sind ja auch ein besonderer, liebenswerter Verein, wo Mitglieder sich noch einbringen dürfen! Ein besonderes Sammlerstück brachte dann Dynamo noch kurz vor der Saison in 1953-facher Ausführung auf den Markt: das selbst entworfene Trikot in Gelb oder Weinrot mit dem Schriftzug »Dresden«, aber ohne »Feldschlösschen« auf der Brust. Dies war der Grund, mir erstmalig eins zuzulegen.

24. GRUND

Weil wir immer Dynamo geblieben sind und damit einen langjährigen Streit beendeten

Als sich die politischen Gegebenheiten 1989/90 wandelten und der ostdeutsche Fußball dem Fußballsystem der BRD angegliedert wurde, begann die Zeit der großen Namenswandel. Aus der BSG Wismut Aue wurde der FC Erzgebirge Aue, der BFC Dynamo wurde vorübergehend zum vom Namen her »unbedenklichen« FC Berlin, der Hallesche FC legte seinen Beinamen Chemie ab und in Leipzig verschwand die »Lokomotive«.

Auch wir veränderten 1990 unseren Namen. Doch wo ansonsten der Trägerbetrieb aus dem Namen eliminiert wurde, verabschiedeten wir unsere Sportgemeinschaft und beschlossen, ein 1. Fußballclub zu werden. Kurzzeitig gab es auch anfängliche Gedanken über einen 1. FC Dresden. Der Bekanntheitsgrad des Vereines speiste sich jedoch, so zeigte eine Umfrage, vor allem über den Europapokal und durch den Namen »Dynamo«. So blieb dieser Teil des Namens erhalten. Einzig das Logo wurde der neuen Zeit angepasst. »Dynamo« beziehungsweise »Dinamo« ist auch heute noch der häufigste Fußballvereinsname der Welt[25]. In den Zeiten des Kalten Krieges war er im Ostblock weit verbreitet.

Als sich andeutete, dass es 2013 wohl keine Beteiligung Dynamos am DFB-Pokal geben würde, kamen unter den Fans Überlegungen auf, einen parallelen »Dynamo-Pokal« zu begründen. Es wären garantiert genügend Mannschaften infrage gekommen, dabei anzutreten, doch diese Gedankengänge sollen in diesem Grund kein Thema sein.

Dankbar dafür, dass Dynamo Dresden seinen traditionellen Namen behielt, war die alternative Fußballmannschaft Dynamo Windrad Kassel. Sie hatten sich 1982 gegründet. Ein Jahr später wurde ihnen die Aufnahme in den Hessischen Fußballverband aufgrund der Ostblocknähe im Vereinsnamen verweigert. Das sich daraus entwickelnde überregionale Medienecho führte die Mannschaft zu viel beachteten Gastspielen nach Kuba, in die UdSSR oder auch zum ostdeutschen Bruder der DDR.

Die Fußballinstanzen in Hessen interessierte dies überhaupt nicht. Sie blieben konsequent in ihrer Blockade, und so entwickelte sich ein langjähriger Rechtsstreit, welchen der Verein in mehreren Instanzen verlor. Auch ein Versuch, in der DDR eine Heimat zu finden, scheiterte. Die Entscheidungsträger im Osten waren nicht weniger weißhaarig und nicht gewillt, einen Verein aufzunehmen, dessen Mitglieder keine Bürger der DDR waren.

Dynamo Windrad Kassel wäre nur noch eine Klage vor dem Verfassungsgericht geblieben. Der Verein verzichtete schließlich und nahm 1989 die Klage zurück. Doch Zeiten ändern sich. Letztendlich sorgte unser Dresdner Dynamo für die viele Jahre verwehrte Aufnahme des alternativen Namensbruders ins gesamtdeutsche System. Da wir unseren »Ostblockanteil« im Namen behielten, wurde damit für eine »unkomplizierte« Aufnahme der Nordhessen von Dynamo Windrad in die Kreisklasse Kassel gesorgt.

Doch es war nicht nur so, dass Mannschaften ihr »Dynamo/Dinamo« behielten, es gab auch Neugründungen, die diese historische Bezeichnung in ihren Namen aufnahmen. Im Dezember 2005 entstand in Houston eine neue Mannschaft, die als Houston Dynamo in die amerikanische Major League Soccer integriert werden sollte. Ihr damaliger Vereinspräsident Oliver Luck sagte in seiner Rede bezüglich der Vereinsgründung: »Dynamo ist die perfekte Beschreibung für jemanden, der nie aufgibt.«[26] Das stimmt natürlich und passt auch zu anderen Dynamo-Mannschaften wie Dynamo Windrad Kassel oder Dynamo Dresden!

25. GRUND

Weil Dynamo, als es sich ganz am Boden befand, seine Wurzeln wiederentdeckt hat

Wurzeln sind der Ursprung, die für Stabilität sorgen. Sie geben den benötigten Halt in stürmischen Zeiten und versorgen den Stamm mit den wichtigsten Nährstoffen. Durch den Lizenzentzug 1995 war Dynamo seiner gewohnten Umgebung und seines eigenen Anspruches beraubt worden. In die Dürre der drittklassigen Regionalliga verpflanzt, gab der Boden zu wenig, um zu gedeihen, jedoch zu viel, um endgültig unterzugehen.

Unsere Wurzeln jedoch hatten wir auch selbst beschnitten. Der Nachwuchs spielte nicht mehr die Rolle, welche er in unserem Verein immer innehatte. Die zweite Mannschaft war ein notwendiges Übel, dem kaum Beachtung geschenkt wurde. Auch in der ersten Mannschaft kamen und gingen die Spieler. Wahre Identifikation gab es kaum noch. Das Überleben in dieser kargen Vegetation wurde schmerzhaft erlernt. Es gab nur wenig Fehler, die unsere Gärtner nicht irgendwann ausprobierten. Ein schlechter Boden und viele davongetragene und schlecht verheilte Narben, kaum noch Sonne, ein morsches Geäst und immer wieder waren Gärtner in der Verantwortung, die nicht so recht wussten, was sie zukünftig am besten tun sollten. Schlimmer war nur noch, dass manche Entscheidungsträger nicht einmal wussten, was sie gerade taten.

Zwar hatte sich der Vereinsname nach der Wende nur unwesentlich geändert, aber seine ursprüngliche Zugkraft war verloren gegangen. Das Dresdner Wappen der erfolgreichen Jahre war ebenfalls verändert worden. Zwar war seine ursprünglichen Form noch erkennbar, nur hatte es statt des bekannten weinroten einen grünen Hintergrund erhalten und war dadurch beliebig geworden.

Die Anhänger des damaligen 1. FC Dynamo Dresden sehnten sich zurück zu ihren Ursprüngen. Sie durchforsteten eBay und bevölkerten verschiedenste Flohmärkte auf der Suche nach dynamischen Fanutensilien, die nicht nur retro aussahen, sondern es auch waren. Dieses auf Krampf Angepasste, das unseren Verein jahrelang beherrschte, wollten wir endlich wieder ablegen.

Das größte Problem jedoch war ein zweiter Verein in Dresden, der sich zu jener Zeit prächtig zu entwickeln schien und der sich anschickte, Dynamo immer weiter in seinen Schatten zu drängen. Es war die Zeit um die Jahrtausendwende, als es zu einem Rangwechsel hätte kommen können. Die Stadt wusste auch nicht so recht, wie sie sich verhalten sollte. Unserer Baum sah zu dieser Zeit ziemlich mickrig aus, hatte aber trotz allem eine solide Basis. Der, der uns zu verdrängen gedachte, war der Ableger eines lokalen historischen Gewächses, nur lag seine Stahlkraft ein halbes Jahrhundert in der Vergangenheit.

Dann geschah 2001, was im Nachhinein wohl als die beste Entscheidung seit mehreren Jahren galt. Es wurde nach und nach morsches Geäst entfernt. Die Triebe schlugen neu aus und die Pflege der Wurzeln schuf eine noch größere Basis. Eine Imagekampagne, in der die ruinösen Reste der Frauenkirche zu sehen waren, erzeugte Emotionen. Der zugehörige Slogan hieß »Wir kommen wieder«.

Als das Jahr 2002 sportlich zu gelingen schien, aber finanziell einem Drahtseilakt glich, gingen mehr als 1.000 Fans auf die Straße. Altbekannte Rufe erschallten vor dem Rathaus: »Hier regiert die SGD!« Die *Sächsische Zeitung* erklärte dazu: »Das ist keine neue Partei, sondern die Abkürzung des Vereins aus besseren Zeiten.«[27]

Zuerst besannen wir uns des Vereinswappens aus den Jahren der größten sportlichen Erfolge. Aus dem beliebigen Grün wurde wieder das traditionelle Weinrot. Parallel minimierten sich die vielen

Farbexperimente auf den Trikots. Vor allem das aus Regionalligazeiten »beliebte« Grün wurde eingemottet.

Die größte spürbare Rückbesinnung auf die zu lang vergessene Tradition vollzog sich zum 1. Juli 2007. Was die Fans bereits fünf Jahre zuvor vor dem Rathaus riefen, wurde nun offiziell. Auf Antrag der Ultras zur Mitgliederversammlung 2006 legte unser Verein sein sperriges und von den Fans nie anerkanntes Namenskonstrukt ab.

Nicht jedes Vereinsmitglied war von dieser Rückbesinnung überzeugt, jedoch verliert oft die Rationalität, wenn Emotionen ins Spiel kommen. Die auf dieser Versammlung getroffene Aussage, dass noch viele Briefbögen mit der Kopfzeile »1. FC Dynamo Dresden« vorhanden wären, fand glücklicherweise außer einigen Schmunzlern kein Gewicht im Abstimmungsverhalten.

Wir wurden wieder die »Sportgemeinschaft Dynamo Dresden«. Es änderte sich erst einmal nicht so viel, denn als »SGD« wurde die Mannschaft auch in den 17 Jahren als Fußballclub immer bezeichnet. Wir Fans fühlten uns aber wieder mehr als Teil einer einzigartigen Gemeinschaft und nicht eines beliebigen Clubs.

Es sind die vielen kleinen Dinge, die in mehr als fünf Jahren den Verein wieder ein wenig näher zu seinen ursprünglichen Wurzeln geführt haben. Dresden ist Dynamo und Dynamo ist schwarz-gelb. Das ist nicht austauschbar.

26. GRUND

Weil sich in Dresden Leidenschaft vererbt und der Prozentsatz von Erfolgsfans sehr gering ist

Als ich Fan der SG Dynamo Dresden wurde, ahnte ich nicht im Geringsten, auf welches Abenteuer ich mich eingelassen hatte. Der Verein befand sich zu dieser Zeit auf dem Höhepunkt seiner Erfolge, gewann den ersten Oberligameistertitel nach zehn Jahren und erreichte nach sechs vergeblichen Versuchen zum ersten und einzigen Mal das Halbfinale eines europäischen Wettbewerbes.

Im Jahr darauf gewannen wir erneut die Meisterschaft und zusätzlich auch den FDGB-Pokal. Die Bundesligaqualifikation war dann holpriger als erwartet, aber wir waren dabei, und als der FC Hansa Rostock nach einem Jahr wieder abstieg, war das Aushängeschild des ganzen Fußball-Ostens schwarz-gelb.

Zu wem passte der Titel Erfolgsfan besser als zu mir? Ich war von Anfang an von meinem Verein verwöhnt worden, doch die fetten Jahre waren vorbei. Ich gewöhnte mich wie all die anderen notgedrungen an regelmäßige Schlagzeilen bezüglich Geldsorgen, Finanzproblemen, Trainerwechsel oder des jährlichen »Hire and Fire« wichtiger Spieler. Nachdem uns 1993 erstmalig die Lizenz entzogen wurde und dann gegen einen Vierpunkteabzug eingetauscht wurde, wuchs in mir die Gewissheit, es würde irgendwie immer mit Dynamo weitergehen.

Ich sollte recht behalten, auch wenn es ab 1995 nicht mehr schön war. Wenn ich einmal die seltene Möglichkeit hatte, im Fernsehen die Erste Bundesliga sehen zu können, war Dynamo nicht mehr dabei. Natürlich schaute ich mir eine Zeit lang andere Mannschaften genauer an und hin und wieder gönnte ich mir so etwas wie eine »Zweitbraut« neben Dynamo. Es wurde aber nie etwas Festes draus. Leverkusen, Dortmund, ein wenig 1860. Es waren fast immer die Vereine, welche Spieler in ihren Reihen hatten, die zuvor einmal unser Trikot getragen hatten. Später, als sogar das die Ausnahme wurde, waren es scheinbar kleine Vereine wie Freiburg oder in ihrer frühen Bundesligazeit die Mainzer. Mannschaften, die mit dem Image des Underdogs spielten und aus scheinbar geringen Möglichkeiten viel machten. Dinge, auf deren Umsetzung ich in Dresden schon jahrelang wartete.

Inzwischen sind seit dem Lizenzabstieg nahezu 20 Jahre vergangen. Eine nicht geringe Anzahl der Stadionbesucher hat die großen Zeiten wahrscheinlich nicht aktiv erlebt. Sie haben diese Faszination vererbt bekommen oder mit der Muttermilch aufgesogen. Sein zeitloser Mythos früherer Schlachten hat unseren Verein bis heute am Leben erhalten.

Das Stadion ist immer besser ausgelastet, ganz egal, ob unser Kampf ums sportliche Überleben enger wird oder gar nicht funktioniert. Die beste Auslastung des Stadions hatten wir in unserer eben beendeten Abstiegssaison. Es wurde vor inzwischen fast fünf Jahren eingeweiht. Nur noch zu einem geringen Maße zieht es die an, für die es spannend ist, zu sehen, wie es innen aussieht, denen jedoch letztendlich egal ist, wer drinnen spielt.

Erfolgsfans gibt es in Dresden nur wenige. Sie hätten es auch nicht leicht. Der Grund ist einfach, weil es bei Dynamo seit 20 Jahren keinen langfristigen Erfolg gibt. Jedem Hoch folgt mit Sicherheit in einer überschaubaren Zeit der nächste Tiefschlag. Uns Fans von Dynamo Dresden ist das bewusst

27. GRUND

Weil Dynamo sich im Sommer 2009 gebräuchlichen Werbestrategien entzog

Vor jeder Saison herrscht hektische Betriebsamkeit bei Dynamo. Da werden neue Spieler gescoutet und verpflichtet, während alten Helden ein Vereinswechsel schmackhaft gemacht wird. Gleichzeitig gibt es eine Deadline von Zeitschriften, wann das neue Mannschaftsposter fertig zu sein hat, damit es verwendet werden kann.

Da dieses Mannschaftsbild für Sponsoren zumeist sehr lukrativ ist, hat in den letzten Jahren eine gewaltige Professionalisierung in diesem Bereich eingesetzt. So wird einerseits gezeigt, wie groß der Verein ist und wie vielen Menschen er Arbeit schenkt. Zum hauptverantwortlichen Trainer haben sich über die Jahre inzwischen Co-, Athletik-, Regenerations- und Torwarttrainer gesellt.

Der Geschäftsführer bringt sein ganzes Büro mit, und wenn es eins gibt, darf das Maskottchen im Vereinstrikot natürlich nicht fehlen. Das sorgt dafür, dass das gewünschte Bild gewaltig in die Breite geht oder um eine vierte und gegebenenfalls fünfte Stehreihe erweitert werden muss.

Hat man Ende der 90er noch die strammen Waden aus der ersten Reihe betrachtet, haben sich in den folgenden Jahren erste Taxofitkoffer, Uhlsporttaschen und Pumabälle dazugesellt. Irgendwann grüßte dann der erste Verein seine treuen Sponsoren auf einer eigens vorangestellten Werbebande. Diese ist heute Standard und hat dazu geführt, dass teilweise bereits die erste Reihe der Mannschaft steht.

Wie sicherlich bekannt ist und auch bereits zu lesen war, ist Dynamo Dresden anders. Manchmal aus Prinzip und immer mal wieder, weil ein anstehender Termin auf einmal nicht greifbar ist. Jedenfalls wurde wohl der richtige Zeitpunkt für die Abgabe des Mannschaftsbildes an den *kicker* für das Sonderheft der Saison 2009/10 verschwitzt.

Wo nach der Veröffentlichung auf jeder anderen Vereinsseite kleine und kaum zu erkennende Spieler und viele Offizielle grüßten, war auf der Dresdner Seite das Jahresbild unseres Vereins in 21 gleich große Teile geteilt worden. Zu sehen waren die Profilbilder von Cataldo Cozza bis Maik Wagefeld, unten mittig, wie es sich gehört, grinsten die Torhüter Axel Keller und Benjamin Kirsten um die Wette.

Zentral und nicht zu übersehen hatte der *kicker* seinem Unmut Luft verschafft. Auf feuerroter Signalfarbe, die garantiert nicht zufällig einer Roten Karte ähnelte, stand in unschuldigem Weiß geschrieben: »Liebe Leser, die SG Dynamo Dresden sah sich als einziges von 56 Profi-Teams nicht in der Lage, rechtzeitig vor Drucklegung dieses Heftes einen Foto-Termin zu organisieren. Wir bedauern dies sehr.«[28] Aber genau das ist es, was Dynamo kennzeichnet. Wir sind nicht immer perfekt, aber wir sind zutiefst liebenswert.

28. GRUND

Weil die Integration eines Stadionmaskottchens glücklicherweise ein einmaliger Versuch blieb

»Es bemühte sich eine ganze Halbzeit und gab alles, was seinen Möglichkeiten entsprach …« So könnte das Nachwort auf den gescheiterten Versuch, in Dresden ein Maskottchen zu etablieren, beginnen. Die Mannschaften waren bereits eingelaufen, und der Anpfiff stand kurz bevor, als noch ein besonderes Bonbon auf die Fans wartete. Vom Stadionsprecher Peter Hauskeller angekündigt, kam ein neuer Glücksbringer eingelaufen. Es war ein unförmiger Marienkäfer, der noch nicht einmal einen eigenen Namen besaß. Er visierte sein Ziel, den K-Block, an und rannte, so rasch es sein klobiges Kostüm zuließ, den Fans entgegen. Ihm schlug erst einmal fassungsloses Entsetzen entgegen.

Es war ein Moment zum kollektiven Fremdschämen. Man wollte wegschauen, dennoch wurden die Blicke immer wieder zu diesem lieblosen Etwas hingezogen. Zwei dünne schwarze Beinchen litten schwer unter der Last des kugelrunden Schneemannbauches. Den quetschte die quadratische Sonderanfertigung eines Vereinstrikots zusammen. Obenauf saß eine kleinere pelzige Kugel, welche mit einem debilen Dauergrinsen und zwei blauen runden Augen ausgestattet war. Dass sich Zuneigung einstellen würde, konnte eigentlich nicht ernsthaft erwartet werden.

Der Wert von Insektenklatschen, die so manches Unheil anrichten konnten, wurde in den Blöcken auch von überzeugten Pazifisten völlig neu überdacht. Die Starre wich einem lautstarken und damit deutlich spürbaren Gegenwind, welchen das Insekt in seiner kurzen Lebensspanne so noch nicht erlebt haben dürfte.

45 Minuten kämpfte es um Liebe, Gunst und Anerkennung oder wenigstens für seine Daseinsberechtigung. Es blieb bei seinem einstudierten Programm und rannte vor der Laufbahn winkend und die

Fans animierend hin und her. Dann wurde es erlöst und der vereinsseitige Scherz (was anderes kann das einfach nicht gewesen sein!) wurde auf den Berg der ausprobierten und gescheiterten Ideen abgelegt.

Dort blieb es und wurde fast vergessen, bis eine Internetpräsenz im März 2007 die zehn peinlichsten Fußballmaskottchen kürte.[29] Eine einzige Halbzeit genügte unserem Glückskäfer, um am Ende auf einem nicht ganz unerwarteten zweiten Rang zu landen. Nicht einmal die Experten sind sich einig, wann unser Glückskäfer seinen großen Tag hatte. Frank fand dazu nicht einmal etwas in seiner großen Bilderdatenbank. Ein deutliches Zeichen, dass dieses Getier in der Anhängerschaft keinen bleibenden Eindruck hinterlassen hat.

Es wurde nie wieder versucht, ein neues Maskottchen zu finden. Ähnlich wie bei den gelben Hosen wurde in einer von Fanszene und Verein aufgesetzten Fancharta unter den Punkten »Bewahrung der Ursprünglichkeit eines Fußballspiels« in sieben Punkten schriftlich fixiert, dass die Stimmung und der Support in Dresden einzig von den Fans erzeugt wird und auf Maskottchen und auch Cheerleader, die kurz danach das Häufchen schlechter Ideen erweiterten, zu verzichten ist.[30] Auch, wenn unsere Fancharta manchmal ein zahnloser Papiertiger zu sein scheint, hat sie hier für Verein wie Fans für noch immer bestehende Klarheit gesorgt.

Die letzten Worte des Nachwortes wären dementsprechend: »… und doch sprang einfach kein Funke über und so tanzte der Glückskäfer zwar kurz, aber doch zu lang!«

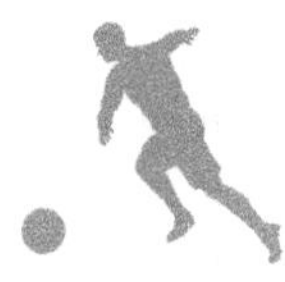

29. GRUND

Weil es vor Dynamo-Spielen legendäre Stadionshows gab

Ende der 80er-Jahre etablierte Dynamo etwas Neues und Außergewöhnliches rund um ein Fußballspiel. Vor den Europapokalspielen zog eine aufwendige Stadionshow die Fans in ihren Bann. Begonnen hatte alles mit einem Abschiedsspiel für unseren Mittelfeldstrategen Reinhard Häfner, welcher im Sommer 1988 seine sportliche Karriere beendete. In seiner Dresdner Zeit konnte er sowohl vier Meisterschaften als auch Pokalsiege feiern.

Reinhard Häfner war ein wichtiger Bestandteil des legendären dynamischen Kurzpassspiels, welches als Dresdner Kreisel bezeichnet wurde. Sein explosiver Antritt auf der rechten Außenbahn war seinem Leichtathletiktraining in Jugendjahren zu verdanken. Glücklicherweise war sein Interesse am Fußball größer, und so prägte er das dynamische Spiel über 17 Jahre. Seine 366 Oberligaspiele für die SGD wurden nur noch durch Hans-Jürgen Dörner übertroffen. Ihm zu Ehren gab es das erste Abschiedsspiel in der DDR. Es war ein Spiel, welches sich im Nachhinein als Mutter der legendären Dresdner Stadionshows herausstellte.

Vor dem ersten Saisonspiel gegen den FC Rot-Weiß Erfurt kam es am 13. August 1988 zur feierlichen Verabschiedung vom Spieler Reinhard Häfner. Da er seine ersten Oberligapartien in Erfurt absolviert hatte, ehe er damals nicht ganz freiwillig nach Dresden ging, passte dieser Tag umso besser.

In einem Fußballspiel stand unser ausgeschiedener Routinier gemeinsam mit der Dresdner Prominenz um Schauspieler Wolfgang Stumph, Wirt Karl-Heinz Bellmann oder Moderator Hans-Joachim Wolfram noch einmal für insgesamt 30 Minuten auf dem Feld. Um dennoch einen sportlichen Reiz zu erschaffen, gesellten sich jahrelange Weggefährten wie Klaus Sammer, Dieter Riedel, Hans-Jürgen Kreische, Hartmut Schade oder die früheren Jenaer Idole Peter Ducke sowie Harald Irmscher hinzu. Sechs Minuten vor dem Ende wurde dann symbolisch der Generationswechsel vollzogen, als Reinhard Häfner das Feld für seinen neunjährigen Sohn Martin verließ. Danach wurde er offiziell als neuer Assistent von Übungsleiter Eduard Geyer auf der Trainerbank begrüßt.[31]

Das Publikum, welches sich in großer Zahl bereits eine Stunde eher als gewöhnlich ins Stadion begeben hatte, zeigte sich vom

Ablauf des Nachmittages im heimischen Stadion begeistert. Mit Szenenapplaus wurden die ehemaligen Stars sowie die lokale Prominenz gefeiert[32], und so entwickelte sich aus diesem erstmals in der DDR durchgeführten Abschiedsspiel rasch eine Stadionshow, die, immer unter einem anderen Motto stehend, vor Europapokalspielen die Massen in ihren Bann zog.

Die gemeinsame Überbrückung bis zum Spielbeginn, sozusagen die Erwärmung von Fans und Prominenz, kam genau im richtigen Moment. Es war die Saison unseres Vereins. Das Stadion war vor jedem internationalen Spiel bis auf den letzten Platz gefüllt. So musste Moderator Gert Zimmermann nicht lang bitten, um in der DDR bekannte Gesichter wie Gunther Emmerlich, die Puhdys, Theo Adam, Kristin Otto, City, Olaf Berger, Wolfgang Lippert oder auch Olaf Ludwig ins Stadion zu locken. Eine Gage gab es nicht. Eine extra für sie im Stadion montierte Sitzreihe war Anreiz genug, um sich beispielsweise in einem Tandemrennen miteinander zu messen oder im Elfmeterschießen gegeneinander anzutreten. Es war auch für sie das nahezu unbeschreibliche Gefühl, bei einem Heimspiel von Dynamo dabei gewesen zu sein.[33]

Aber nicht nur die ostdeutsche Prominenz zeigte ihr Können, um doch noch eine Eintrittskarte zu erhalten, wenn das Stadion bereits offiziell »ausverkauft« war.

Eine Eintrittsgenehmigung für ein Europapokalspiel Dynamos in den Händen zu halten, war zu einer eigenen Währung geworden. So versprach der Besitzer einer privaten Pulsnitzer Pfefferküchlerei, einen zwei Quadratmeter großen Pfefferkuchen herzustellen, sollte Dynamo gegen den AS Rom im Achtelfinale bestehen. Ein kühnes Vorhaben, was bei einem international bekannten Gegner wie ein Wetteinsatz, der mutmaßlich gar nicht eingelöst werden würde, klang.

40 Kilogramm Teig und zehn Kilogramm Zuckerglasur waren zur Herstellung nötig, eine einsetzende La-Ola-Welle der Fans und ein Platz in der ersten Reihe des Stadions waren der Dank.[34]

Letztendlich könnte eine ausgelobte Wurstprämie, welche ein Fleischer dem ersten Torschützen versprach, ein kleiner Baustein für das erstmalige Erreichen eines Halbfinales gewesen sein. Ralf Minge sicherte sie sich nach 47 Spielminuten. Über die Länge, die in verschiedenen Medien zwischen vier und acht Metern schwankt, besteht mehr als 25 Jahre später keine Einigkeit, dass sie unter der Mannschaft geteilt wurde, jedoch schon.

Das Ende der Show kam mit dem Ende der Dresdner Europapokalgeschichte 1991. Es waren zwei Jahre, in denen ein Programm aufgestellt wurde, das die Fans in ihren Bann zog. Zwei Jahre, die eine besondere Zeit der Geschichte der SGD umrahmten.

30. GRUND

Weil in unserem Stadion ein definitiver Mangel an Betongrau herrscht

Dynamo besitzt eine gewaltige Zaunfahnenvielfalt. Eine Internetseite, welche die Fahnen, die jemals im Stadion aufgetaucht sind, dokumentiert, ist bei der unglaublichen Anzahl von 477 (Stand: Ende September 2014) einzigartigen dynamischen Liebesbeweisen angelangt.[35] Nicht unbekannt sind die der »Ultras Dresden« oder jene der »Ruhestörer«. Ebenfalls bekannt sein dürften die vom »Wansistamm«, »Dylirium« oder »Dresden ist anders«, jene gelbe Zaunfahne, welche »Volkmar Köster, Schutzpatron 1999–2007« ehrt. Eine der bekanntesten jedoch ist sicherlich die mit dem Slogan »Wenn das der Starke August wüsste«.

Doch diese zu jedem Heimspieltag sichtbare Vielfalt war und ist gefährdet. Zum einen könnte man sich hinter einer Stoffbahn gut verstecken, zum anderen ist das neu gebaute Stadion sehr teuer, wodurch Flächen für Werbebotschaften benötigt werden, um es irgendwie zu refinanzieren. Wir verloren durch den Stadionersatzneubau unsere altbekannte Heimat. Der Ort war bis auf etwa 20 zu vernachlässigende Meter nahezu derselbe geblieben, doch das bröckelnd-bröselige Flair unserer Ruine wurde durch Beton, Stahl und ein schützendes Dach ersetzt.

Die größte Gefahr jedoch drohte durch die zu beobachtende Beliebigkeit. Wichtig war daher, dass sich unser neues Stadion mit seinen vielen Fahnen von den anderen Einheitsarenen abheben musste. Ein Zeichen zu setzen und eine Diskussion innerhalb des Vereines in Gang zu bringen, bot sich an, als im Sommer 2009 Dynamo im DFB-Pokal gegen den 1. FC Nürnberg antrat. Durch das Baugeschehen gab es einige Blöcke, welche im Pokalspiel noch keine Fans beherbergen würden. Der größte war der heutige Stehplatzbereich hinter einem der Tore. Die Fangemeinschaft und die Ultras der SGD regten an, den noch nicht freigegebenen Bereich mit so vielen Zaunfahnen wie möglich zu schmücken.

Dem Aufruf wurde zahlreich gefolgt und handgezählte 110 bunte Fahnen schmückten den noch nicht freigegebenen Stehplatzblock. Dazwischen stand auf einem Banner die Frage, wo im neuen Stadion dafür Platz sein würde. Im Herbst wurde das Stadion fertiggestellt und eröffnet. Zwischenzeitlich befand sich die Bank der Ersatzspieler und des Funktionsteams gegenüber den VIP-Logen. Als sie zurück auf ihren angestammten Platz zogen, entstand auf der Westseite ein weiterer Platz für die Fahnen.

Doch manche Fahne ist über die Jahre aus dem Stadion verschwunden. Der Fanclub IMMER-ZU hat seine eigene Zaunfahne im Normalfall nicht mehr bei sich. Auch ihre gelbe Victory-Hand mit dem roten Dynamo-Emblem war letztmalig zur Stadioneröffnung anwesend, da sie vor jedem Spiel erneut beim Fanbeauftragten angemeldet werden müsste. Wie in vielen anderen Bereichen werden die Hürden auch in unserem Stadion nicht geringer.

Nach dem Abstieg wurden erstmals seit drei Jahren wieder Zaunfahnen auf der Südtribüne entdeckt. Inzwischen vermehren sie sich bereits wieder an benachbarten bisher brachliegenden Flächen. So wie einzelne Grashalme zwischen aufgerissenen Betonspalten hervorsprießen, nutzen wir jede Option, auch wenn sie vielleicht nur für kurze Zeit besteht, um unser Stadion noch bunter und vielfältiger zu gestalten.

Auch der K-Block sorgt immer wieder für ein vielstimmiges Raunen im Stadion. Zu besonderen Spielen wird vor dem Anpfiff unsere riesengroße Blockfahne gehisst. Vor allem ihr erster Auftritt war ein wahrhafter Höhepunkt im neuen Stadion. Lange wurde sie angekündigt. Zuerst sollte sie zum ersten Zweitligaspieltag nach dem Aufstieg 2011 fertig sein, letztendlich dauerte es bis zum neunten Spieltag gegen Eintracht Frankfurt. Dann war es so weit: Die neue, den gesamten Stehplatzbereich der Dresdner Heimspielstätte überdeckende Blockfahne wurde enthüllt. Es war ein beeindruckender Moment, als sie den Fans im ausverkauften Stadion präsentiert wurde.

Als sie sich von der Decke über den K-Block in Richtung Tor ausbreitete, brandeten von überall im Stadion Beifall und laute »Dynamo«-Rufe auf. Dann endlich konnte sie offiziell bestaunt werden. Als kurz darauf unser Vereinslied *12. Mann* angestimmt wurde, wippte sie rhythmisch im Takt mit, als ob sie schon immer dazugehörte.

Die von den Ultras Dresden gestaltete Fahne war nahezu komplett in Schwarz und Gelb gehalten. Das Wahrzeichen des alten Stadions, die vier Flutlichtgiraffen, betteten den Verein in die Dresdner Stadtsilhouette ein, vor der August der Starke stand. Mit einer Größe von 70 mal 35 Metern war sie zu dieser Zeit die größte und imposanteste Fahne aller deutschen Vereine. In Europa konnten sie mit ihren 2.450 Quadratmetern einzig die Stadionkurven von Olympique Marseille und dem SSC Neapel überbieten.[36] Die Angst vor »Beliebigkeit« muss man sich in Dresden wahrlich nicht machen. – Einheitsgrau? Nicht bei uns!

31. GRUND

Weil Dynamo seinen Fans bis zum Abpfiff immer alles abverlangt

»Aber wer Dynamo Dresden kennt, der weiß, daß es bis zur Schlußsekunde für jähe Wendungen gut ist.«[37] Günter Hamann, Sportjournalist bei der *Sächsischen Zeitung*, schrieb diese für Dynamo noch immer gültige Aussage im August 1986 nach einem späten 2:2 daheim gegen den 1. FC Magdeburg nieder. Unsere Mannschaft hatte es mal wieder geschafft, eine drohende Niederlage im ersten Heimspiel der Saison in der letzten Viertelstunde in einem Kraftakt noch zu drehen. Als das gesamte Stadion bereits den nahenden Abpfiff beschrie, schenkten uns die Magdeburger doch noch einen ein. 2:2, eine Niederlage war es am Ende nicht, doch genau so fühlte es sich an.

Als ich diese Aussage zum ersten Mal las, waren das Jahr 1986 sowie das Spiel gegen die Magdeburger schon ewig vergessen, dennoch hatte ich gleich mehrere Partien im Kopf, welche noch ganz am Ende eine dramatische Wende erhielten. Manchmal lagen wir uns danach in den Armen und konnten nicht fassen, was uns da noch gelungen war, und manches Mal hingen die Köpfe tief, nachdem wir sie lange Zeit ungläubig geschüttelt hatten. Sepp Herberger hat mit seiner Aussage, dass ein Spiel 90 Minuten dauere, zu kurz gedacht. Die ebenso alte Fußballweisheit, dass »Schluss ist, wenn der Schiedsrichter abpfeift«, trifft es da schon eher.

In der Saison 2011/12 erhielten wir in der Hinrunde fünf Gegentreffer, welche die Bezeichnung »90+X« oder auch Nachspielzeit verdiente. Nachdem es anfangs nur Ergebniskosmetik für den Gegner war, war in Düsseldorf und im folgenden Heimspiel gegen das Erzgebirge der eingerechnete Punkt plötzlich weg. Zwei Jahre später waren es ebenfalls die soeben genannten Mannschaften, denen es in Dresden gelang, in die Nachspielzeit aus einer Niederlage doch noch einen Punktgewinn zu zaubern und die Dresdner Mannschaft und Fans sprachlos zurückzulassen. Die Stille nach dem 1:1 der Düsseldorfer war gespenstig, doch eigentlich sind diese Sachen nichts gegen die Dramatik, die es immer mal wieder in den entscheidenden Spielen um »Sekt oder Selters« gab.

Bereits in unserem allerersten Europapokalspiel erlebte Dynamo ein Wechselbad. Als nach einem 1:1 im Hinspiel gegen Glasgow Rangers Hans-Jürgen Kreische in Schottland in der 89. Minute ausglich, befand sich die Mannschaft gedanklich bereits in der nicht mehr erwarteten Verlängerung. Es blieb jedoch am Ende bei der regulären Spielzeit, da die Schotten im Gegenzug das 2:1 erzielten und wenige Sekunden später der Schlusspfiff ertönte. Pech gehabt!

Am Abend des 4. November 1981 rutschte dem ansonsten besonnenen Hans-Jürgen Dörner nach dem Europapokalspiel gegen Feyenoord Rotterdam eine Wasserflasche aus der Hand, welche knapp über seinem Mitspieler Matthias Döschner an der Wand zerschellte. Dessen Fehlpass kurz vor dem Spielende hatte Luuk Balkestein seinen einzigen Europapokaltreffer ermöglicht.[38] Es war ein wichtiger, denn er sorgte dafür, dass sich die Holländer im Lostopf für das Achtelfinale befanden.

Das FDGB-Pokalfinale gegen die BSG Sachsenring Zwickau wird im 82. Grund besprochen. Nur kurz so viel: 2:2 durch den Zwickauer Peter Nestler in der 119. Minute, danach Elfmeterschießen …

Doch außer der Ungerechtigkeit von zehn Meisterschaften des BFC Dynamo gleicht sich zumeist das Pendel zwischen unglücklichen Ergebnissen und großen Siegen irgendwann aus. Es gibt mehrere Spiele in den verschiedenen Runden des FDGB-Pokals, die wir in den letzten Minuten für uns entschieden haben. Am 28. Juni 1977 gelang es uns im Finale, dem 1. FC Lok Leipzig den schon errungen geglaubten Titel doch noch zu entreißen. Gerd Weber köpfte in der 85. Minute den Ausgleich und Rainer Sachse setzte zwei Minuten später mit seinem Siegtreffer ein dynamisches Ausrufezeichen.[39]

Waren wir in den Vorwendezeiten im FDGB-Pokal vorwiegend die Favoriten, so begann für die SG Dynamo Dresden am 9. November 1993, genau vier Jahre nach der Öffnung der Mauer, die eigene Zeitenwende. Gegen die großen Bayern aus München waren wir, auch wenn wir noch in einer Liga spielten, der klare Außenseiter. Mit dem unerwarteten Zwischenstand von 1:1 ging es in die letzten Minuten.

Es war im hitzigen Dresdner Stadion definitiv keine Zeit, die Blase zu entleeren oder ein weiteres Kaltgetränk zu ordern. Nach einem Foul an Marek Penksa nahe der Strafraumkante ließ Schiedsrichter Alfons Berg Vorteil gelten. Der Ball kam zu Matthias Mauksch. Der flankte von links in den Strafraum und genau da rauschte Olaf Marschall mit viel Schmackes in dessen Flanke. Plötzlich stand es 2:1.

Die Bilder sprachen Bände. Am Tor der Bayern lag ein Dresdner Jubelknäuel, am Mittelkreis standen mit dem Schiedsrichter diskutierende Bayern. Der pfiff noch einmal kurz an. Jeder vom Dresdner Strafraum weggedroschene Ball wurde von den Fans frenetisch bejubelt. Dann erklang der letzte Ton und die Bayern waren draußen. Knappe und unerwartete Erfolge gegen große Mannschaften sind halt doch die schönsten!

32. GRUND

Weil Dynamo sich anschickt, demnächst einen neuen Ulf Kirsten zu finden

Die Arbeit eines Vereins von außen zu betrachten, ist immer etwas Subjektives. Dass unsere wechselnden Verantwortungsträger die Jugendförderung lange Jahre nicht als die wichtigste Vereinsaufgabe gesehen haben, kann dennoch als historischer Fakt stehen gelassen werden. Die Zeiten der DDR-Oberliga, als sich Dynamo vorwiegend mit Spielern aus der eigenen Jugend auffrischte, sollen gar nicht einmal als Maßstab genommen werden, nur kam die Integration des Nachwuchses später fast völlig zum Erliegen.

Lange Zeit war für uns Fans kein Umdenken im Verein zu erkennen. So stand nach dem Aufstieg 2011 Toni Leistner zwar zur Saisoneröffnung sowie zum Abpfiff des letzten Spieltages auf dem Feld, jedoch hatte es für ihn ohne Verletzungsausfälle insgesamt nur zu drei Zweitligaeinsätzen gereicht. Auch bei Marcel Franke beschlich nicht wenige Anhänger das Gefühl, dass ihm nur wegen der geltenden Local-Player-Regelung des Verbandes überhaupt ein Kaderplatz gewährt wurde. Einsatzchancen erhielt er keine, auch als der Klassenerhalt bereits feststand. Dass beide durchaus Talent besitzen, hat sich inzwischen ohne Frage gezeigt. Um die Verbandsregel zu erfüllen, wurde neben Toni und Marcel gar Assistenztrainer Nico Däbritz als Spieler geführt, der bereits 2004 seine Spielerkarriere offiziell beendet hatte.

Die zweite Mannschaft verzichtete 2012 auf Geheiß des Vereins gar auf ihr Aufstiegsrecht. Unter den Vereinsmitgliedern konnte der Grund nicht schlüssig geklärt werden. Lebhafte Diskussionen gab es auf der regulären Mitgliederversammlung. Es war ein trauriges und wenig motivierendes Bild, welches Dynamo mit seinem Nachwuchs für die Öffentlichkeit abgab.

Glücklicherweise wandelt sich das inzwischen. Wo Dynamo vor Jahren dafür bekannt war, Talente abzuwerben und ihnen nur wenig wirkliche Perspektiven zu geben, wird inzwischen ein offizieller Weg über Kooperationen mit anderen Vereinen bestritten. Von den aktuell elf Vereinen, mit denen es eine Zusammenarbeit gibt, ist der SC Borea Dresden der Verein, der die positive Entwicklung in der Nachwuchsarbeit von Dynamo am intensivsten gefördert hat. Dies schlägt sich durch Tobias Müller, Marvin Stefaniak und auch Paul Milde in der ersten Mannschaft nieder.

Die B-Junioren des Vereins spielten seit 2010 in der höchsten Nachwuchsspielklasse. 2013 zog dann die A-Jugend nach. Zwar gibt es Rückschläge wie den diesjährigen Abstieg der U17; die grundsätzliche Entscheidung, sich wieder intensiv auf die Förderung des vereinseigenen Nachwuchses auszulegen, wird jedoch glücklicherweise nicht mehr infrage gestellt.

Unser Geschäftsführer Sport, Ralf Minge, Trainer Stefan Böger, der bisherige Trainer der zweiten Mannschaft und neue Leiter des Nachwuchsleistungszentrums, Jan Seifert sowie unser U19-Trainer David Bergner bringen alle eine jahrelange Erfahrung aus dem Jugendbereich in den Gesamtverein ein. Einen Blick für Talente haben sie.

Nach Tobias Müller waren Marvin Stefaniak und Paul Milde im vergangenen Spieljahr die ersten Spieler, die in der U19 spielten, bei den Profis mittrainierten und auch erste Erfahrungen in der Zweiten Bundesliga sammeln durften. Allein das Training mit den Profis dürfte sich für die Zukunft der beiden hoffnungsvollen Spieler auszahlen.

Zum Ende des Spieljahres wurden zunehmend Nachwuchsspieler in die zweite Mannschaft integriert. Da das Akklimatisieren aus dem Jugend- in den Männerbereich unabhängig von der Zugehörigkeit zu einer bestimmten Liga Zeit benötigt, ist es schön, zu beobachten, wie dieser dem Nachwuchs eingeräumt wird.

Ins saisonvorbereitende Trainingslager der ersten Mannschaft fuhren dieses Jahr fünf Spieler aus dem Nachwuchs und der zweiten Mannschaft mit. Der Verein ist für Spieler wie Dominic Baumann oder Franz Pfanne durchlässiger geworden. Sie sind neben den zuvor genannten die neuen Hoffnungsträger. Im Kader der Mannschaft sind so viele ehemalige Nachwuchskräfte dabei wie seit Jahren nicht. Das regionalere Gesicht, welches Ralf Minge dem Verein geben wollte, sieht bereits gut aus.

Dass wir vorerst weiterhin Ausnahmetalente wie Maximilian Arnold oder Patrick Pflücke nicht langfristig im Verein halten werden können, wird sich nicht ändern. Wenn ihnen und teilweise sogar ihren Familien von anderen Vereinen Perspektiven aufgezeigt werden, welche die Erste Bundesliga beinhalten, dann kann unser Verein mit dem Argument der regionalen Verbundenheit nicht mehr punkten. Den Weg, welchen Dynamo eingeschlagen hat, wird mit Rückschlägen steinig sein. Er klingt aber dennoch vielversprechend.

KAPITEL 4

DIE HOCHS UND TIEFS DER SGD

WER DAS EINE NICHT KENNT, KANN DAS ANDERE NICHT SCHÄTZEN

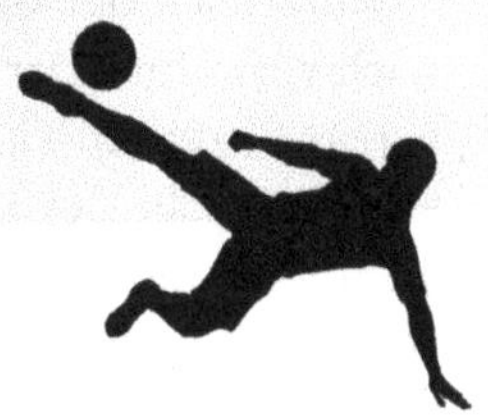

33. GRUND

Weil nur wenige Vereine von sich behaupten können, während einer laufenden Saison die Liga gewechselt zu haben

Der Begriff »Fahrstuhlmannschaft« scheint von Vereinen wie dem VfL Bochum, Arminia Bielefeld oder dem 1. FC Nürnberg gepachtet. Kurzzeitigem Erfolg mit Aufstiegen in die Erste Bundesliga folgen beinahe schon vorhersehbar Abstürze in die Zweite Liga oder gern auch noch eine Spielklasse tiefer. Wir in Dresden sind inzwischen ebenfalls eine Mannschaft geworden, welche gern einmal eine neue Spielklasse ausprobiert. Ab dem Kleinkindalter unseres Vereines war dies bis zum Höhepunkt der Pubertät nicht anders.

Kurz nach der offiziellen Vereinsgründung wurden die Fans noch verwöhnt. Der Verein war sofort ganz vorn dabei und hatte bereits den ersten Titel gewonnen, als es ihn aus heutiger Sicht noch gar nicht gab. Der zweite und vom Namen her noch wichtigere Triumph schloss sich an, ehe Dynamo altersmäßig den Babyspeck abgestreift hatte. Mit Dynamo lief es wahrscheinlich einfach zu glatt. Was folgte, waren gewaltige Schiebereien, die im sportpolitischen Hintergrund liefen. Die unabhängig von der Zugehörigkeit zu einer bestimmten Liga zum Verein stehenden Fans mussten sich erst noch von den Erfolgsanhängern separieren. Dass dies in Dresden gelang, ist dem Fußballverband der DDR hoch anzurechnen.

Unser junger Verein sonnte sich noch im schönen Erfolg des innerstädtischen 2:1-Derbysieges gegen Rotation Dresden, als im November 1954 bereits dunkle Wolken in der Ferne aufzogen. Das Unwetter, welches aus Berlin rasch näher kam, entleerte sich schließlich direkt über uns und plötzlich schien die ganze Existenz des Vereins fortgespült zu sein.

Das dem Derby folgende Punktspiel wurde statt im Dresdner Heinz-Steyer-Stadion bereits im Berliner Jahn-Sportpark angepfiffen. Bis zum Jahresende trainierte die Mannschaft noch in Dresden und spielte in Berlin. Dann war es ganz ruhig um die SG Dynamo Dresden geworden. Es war von Berliner Schreibtischen aus beschlossen worden, die Dresdner Mannschaft komplett in die Hauptstadt der DDR zu verpflanzen, schließlich waren ihre Wurzeln jung und kräftig und noch nicht so mit dem Dresdner Erdreich verwachsen, dass sie ein Umtopfen nicht verkraften würden.

Die genauen Gründe werden im 12. Grund konkreter beschrieben. Sie hinterließen bleibende Schäden, die viele Jahre benötigten, um auszuheilen. In Dresden gab es mit der BSG Rotation Dresden zwar noch einen weiteren Oberligisten, doch nach der Auflösung der SG Dresden-Friedrichstadt war den Dresdnern nun bereits das zweite Mal in nicht einmal fünf Jahren eine Oberligamannschaft abhandengekommen.

Doch wir waren nicht allein. Das willkürliche Verschieben von Startplätzen betraf nicht nur Dynamo. Die komplette Mannschaft von Empor Lauter wurde zur selben Zeit aus dem Erzgebirge kurzerhand nach Rostock versetzt. Die Geschichte der SG Dynamo Dresden hätte zu diesem Zeitpunkt eine kurze werden können. Wäre sie an diesem Punkt zu Ende gewesen, so stünde sie in einem anderen Buch wahrscheinlich ebenso in einem Nebensatz wie die von Empor Lauter. Doch Dynamo hatte etwas Glück, auch wenn man dies in diesem Moment als zynisch empfinden könnte.

Unsere Geschichte wurde keine Randepisode anderer Vereine, auch, wenn die Geschichten, die nun geschrieben wurden, kleiner waren als der Kampf um den FDGB-Pokal oder die durch ein Entscheidungsspiel gewonnene erste Meisterschaft.

Das neue Jahr begann und in Leipzig wurde ein erst kurz zuvor begonnenes Experiment nach nur einem halben Jahr beendet. Die Studentenmannschaft des SC DHFK Leipzig war angetreten, aus jungen Talenten schnellstmöglich Nationalspieler zu formen. Unter den Fittichen des Ungarn János Gyarmati, welcher selbst bis zum April 1954 noch Dynamo trainiert hatte, lief der Versuch aber den hohen Erwartungen zuwider schleppend an und wurde daher nach sechs Monaten wieder begraben.

Unser Verein erhielt den vakanten Startplatz in der DDR-Liga, Staffel 3. Dazu gab es noch die bereits gewonnenen Punkte, erzielten Tore und Gegentreffer der Studenten. Die Saison lief Ende Januar 1955 weiter, als wäre zwischenzeitlich nichts geschehen.

In der Rückrunde spielte die SG Dynamo Dresden, nachdem sie in der Oberligahinrunde gegen den SC Turbine Erfurt oder den SC Einheit Dresden angetreten waren, nun zweitklassig. Aus dem großen Derby gegen Rotation wurde das kleine gegen Stahl Freital. Dennoch war die neue Herausforderung zu groß für die bunt zusammengewürfelte Mannschaft. Das Spiel wurde verloren. Hinzu kamen unter anderem Spiele gegen Motor Dessau oder auch Stahl Stalinstadt.[40]

Ein Spieljahr in zwei verschiedenen Ligen, eine Geschichte, über die man damals wie heute nur den Kopf schütteln kann. Es ist aber eine Geschichte, die nicht fehlen darf, wenn man den Wahnsinn Dynamo Dresden erklären möchte.

34. GRUND

Weil wir in Dresden das Leiden mit dem Verein gewohnt sind

Die ab Ende Januar zweitklassig antretende Dresdner Mannschaft bestand aus Spielern, die den »Umzug« nach Berlin vermeiden konnten. Unter ihnen waren Günter Usemann und Rudolf Möbius. Hinzu gesellten sich etliche Reservespieler des Vereins. Am Ende des Spieljahres stand Dynamo auf Platz zehn von 14 Vereinen. Das war nach den Vorkommnissen des Jahres keine schlechte Leistung. In den zwölf Spielen bis zum Saisonende erreichte Dynamo zwar drei Siege und ebenso viele Unentschieden. Sechs Niederlagen zeigten aber auch, dass man nun in der Zweitklassigkeit ebenfalls nur unterer Durchschnitt war. Das war am Ende jedoch zu wenig.

Da aus den drei Staffeln zur neuen Saison eine einzige werden sollte, qualifizierte sich Dynamo mit seinem Abschneiden nur für die Zweite DDR-Liga. Die abschreckende Bilanz des letzten Jahres lautete wie folgt: Oberliga bis November 1954, DDR-Liga von Januar bis April 1955, Zweite Liga ab August 1955. In nicht einmal einem ganzen Jahr war aus einer Spitzenmannschaft der DDR-Oberliga ein drittklassiges Team geworden.

Das Positive der neuen Saison war die Umstellung des gesamten Fußball-Ligasystems der DDR. Sie wurde an das sowjetische Vorbild angepasst. Dies bedeutete zukünftig eine kalte Saisoneröffnung am Jahresanfang und eventuelle Meisterehren im tiefen und regnerischen Herbst. Für das Erreichen dieses Zieles wurde vorerst komplett auf den sportlichen Wettkampf verzichtet. Die Übergangsrunde 1955 bestand aus 13 Freundschaftsspielen. Sie endete für Dynamo recht vielversprechend auf dem vierten Platz von wiederum 14 Mannschaften.

Doch am Anfang unserer Geschichte war es nicht anders als in der aktuellen Zeit. Immer, wenn wir in Dresden den Kopf heben, tun wir das nur, um uns erneut einen Schlag abzuholen. 1956 wurde dann wieder um den Auf- und gegen den Abstieg gespielt. Fern jeder Aufregung belegte unsere Mannschaft einen siebten Platz.

Der nachhaltige Schock kam kurz nach dem Ende der Saison, als das Präsidium der Sektion Fußball der Deutschen Demokratischen Republik tagte. Das klang nicht gut und war es auch nicht. Man konnte eher den angetäuschten finalen Schlag vernehmen und der schien es auch fast zu werden. Dynamo hatte während der laufenden Saison einen Spieler verpflichtet. Der besagte Spieler, Joachim Vogel, hatte sich zuvor geweigert, ein Teil des »Umzugs« seiner damaligen Mannschaft von Empor Lauter nach Rostock zu werden.

Im Anschluss an diesen Wechsel verhedderten sich die SG Dynamo Karl-Marx-Stadt, bei der Joachim Vogel zuerst unterkam, der SC Dynamo Berlin, wo er nur kurzzeitig auftauchte, und die SG Dynamo Dresden, wo Joachim Vogel wichtige fünf Tore in zehn Spielen erzielen konnte, in einem Paragrafengestrüpp um auf dem Papier stehende, wirkliche und final ausgesprochene Wechselspielsperren. (Kleine Nebensätze in einem Kapitel können definitiv größere Auswirkungen in einem anderen haben.)

Am Ende war es die Dresdner Mannschaft, welche die Quittung ausgestellt bekam. Nach dem Ende der Saison wurden uns jene neun Punkte abgezogen, die in der ausgesprochenen Wechselsperre mit Joachim Vogel eingefahren wurden. Dass er in den beanstandeten Spielen zwar mitwirkte, jedoch nur ein einziges Tor beim 4:1 gegen Motor Wismut Karl-Marx-Stadt erzielte und erst zuletzt sportlich explodierte, blieb nebensächlich.

Aus Platz sieben wurde nachträglich Platz 13, und der Fahrstuhl, in den die SG Dynamo Dresden im November 1954 eingestiegen war, blieb noch immer nicht stehen, sondern ruckte noch einmal und fuhr mit uns weiter in die viertklassige Bezirksliga Dresden. Dort kam er dann endgültig zum Stehen.

Aus dem Meister der Saison 1953 war in nur rekordverdächtigen drei Jahren ein Verein geworden, der sich mit Vereinen wie Turbine Großröhrsdorf, Empor Tabak Dresden, Empor Dresden-Löbtau oder Lok Pirna messen durfte. Dynamo fuhr nun über die Dörfer und schrieb sich seine eigene Geschichte.

35. GRUND

Weil wir wieder aufgestanden sind

Vom höchsten Thron hinunter in die Bedeutungslosigkeit des Freizeitfußballs auf Bezirksebene, wo nach mehreren Niederschlägen viele Boxer nicht mehr aufstehen würden, wischte sich Dynamo den Mund ab und zog die Socken straff. Wie der geschlagene Held irgendwann am Horizont auftaucht und ein zweites Mal Anlauf nimmt, kämpfte sich Dynamo aus der Bedeutungslosigkeit zurück.

Aufgrund erneuter Staffelumstrukturierungen waren in der Bezirksliga die ersten drei Mannschaften aufstiegsberechtigt, doch der zumindest erhoffte Selbstläufer war die Saison nicht. Vor allem die Mannschaften, die ein »Motor« im Namen trugen, machten es unserem »Dynamo« schwer, Fahrt aufzunehmen. In acht Spielen gegen Motor Radeberg, Motor Coswig, Motor Niesky und Motor Görlitz setzte es neben den einzigen zwei Saisonniederlagen auch noch drei Unentschieden.[41]

Am Ende jedoch war die erste Pein gesühnt und Dynamo fünf Jahre nach dem ersten Meistertitel zurück in der Zweiten DDR-Liga gelandet. Die Saison verlief ähnlich erfolgreich. Am zehnten Spieltag übernahm die SGD die Tabellenspitze und gab sie nicht mehr her. Doch der erste Platz war noch nicht die Berechtigung, aufzusteigen. Wo ein Jahr zuvor gleich die ersten drei Mannschaften aufstiegen, glich er diesmal einem Nadelöhr. Die fünf Staffelsieger traten gegeneinander an und ermittelten aus ihrem Kreis drei Aufsteiger. Dynamo machte es spannend. Erneut schien die Mannschaft von einer »Motor«-Phobie beherrscht zu sein. Motor Steinach und Einheit Greifswald waren bereits aufgestiegen. Der dritte Vertreter wurde gegen die punkt- und torgleiche Mannschaft von Motor Süd Brandenburg in einem weiteren Spiel ausgespielt. Nachdem die Brandenburger kurz zuvor noch mit 3:1 die Oberhand behielten, triumphierten wir dann im allerletzten Entscheidungsspiel nach Verlängerung mit 4:2.

Der zweite Hügel entpuppte sich bereits als mittelgroßer Berg und ward dennoch bezwungen. Für einen weiteren Aufstieg ganz nach oben musste sich Dynamo jedoch erst einmal in den neuen Gefilden akklimatisieren. Mit dem siebten Platz erreichten wir als Neuling eine gute Platzierung, welches 1960 mit Platz drei noch einmal getoppt werden konnte.

Wir waren nun ganz nah dran und hatten das Ziel, in der Marathonsaison 1961/62 ganz vorn anzugreifen. Der Fußballverband der DDR hatte das Experiment »Kalenderjahr« beendet und stellte wieder auf den bekannten Herbst-Frühjahr-Modus um. Somit hatte Dynamo 39 Spieltage Zeit, am Ende ganz oben zu stehen. Das gelang eindrucksvoll. 92 erzielte Tore bei nur 35 Gegentreffern, 25 Siege und zehn Unentschieden, einzig der SC Motor Karl-Marx-Stadt, der in beiden Spielen gegeneinander die Oberhand behielt, konnte unserem Windschatten folgen.

Großen Anteil am Aufstieg der sehr jungen Dresdner Elf hatte Dieter Legler. Einst spielte er beim Dresdner Oberligisten vom SC Einheit Dresden. Beim SC Dynamo Berlin kam er nicht richtig zum Zug. 1958, als Dynamo gerade aus der Bezirksliga aufgestiegen war, kehrte er nach Dresden zurück. Im ersten Jahr der dynamischen Zweitklassigkeit gelangen ihm beim 8:1-Kantersieg gegen Chemie Agfa Wolfen sechs eigene Treffer. Ein Rekord in Dresden, der bis heute nicht annähernd wieder erreicht wurde. Dieter Legler erzielte in den drei Spielzeiten der Ersten DDR-Liga 61 Treffer und wurde zweimal Torschützenkönig seiner Spielklasse.

Am 17. Juni 1962 war die Saison nach einem 1:0-Arbeitssieg bei Chemie Zeitz beendet. Die SG Dynamo Dresden war nach einem Ritt durch die Ligen wieder ganz oben angekommen und hatte seine Durststrecke von siebeneinhalb Jahren ohne Oberligafußball zu einer abgeschlossenen Geschichte gemacht. Einmal von ganz oben hinunter in die Viertklassigkeit und dann zurück. Jetzt hatte Dynamo seine kantige Geschichte. Sie ist es wert, immer wieder erzählt zu werden, und erklärt, warum wir Fans uns manchmal benachteiligt fühlen. Es ist die Geschichte unseres Vereins. Parallel stieg nach 14 Jahren der SC Einheit Dresden aus der DDR-Oberliga ab. Dynamo war zurückgekehrt, während Einheit ging. Die Wachablösung im Dresdner Fußball stand an.

36. GRUND

Weil Dynamo immer wieder an sich selbst scheitert

Als ich begann, mich mit der Geschichte der SG Dynamo Dresden zu beschäftigen, wurde mein Verhältnis zum Verein noch enger. Es war, als ob ich auf dem staubigen Boden der eigenen Familienchronik stöberte. Einige Fakten hatte ich gehört, andere bereits vermutet oder mir aus einzelnen Aussagen zusammengereimt. Zwischen den Zeilen und Bildern fand ich hin und wieder völlig unerwartete Geschichten.

Zwei meiner Fotoalben waren Bücher mit wenig Texten und vielen Zahlen. Das erste Buch[42] enthielt neben einer kleinen Zeittafel und einem Überblick über die wichtigsten Spieler im Dresdner Trikot sämtliche Aufstellungen, viele Zahlen, Tabellen und Statistiken über meine Mannschaft. Das zweite[43] war gefüllt mit sämtlichen Aufstellungen aller Oberligisten. Dazu kamen noch Abschlusstabellen, Statistiken, Zahlen und Fakten. Sonst war da nahezu nichts. Ich durchforstete sie parallel.

Als ich mich in diesem Zahlenwirrwarr festgebissen hatte, befand ich mich im späten Frühjahr des Jahres 1963, als die SG Dynamo Dresden gerade einmal zehn Jahre alt war. Mein Verein war nach acht niederklassigen Jahren erstmals wieder Bestandteil der höchsten Spielklasse der DDR und kämpfte bis zuletzt um den Klassenerhalt.

Die Situation vor dem letzten Spiel war eine besondere. Die SGD empfing mit dem SC Karl-Marx-Stadt den anderen Aufsteiger. Dieser befand sich mit einem Punkt Vorsprung sowie einem leicht besseren Torverhältnis einen Platz vor uns und damit auf einer Position, die auch im kommenden Jahr einen Oberligastartplatz bedeuten würde. Für uns war die Rechnung simpel. Das Spiel gewinnen und dann diese schwierige Saison abhaken, doch so leicht gestaltete es sich nicht.

Der Druck war für beide Mannschaften enorm, da das Ergebnis einer ganzen Saison an diesen 90 Minuten hing. Ohne erzielte Tore ging es für beide Mannschaften in die Kabine. In der zweiten Hälfte gelang dem Gast ein Tor, wodurch wir von der Zweitklassigkeit gerade noch 27 Minuten entfernt waren. Zehn Minuten später gab es doch noch den Ausgleich, bei dem es jedoch bis zum Ende blieb. Mit dem einen Punkt war das erste Oberligajahr nach acht Jahren schon wieder das letzte.

Man kann es auf vorhandene Unerfahrenheit, eintretendes Unglück oder einfach Pech schieben, doch fast genau fünf Jahre später gab es eine ähnliche Konstellation. Die bisher genannten Begriffe konnten nun um das Wort »Unvermögen« ergänzt werden. Diesmal waren wir nicht der blauäugige Neuling. Im vierten Jahr in Folge im Oberhaus vertreten und durch die erstmalige Teilnahme am Messepokal fühlte sich der Verein im Oberhaus der DDR etabliert.

Der überwiegende Teil der 30.000 Zuschauer hoffte, dass es diesmal einen Sieg der noch weinrot auflaufenden Dresdner Mannschaft geben würde. Der Gegner, Chemie Leipzig, war mit einem um zwei Treffer besseren Torverhältnis angereist, die Punkte waren dieselben. Wie man es wohl schon erahnen wird, stand es nach 90 Minuten erneut 1:1. Nachdem wir ein Jahr zuvor noch Vierter am Saisonende waren, gab es diesmal Erleichterung bei Chemie und zahlreiche zu trocknende Tränen bei Dynamo.

In der Saison 1979/80 sah alles nach einer Dresdner Meisterschaft aus. Als Tabellenführer fuhr Dynamo am letzten Spieltag zum direkten Konkurrenten des BFC Dynamo. Diesmal hätte ein Unentschieden sogar gereicht. Mit einem 0:1 kehrte Dynamo als Vizemeister zurück nach Dresden.

Die SG Dynamo Dresden ist in ihrer Geschichte nicht nur dreimal an sich selbst gescheitert. Das letztmalige Scheitern vor gar nicht allzu langer Zeit hat sogar ein eigenes Kapitel erhalten. Wenn andere Mannschaften am Ende große Pokale in den Himmel stemmen, sind wir es gewohnt, weiterzukämpfen und erneut bei »der größeren Gruppe« anzuklopfen, um für eine gewisse Zeit mitspielen zu dürfen. Wir hatten es immer wieder in der eigenen Hand und oft ist der Zug ohne uns abgefahren. Dieses Scheitern, obwohl das Ziel so nahe scheint, ist Dynamo!

37. GRUND

Weil wir immer wieder unterschätzt worden sind …

Nach zwei Meisterschaften in der DDR-Oberliga galt die anstehende Qualifikation für die Erste Bundesliga gefühlt als reine Formsache. Doch dann erlebte Fußball-Dresden eine Saison, in der wir das gesamte Jahr dem FC Hansa Rostock hinterherliefen und am Ende froh waren, mit einem einzigen Punkt vor den Rot-Weißen aus Erfurt die Qualifikation für die höchste gesamtdeutsche Fußballbundesliga erzittert zu haben.

Was uns in der Bundesliga erwarteten würde, wussten die wenigsten. Die Vereinsverantwortlichen waren ebenso gespannt, trauten die kommenden Aufgaben jedoch Trainer Reinhard Häfner nicht zu und ersetzten ihn durch den in der Bundesliga erprobten Helmut Schulte.

Ich selbst befand mich in großer Vorfreude und saugte alles auf, was ich zu lesen in die Finger bekam. Das klang nicht unbedingt positiv. Die besten Spieler um Matthias Sammer und Ulf Kirsten waren bereits ein Jahr zuvor gegangen und hatten große Fußstapfen hinterlassen. Die, die kamen, kannte ich größtenteils gar nicht. Die mutmaßlichen Kracher aus den alten Bundesländern waren wie Peter Lux entweder bereits wieder verschwunden oder entpuppten sich als Ergänzungsspieler, wie es Sergio Allievi war. Nationalspieler hatten wir abgegeben und viel Durchschnitt erhalten.

Der FC Hansa Rostock hatte uns ein Jahr zuvor die Grenzen aufgezeigt, und während sie gleich die Bundesliga aufmischten, musste ich mich an den Abstiegskampf erst einmal gewöhnen. Daraus entstand unsere besondere Dresdner Mentalität. Wir wurden regelmäßig abgeschrieben und zogen dennoch immer wieder den Kopf aus der Schlinge. Letztendlich blieben wir als letzte »Bastion-Ost« erstklassig.

Vor der zweiten Saison schien der Abstieg für die Experten festzustehen. Rudi Gutendorf »analysierte« in der *Dresdner Morgenpost* die Kader der einzelnen Bundesligisten, deren Trainer und das Management. Klaus Sammer, der Helmut Schulte beerbt hatte, erhielt vier von sechs Bällen, ebenso die Abwehr. Dies galt als »mittelmäßig«, während Mittelfeld und Angriff eher als »mager« bezeichnet wurden. Unser Management bekam, nicht ganz zu Unrecht, einen einzelnen Ball. Wohl aber auch nur, damit nicht gesagt werden konnte, dass es in Dresden eigentlich gar keins gab. Hierfür gab es den Begriff »Murks«. Im Quervergleich mit den anderen Mannschaften ergab das für uns mit Ach und Krach Platz 15.

Im *kicker-Sonderheft* wurden die Bundesligamannschaften genauer durchleuchtet. Experten wie Hans-Peter Briegel und Hansi Müller schätzten alle Mannschaften auf ähnliche Weise wie der Weltenbummler aus der *Dresdner Morgenpost* ein. Statt fünf einzelner Bereiche gab es acht. Dazu fügte der *kicker* noch seine eigene Benotung hinzu. Fertig war die »Hitparade der Experten«. Die sah uns auf einem sicheren Abstiegsplatz. Doch am Ende zeigte sich, dass Rudi Gutendorf den Nagel genau auf den Kopf getroffen hatte. Er hatte mit Platz 15 recht behalten.

Die folgende Saison war die auf dem Papier schwierigste, da wir mit der schweren Hypothek eines lizenzbedingten Punktabzuges bestraft wurden. Vier Punkte mussten zusätzlich erwirtschaftet werden. Hans-Peter Briegel, Hansi Müller und der *kicker* selbst waren sich wieder sehr sicher. Erste Bundesliga und Dynamo Dresden, dazu noch vier Punkte Abzug, das wird nichts werden. Sogar unserem neuen sächsischen Kontrahenten aus Leipzig wurde der Klassenerhalt zugetraut.

Letztendlich wurde es unsere erfolgreichste Bundesligasaison. Ohne die vier abgezogenen Punkte war unsere Bilanz am Ende ausgeglichen. Tabellenplatz 13 war der Lohn und vielleicht ein Grund, erstmals seit mehreren Jahren etwas zu übermütig zu werden. Wir hatten uns daran gewöhnt, jedes Jahr die Wundertüte zu sein, die ihre besten Spieler verscherbelte und nahezu unbekannte Spieler in die Erste Bundesliga einführte.

So war ich im Sommer 1994 auch entspannter, als wir in der jährlichen Vorbetrachtung genau da auftauchten, wo ich es bereits erwartet hatte. Eric Ribbeck war der Neue in der Expertenkommission. Seine Vorhersage sah, wie nicht anders zu erwarten, mal wieder Dresden ganz unten. Hansi Müller jedoch sprach mit Bayer 05 Uerdingen erstmals einer anderen Mannschaft die Bundesligatauglichkeit ab. Im Gesamtklassement waren wir auf der Kellerposition der vorherigen Jahre.

Die Vorhersagen sah ich inzwischen als positives Omen für das kommende Spieljahr. Ich gab nichts mehr auf Dinge, die nicht hielten, was sie vorher versprachen. Das Auftreten als abgeschriebener Underdog gefiel mir zunehmend besser. Doch leider stimmte diesmal die Vorhersage. Dynamo gab mir erstmals etwas für mein Leben mit. In schlechten Zeiten zeigt sich, was zusammengehört!

38. GRUND

Weil uns Punktabzüge nicht aufhalten können

In unserer Geschichte haben wir mehrfach für ein Novum sorgen können. In diesem Grund geht es um das erstmalige Erlebnis einer Bundesligamannschaft, mit einem negativen Punkteverhältnis in eine Saison starten zu müssen. Für das Spieljahr 1993/94 wurden uns im Vorfeld vier Punkte abgezogen.

Nach festgestellten Bilanz-Manipulationen lud man unseren amtierenden Präsidenten Rolf-Jürgen Otto vor den Kontrollausschuss des DFB. Obwohl unser selbstgerechter Sonnengott später rechtskräftig wegen nachgewiesener Veruntreuung verurteilt wurde, sollte er zu diesem Zeitpunkt für Verfehlungen seines Vorgängers geradestehen.

Rolf-Jürgen Otto wusste, wie man sich inszenierte. Man kann ihm nicht absprechen, dass er in Frankfurt um unseren Verein kämpfte. Nach erfolgreichen Gesprächen tauchte er vor den wartenden Dresdner Fans mit in der Hand wedelnden Papieren auf. »›Ich hab' se!‹ rief er der Meute entgegen. Da sind dort Leute in Tränen ausgebrochen, in dem Augenblick haste Otto einfach geliebt. Wir waren alle so unter Strom, weil doch der ganze Verein auf dem Spiel stand.«[44] Der zuvor ausgesprochene Lizenzentzug war in eine Geldstrafe von 100.000 DM und den Abzug von vier Punkten umgewandelt worden.

Da es zu dieser Zeit für einen Sieg zwei statt drei Punkte gab, war dies eine empfindliche Strafe für den Verein. Verärgert war vor allem der VfL Bochum, der einzig wegen eines klitzekleinen Punktes abgestiegen war, der ihnen am Saisonende gegenüber Dynamo fehlte. Die Bochumer klagten gegen die Entscheidung des Kontrollausschusses, um zu erreichen, dass die vier Punkte für die zurückliegende und nicht für die folgende Saison abgezogen werden würden. Ihr Einspruch blieb erfolglos und wir hatten schon Jahre, bevor es bei anderen Vereinen in Mode kam, ein Saisonmotto. Es hieß »-4, na und?« und das mit diesem Spruch bedruckte T-Shirt war der Renner.

Das neue Spieljahr wurde geplant. Um die vom DFB geforderten Transfererlöse zu erzielen, verkaufte Dynamo mit Jens Melzig und Alexander Zickler zwei Leistungsträger. Neuer Trainer wurde Siegfried Held, welcher zuvor in Island, der Türkei und in Österreich gearbeitet hatte. Im Gepäck hatte er mit Olaf Marschall einen nicht ganz unbekannten Spieler, der zu Oberligazeiten in Leipzig gespielt hatte.

Als erster Abstiegskandidat gehandelt, begann die Saison genauso, wie es zahlreiche Experten im Vorfeld erwartet hatten. Olaf Marschall gelang es mit drei Toren in seinem allerersten Bundesligaspiel, sich als Dritter in einen illustren Kreis von inzwischen fünf Profis einzureihen, denen dies ebenso gelang. Seine drei Tore reichten trotz allem nur zu einer Punkteteilung gegen den VfB Leipzig.

Danach folgte eine Dürreperiode auf dem Dresdner Punktekonto. Nach sechs Spieltagen hatten wir drei Unentschieden, eine Niederlage gegen Duisburg sowie eine 0:5-Klatsche in München und eine 0:4-Pleite in Dortmund erlebt. Siegfried Held war seinen Job fast schon wieder los, doch dann platzte auswärts gegen den 1. FC Köln doch noch der Knoten und wir setzten ein erstes Lebenszeichen. Mit einem 1:0, welches in Unterzahl über 30 Minuten gerettet werden konnte, hatten wir nach sieben Spieltagen endlich unsere »Punkteschulden« abgetragen und den ersten Zähler für das Saisonende gesichert. Die zuvor von frustrierenden Fans nicht ernst gemeinte Petition an den DFB, den Punktabzug auszusetzen, damit wir am Saisonende nicht mit einem »Minusguthaben« eine weitere »Bestmarke« aufstellen würden, konnte zurückgezogen werden.

Die Mannschaft zeigte endlich, was wirklich in ihr steckte. Einen Spieltag vor dem Ende der Hinrunde konnten wir erstmals in der bereinigten Tabelle den Sprung über den Strich bejubeln.

Durch eine Serie von zehn Spielen ohne Niederlage sicherten wir uns den 14. Tabellenrang und erreichten nach Siegen gegen Bayern München und Bayer Leverkusen das erste und einzige Mal den Sprung in ein Halbfinale des DFB-Pokals. Die Rückrunde verlief sogar noch etwas erfolgreicher. Sie war die einzige in unserer Bundesligazeit, die wir mit einem positiven Punkteverhältnis abschlossen. Wir erlebten das beste Jahr in der Ersten Bundesliga, nur leider bemerkt man dies immer erst später, wenn alles verloren gegangen ist und man reumütig zurückschaut.

39. GRUND

Weil wir bewiesen haben, dass weniger manchmal mehr ist

Im Frühjahr 2000 verspielte Dynamo Dresden nach einer desaströsen Hinrunde und einem zu spät einsetzenden Zwischenspurt die Qualifikation zur neu entstehenden Regionalliga. Nach 43 Jahren, acht Meisterschaften und sieben Pokalsiegen, 98 Europapokalspielen sowie vier Bundesligajahren waren wir wieder viertklassig. Es war fraglich, wann oder ob überhaupt wir jemals den Weg zurück finden würden. Der Verein war an einem historischen Tiefpunkt angekommen.

In der Südstaffel der NOFV Oberliga planten wir nur eine Saison zu verbleiben. Bereits am ersten Spieltag zeigte sich jedoch, dass nicht allen, die für Dynamo auf dem Feld oder im Büro tätig waren, bewusst war, in welch prekärer Lage wir uns befanden. Statt demütig und emsig waren wir überheblich. In einer unangemessenen Werbeaktion wurden im Vorfeld Taschentücher an unseren Gegner aus Sondershausen verteilt. 90 Minuten später war Dynamo um die Erfahrung der ersten von insgesamt zehn Saisonniederlagen reicher.

Die Taschentücher wurden das Symbol dafür, dass der erste Warnschuss zwar zeitig abgegeben, jedoch nicht verstanden wurde. Zeitig war abzusehen, dass dem einen Jahr mindestens ein weiteres folgen würde. Die Saison beendeten wir als Fünfter mit abgeschlagenen 26 Zählern hinter dem Staffelsieger 1. FC Magdeburg.

Der Verein drohte, seinen Anhang zu verlieren. Im vorletzten Heimspiel gegen Wacker Nordhausen fanden sich gerade noch 920 Unerschrockene im Stadion ein. Ein besonderes »Highlight« bekamen die, die ausharrten, noch geboten. Das Spiel fand während der Woche statt, einem Zeitpunkt, welcher die meisten Vereine vor erhebliche logistische Probleme stellte.

Im Gegensatz zu den Profibedingungen, die bei Dynamo galten, wurde Fußball in dieser Liga größtenteils als intensives Hobby betrachtet. Die Spieler waren in ihren Berufen geerdet und hatten andere Prioritäten. So reiste Nordhausen an diesem Tag zwar mit elf Spielern an, aufgrund einer Verletzung vor dem Spiel standen zum Anpfiff nur noch zehn zur Verfügung.

Eines der Lieblingsbücher meines Sohnes sind die *13 ½ Leben des Käpt'n Blaubär*. Als der als junger Bär gemeinsam mit den Zwergpiraten am Kapern des riesigen Schiffes Moloch scheitert, sagt er sinngemäß, dass er an diesem Tage alles lernte, was man über das Scheitern wissen müsse. Wir hatten unsere Lektionen ebenfalls erhalten.

Dynamo lag am Boden und wäre wohl auch nicht wieder aufgestanden, wenn in der folgenden Saison nicht die Aussage des bekannten Kinderbuches von Sammy Drechsel *11 Freunde müsst ihr sein* wahr geworden wäre. Unter dem neuen Trainer Christoph Franke wurde die Mannschaft komplett umgestellt und erhielt erstmals nach vielen Jahren wieder ein Gesicht. Von den Spielern blieb neben Ignjac Krešić, der bereits zwei Jahre das Dresdner Tor hütete, mit Frank Paulus und Maik Wagefeld eine sehr überschaubare Anzahl an Spielern dem Verein erhalten. Kapitän wurde Steffen Heidrich, der zuvor lange Zeit in Cottbus außen vor war. Denis Koslov war dem Namen nach nicht völlig unbekannt, von den anderen Neuzugängen hatten wohl die wenigsten Fans im Vorfeld etwas gehört.

Dynamo musste sparen, wo es nur ging, um weiter eine Geschichte zu haben, anstatt eine vergangene Randepisode zu sein. Christoph Franke hatte für die Saison einen Kader von nicht einmal zwei Mannschaftsstärken beisammen. In ihm enthalten war bereits sein 35-jähriger Co-Trainer Sven Köhler. Die Anzahl der Spieler, die wöchentlich aufliefen, war zu gering, um auf Formschwankungen oder Verletzungen mit gleichwertigem Ersatz reagieren zu können. Doch Dynamo hatte Glück. Die einzige langwierige Verletzung traf

Denis Koslov, als er sich kurz vor Saisonende einen Kreuzbandriss zuzog.

Dem Trainer gelang es mit 19 eingesetzten Spielern, von denen vier höchstens fünf Einsätze am Saisonende hatten, ein ganzes Spieljahr inklusive erfolgreicher Relegation zu bestreiten. Die Mannschaft harmonierte und passte besser zusammen, als es nach der desaströsen Vorsaison in den optimistischsten Träumen zu erwarten war. Außerdem war sie erfolgreich wie lange nicht. Dennoch musste bis zum allerletzten Spieltag gezittert werden, um Gewissheit zu haben, dass unsere Schwarz-Gelben und nicht die Mannschaft vom VFC Plauen zu den Relegationsspielen antreten würde. In einem letzten Kraftakt gelang es der Mannschaft nochmals, ihr Tor in den beiden Duellen gegen die Amateure von Hertha BSC zu vernageln. Ein einziges, von Steffen Heidrich erzieltes Tor brachte den Aufschwung nach einer jahrelangen Depression nach Dresden.

40. GRUND

Weil wir unsere schönste Niederlage in Uerdingen erlebten

Wir spielten im zweiten Jahr in der Regionalliga Nord. Nachdem wir uns kurzzeitig am 20. und 21. Spieltag der Saison 2003/04 auf einem Aufstiegsplatz befanden, pendelten wir uns nach fünf folgenden Punkteteilungen auf einem der näheren Verfolgungsränge ein. Parallel dezimierte sich der zuvor schon übersichtlich gehaltene Mannschaftskader. Es gab nicht nur elf Freunde bei Dynamo, aber auch nicht bedeutend mehr. Eine gerissene Achillessehne, ein lädiertes Kreuzband sowie zwei weitere langwierige Verletzungen ließen spieltaktische Wechsel nicht mehr in dem Umfang, wie es unserem Trainer zu wünschen war, zu. Wer laufen konnte, bekam sein Leibchen und spielte. Nach dem Spiel gegen die Dortmunder

Zweitvertretung standen wir sechs Spieltage vor Saisonende endlich wieder auf einem Aufstiegsrang. Maik Wagefeld wurde mit sieben Treffern in vier aufeinander folgenden Partien zum Fußballgott.

Vor dem Spiel gegen den SV Neumünster war die Aufstiegstür bereits weit aufgestoßen worden. Die Partie gegen den abgeschlagenen Tabellenletzten war auf dem Papier ein Selbstläufer. Aber Papier ist geduldig. Erst Ranisav Jovanović löste mit seinem Tor in der 76. Spielminute die Anspannung. Nach erfolgtem Abpfiff ergossen sich die Fanmassen aus dem überfüllten Stadion auf das Spielfeld. Mario befand sich zwischen all den anderen auf dem Rasen, stand im Tor, lief über die Mittellinie und damit über den Platz, auf dem viele einzigartige Spiele stattgefunden hatten. Welch ein Augenblick, welch eine Befreiung für den Verein, die Fans, die Mannschaft, die ganze Stadt.

Doch bei all der vorfristigen Feierei stand noch ein letztes Spiel an. Ein Vorsprung von drei Punkten und 13 Toren auf den Wuppertaler SV sprachen nicht dafür, dass auf den letzten Metern noch irgendetwas schiefgehen könnte, doch war der Gegner am letzten Spieltag der KFC Uerdingen 05. Das war der Verein, der 18 Jahre zuvor als Bayer Uerdingen für das schlimmste Debakel in der Dresdner Vereinsgeschichte gesorgt hatte. Ausgerechnet Uerdingen …

Würden wir in einem Stadion, in welchem unser Verein Teil des größten Fußballspieles aller Zeiten war, unseren Frieden mit der dynamischen Geschichte schließen können oder würden auch wir unser Uerdinger Trauma erleben müssen? Es war nicht vorstellbar und doch hatte sich dieser Gedanke in so manchen Kopf eingenistet. Die Konstellation im Fernduell Dresden gegen Wuppertal war so einfach wie die eine Generation zuvor im Europapokal.

Christoph Franke wurde nicht müde, mitzuteilen, dass es für das große Feiern noch eine Woche zu früh sei. Dynamo war rechnerisch noch nicht durch und so bereitete er die Mannschaft generalstabsmäßig auf das letzte Saisonspiel vor. Bereits am Vorabend waren die Spieler in Uerdingen angekommen und absolvierten noch ein lockeres Training.

Am Spieltag selbst machten sich etwa 10.000 Fans aus allen Ecken Deutschlands auf den Weg nach Uerdingen, in der Hoffnung, einen großen Tag zu erleben. Das Gefühl war einzigartig. Egal, wer wann von wo startete, alle waren sich bewusst, dass an vielen verschiedenen Orten parallel die Vorbereitungen für das große Finale getroffen wurden. Wie auf einem Spinnennetz fuhren Fans ins innere Zentrum des Netzes nach Uerdingen.

Man sprach von 11.145 Zuschauern im Uerdinger Grotenburg-Stadion, was bedeutete, dass die letzte Auswärtspartie ein Heimspiel darstellte. Der gesamte Bereich hinter einem der Tore leuchtete in Schwarz und Gelb, auch auf der Haupttribüne war Dynamo in großer Zahl vertreten. Dann begann das Spiel an dem Ort, an dem knapp 20 Jahre zuvor Tränen flossen. Parallel kämpfte der Wuppertaler SV beim VfR Neumünster um seine klitzekleine Chance, 13 Tore und drei Punkte aufzuholen.

Auf beiden Plätzen stand es zur Pause unentschieden. Der endgültige Aufstieg war nur noch 45 Minuten entfernt. Mitte der zweiten Hälfte rannte dann Wuppertal sogar einem Rückstand hinterher. Als das bei unseren Helden durchsickerte, schienen die nicht mehr so ganz bei der Sache zu sein. Die rasch folgende Führung des Gastgebers eine Viertelstunde vor dem Ende war jedoch nur noch eine Randnotiz. Nach und nach kletterten die Fans auf die Zäune im Grotenburg-Stadion und warteten ungeduldig auf das Spielende. Als dann Schiedsrichter Michael Weiner die Anhängerschar erlöste und das Spiel sogar etwas vorfristig beendete, gab es kein Halten mehr. Es gab den zweiten freudetrunkenen Dresdner Platzsturm innerhalb von nur sechs Tagen. Noch nie war eine Niederlage schöner gewesen.

Am folgenden Tag gab es in der Dresdner Innenstadt die verdiente Aufstiegsfeier. Dynamo war nach langer Durststrecke wieder ein Bestandteil der großen Fußballkarte. Bei strahlendem Sonnenschein war auf dem Altmarkt rasch eine Festbühne aufgebaut worden, wo nach Maik Wagefeld auch sämtliche anderen Spieler in den Status eines Fußballgottes erhoben wurden.

Die Stimmung war ausgelassen, als Stadionsprecher Peter Hauskeller unter großem Gejohle des gesamten Anhangs diejenigen ermahnte, die ein ganzes Uerdinger Tor nach Dresden überführt hatten, es doch bitte zurückzuschicken. Die Uerdinger verstünden wohl die Dresdner Freude, nur fehle ihnen ihr Tor.

Das Gestänge war das größte Mitbringsel, welches den Weg nach Dresden gefunden haben muss. In welchem Garten oder wo auch sonst es zehn Jahre später sein Dasein fristet, wurde nicht übermittelt. Vielleicht findet es ja als geschichtliches Objekt zu gegebener Zeit den Weg ins Dresdner Fußballmuseum.

41. GRUND

Weil wir 2006 der Absteiger der Herzen waren

Die Saison 2005/06 bot alle Härten für den Anhang. Nach einem Sprint zu Saisonbeginn waren wir einfach stehen geblieben und hatten zu Beginn der Winterpause bereits seit zwölf Spielen nicht mehr gewonnen. Der neue Trainer Peter Pacult wirbelte unseren Kader kräftig durcheinander. Drei Spieler suchten andere Herausforderungen und fünf Neue bekamen sie in Dresden. Ján Kožiak absolvierte in besagter Saison Pflichtspiele in Österreich, der Slowakei und nun in Deutschland. Nach den vier Minuten, die er in Freiburg auflief, sperrte ihn der Verband folgerichtig bis zum Sommer.

Der benötigte Aufschwung kam mit Verzögerung. Auch ein regelmäßiger Spielrhythmus stellte sich anfangs nicht ein. Das Wetter war für den Wintersport geeignet, aber nicht für König Fußball. Dennoch gelang es Peter Pacult, die Mannschaft zu wecken. Anfangs schauten wir noch hinterher, aber nach anderthalb Monaten entzerrte sich so langsam die Tabelle. Wir besaßen reelle Chancen, vier andere Mannschaften abzuhängen.

Als unser größter Konkurrent um den letzten freien Platz sollte sich die SpVgg Unterhaching herauskristallisieren. Sechs Spieltage vor dem Saisonende trennten uns noch sechs Ränge, zehn Punkte und 14 Tore. Was nach einem komfortablen Polster für die Bayern klang, schmolz in den kommenden Wochen zusammen. Während wir loslegten, ging Unterhaching langsam, aber sicher die Puste aus.

Die Ausgangslage vor dem letzten Spiel war einfach. Wir mussten in Rostock gewinnen und die SpVgg daheim gegen den feststehenden Aufsteiger aus Bochum verlieren. Eine der beiden Partien musste mit zwei Toren Differenz enden. Es gab keine Rechnung mehr, in der eine weitere Unbekannte enthalten war. Dresden oder Unterhaching, einen würde es erwischen. Die anderen waren entweder bereits aus dem Rennen oder vorher durch die Ziellinie geeilt.

Ich verfolgte das Spiel arbeitsbedingt in Halle an der Saale. Dynamo wurde in Rostock mit einer Choreo begrüßt, welche die aktuelle Situation »treffend« darstellte. Die Kogge gedachte, Dynamo Dresden zu versenken, und zerteilte vor dem Spiel mittig unser Wappen. Der Anpfiff erfolgte und vor dem Radio erlebte ich das entscheidende Spiel wie damals das Europapokalhalbfinale gegen Stuttgart. Das Kopfkino lief mit tatkräftiger Unterstützung des Reporters an. Begann er, bei dynamischem Ballbesitz schneller zu kommentierten, schoss mein Puls in die Höhe.

Unserer Führung folgte kurz darauf die erste Ernüchterung, nachdem die Rostocker kurze Zeit später ausglichen. Währenddessen wurde in Unterhaching Sommerfußball gespielt. Einige Dresdner Fans waren extra in die Nähe von München gereist, um den feststehenden Aufsteiger aus dem Ruhrpott zu unterstützen. Trotz allem roch es ein wenig nach dem Deutsch-Österreichischen

Nichtangriffspakt von Gijón. Der VfL Bochum hatte sein Saisonziel bereits erreicht und der SpVgg Unterhaching konnte nichts passieren, solange der VfL kein Tor erzielte. Kurz nach der Halbzeitpause gingen wir erneut in Führung. Nun fehlte noch auf jedem Platz ein Tor auf der richtigen Seite.

Ich bin mir nach sieben Jahren nicht mehr sicher, ob meine Erinnerungen wahr sind oder ob ich das Spiel um der Dramatik willen gedanklich überhöht habe. Nach meinem Gefühl berannten wir das Tor der Rostocker. Peter Pacult setzte alles auf eine Karte und brachte zwei weitere Angreifer. In der letzten Viertelstunde der Saison erzielte Pavel Pergl das so wichtige 3:1. Wir hatten unsere Aufgabe erfüllt, nun mussten wir das Ergebnis halten und noch mehr nach Unterhaching schielen.

Die Radioübertragung konzentrierte sich auf das Abstiegsfinale. Ein schnelles Umschalten nach Bayern gelang reibungslos. Dort sprach man noch immer von einem 0:0. Zehn Minuten blieben, ehe die letzte Entscheidung fallen würde, doch zuerst gab der Reporter noch einmal zurück nach Rostock.

Dort brandete auf einmal, auch im Radio war es deutlich zu vernehmen, lauter Jubel auf, obwohl vor Ort alles unverändert geblieben war. Da musste wohl ein Tor in Bayern gefallen sein, schlussfolgerte ich und öffnete glückselig die Augen. Der Reporter mutmaßte ähnlich. Die Anspannung in mir wich dem guten Gefühl, dass alles Hoffen und Bangen während der letzten Monate einem genialen Finale und guten Ende entgegensteuerte. Wir brauchten nur noch die Bestätigung. Diesmal dauerte die Schaltung gefühlte Ewigkeiten.

Den Jubelschrei, welchen ich am Radio vernahm, bemerkten Sebastian und Roland live im Rostocker Stadion. Als ein kleinerer Teil des übervollen Dresdner Gästeblockes plötzlich in einen wilden Jubel ausbrach, blieb Sebastian noch ruhig. Doch der Funke war entzündet und sprang über. Zuerst hinunter neben das Spielfeld. Dort stand Peter Pacult und hatte den stimmlich emotionalen

Ausbruch einiger Fans vernommen. Er drehte sich zum Block und zeigte, wie groß der Druck war, der auch auf ihm lastete. Er ruderte mit einem Arm, ballte und schüttelte die Faust und freute sich. Jetzt breitete sich das Feuer endgültig aus. Den emotionalen Ausbruch unseres Trainers hatten größere Teile des Anhangs bemerkt. Für sie wie auch Sebastian war die Regung des Trainers quasi die Bestätigung von höchster Ebene. Etwas Entscheidendes musste geschehen sein. Und was tangierte uns aktuell mehr als der Spielstand in Unterhaching?

Die Uhr rannte unermüdlich zum Spielende hin. Nun durfte sie es gern noch etwas schneller. Doch die Stimmung hielt sich nur kurz, denn als Sebastian sich umschaute, sah er immer mehr fassungslose Anhänger ihren Kopf schütteln. Was ich währenddessen in Halle, am Radio verharrend, hörte, zog mir die Füße weg. Ich wollte es nicht hören und die Zeit noch einmal zu dem Moment zurückdrehen, wo ich mir sicher war, mit Dynamo im Ziel angekommen zu sein. Doch der Reporter wiederholte den altbekannten Zwischenstand. Es stand weiter 0:0. Die letzten Minuten waren angebrochen und die Zeit rann uns davon.

Der aus Dresden angereiste Anhang begann parallel in Rostock *You'll Never Walk Alone* anzustimmen. Erst vereinzelt, dann stimmten neben Roland immer mehr mit ein und zuletzt sangen sie es laut und trotzig. Sie waren nicht allein. Die Luftfeuchtigkeit im Stadion stieg an.

Mit ebenfalls feuchter werdenden Augen saß ich vor dem Radio. Dann ertönte ein letzter Pfiff in Rostock und kurze Zeit später auch vor den Toren von München. Es war vorbei und Dynamo abgestiegen. In Halle, Rostock, Dresden und vielen anderen Städten ging gerade eine Geschichte, die zuletzt dynamisch geworden war, unglücklich zu Ende. Unser letzter Sprint war beeindruckend gewesen, aber Unterhaching war dennoch einen Schritt vor uns ins Ziel getorkelt. Wann merkt man mehr als in einem solchen Moment, wohin man gehört?

42. GRUND

Weil wir froh sind, eine zweite Mannschaft zu haben, die für die erste die Hausaufgaben erledigt

Man musste sich ab Mitte der 90er als erfolgsverwöhnter Fan der Dynamos daran gewöhnen, kleinere Brötchen zu backen oder manchmal auch gar keine vorrätig zu haben. Nachdem es in den bisherigen Jahren immer eine Selbstverständlichkeit war, im DFB-Pokal anzutreten, war damit nun plötzlich Schluss. Ein letztes Mal erhielten wir einen Gegner zugelost. In der ersten Runde war es mit Fortuna Düsseldorf ein Bundesliga-Aufsteiger. Wir schieden aus und die Vorhänge des großen Fußballerlebens schlossen Dynamo aus.

Den Fahrschein für den DFB-Pokal gab es nur noch über den Gewinn des Sachsenpokals. Damit taten wir uns lange Zeit schwer. Das erste Mal stemmten unsere Spieler den Pokal acht Jahre später in die Höhe. In der Vogtlandarena gewannen wir 3:2 gegen den VFC Plauen. Erstmals waren wir wieder für den großen Pokal qualifiziert. Gleich im ersten Spiel war gegen den Hamburger SV Schluss, aber wir zeigten endlich mal wieder der größeren Fußballgemeinde, dass es Dynamo überhaupt noch gab. Kurz darauf gab es in den Zweitligazeiten wieder Pokalspiele mit Dresdner Beteiligung.

2008 waren wir wieder auf dem harten Boden der Drittligarealität gelandet, im Sachsenpokal jedoch gleich mit dritten Mannschaften vertreten. Mit drei Mannschaften gab es drei Möglichkeiten, den Pokal zu gewinnen. Das dachte sich wohl auch die Erste, die den FSV Zwickau zugelost bekommen hatte.

Für die Fans war die Partie ein unerwartetes Geburtstagsgeschenk. Beide Vereine mögen sich seit Jahren. Nachdem zuerst die Ultras enge Bande knüpften, gibt es inzwischen auch eine Kooperationsebene im sportlichen Bereich. Die zweite Mannschaft gewann gegen den SV Grimma mit 3:0, die dritte verlor erst im Elfmeterschießen mit 4:5 gegen den VfB Auerbach.

Das eigentliche Aushängeschild trat in Zwickau an. Die Fans feierten miteinander und irgendwie wollte da wohl die Mannschaft kein Spielverderber sein. Ein Zweiklassenunterschied war das ganze Spiel über nicht zu erkennen. Zwei Minuten vor der erwarteten Verlängerung nahm sich der kurz zuvor eingewechselte Axel Fuchsenthaler ein Herz und erzielte das Tor des Tages.

Aus drei angetretenen Mannschaften war nach der ersten Pokalrunde nur noch eine übrig geblieben. Dafür war sie jung und ehrgeizig. Wie es 14 Jahre zuvor bereits einmal der Reserve gelungen war, schalteten auch diesmal die Jungspunde eine Mannschaft nach der anderen aus, um für den Gesamtverein doch noch den Zugang zum DFB-Pokal zu sichern.

Nach dem SV Grimma wurden der FC Eilenburg, der VFB Auerbach und auch der FC Sachsen Leipzig mit Niederlagen verabschiedet. Vor allem im Halbfinale wurde sich Dynamo wohl langsam der vorhandenen Möglichkeit bewusst, den Pokal mit seiner Zweitmannschaft gewinnen zu können. Die ersten beiden Torschützen Maik Kegel und Toni Schmidt gehörten eher dem Drittligakader als dem Nachwuchs an.

Am 17. Juni 2009 kam es dann zum fast jährlichen Sachsenpokalduell zwischen der SG Dynamo Dresden, diesmal vertreten mit der zweiten Mannschaft, und dem VFC Plauen. Die Plauener hatten als Regionalligist die Saison zwei Spielklassen oberhalb unserer sechstklassigen Landesligatruppe absolviert.

Bedeutsam ist, dass Dynamo keinesfalls mit seiner Drittligatruppe antrat, sondern mit der Elf, die gerade frisch in die Oberliga aufgestiegen war. Einzig Volker Oppitz, der nach seiner zweijährigen Verletzungspause gerade wieder seine ersten Spiele in der Drittligaelf absolviert hatte, komplettierte die junge und namenlose Elf, die vor etwa 5.700 Zuschauern mit einem 2:1 nach Verlängerung den großen Erfolg unserer Zweitmannschaft klarmachte.

Wahrscheinlich war dies auch der Zeitraum, wo im Verein endgültig ein Umdenken bezüglich der Nachwuchsspieler einsetzte.

Die SG Dynamo Dresden spielte wieder im DFB-Pokal. Die neu formierte Zweitmannschaft überließ den etablierten Drittligaspielern, sich von Nürnberg mit 3:0 im eigenen Stadion besiegen zu lassen.

43. GRUND

Weil wir, wenn es dazu kommt, die Relegation auch hinbekommen

2009 wurden die Relegationsspiele nach Saisonende aus der Mottenkiste reanimiert, und seitdem freut sich jeder, dessen Lieblingsverein nicht direkt von ihr betroffen ist, über ein Spektakel, bei dem definitiv eine von zwei Mannschaften auf der Strecke bleiben wird. Tränen sind vorprogrammiert, ebenso überschießende Reaktionen von Menschen, die ihre Emotionen nicht im Griff haben.

Dynamo ist seitdem zweimal in das zweifelhafte Vergnügen gekommen und hat beide Seiten kennengelernt. Nicht die des Verlierers, unser Saisonabschluss über die Relegation war bisher immer erfolgreich. Nein, wir kennen die Sicht von dem, der nur gewinnen kann, und dem, der wohl viel verlieren würde, wenn es schiefgeht.

2011 nutzten wir in den letzten sechs Spielen die Schwächephasen von gleich drei uns liegenden Mannschaften aus und holten dabei noch vier Punkte auf. Kurz vor knapp erreichten wir den dritten Platz und gaben ihn nicht mehr her. Unser Anhang sah den Spielen positiv entgegen. Wer eine solche Serie wie wir auf den letzten Metern startete, den würde doch nicht ausgerechnet der VfL Osnabrück hindern, den Aufstieg klarzumachen.

Wir Dresdner Fans besitzen die einzigartige Fähigkeit, von jetzt auf gleich mehrere Jahre des Misserfolges gedanklich komplett ausklammern zu können und vom Gelingen komplett überzeugt zu sein. Mit einem Unentschieden im Hinspiel hatte natürlich niemand gerechnet. Der Optimismus blieb. Nicht nur ich konnte dem

Remis sogar etwas Positives abgewinnen. »So sind wir bis zuletzt konzentriert!«

Als die Spieler im Rückspiel nach 45 Minuten mit 0:1 in die Kabine gingen, bauten wir in Gedanken die Jungs mit den Worten auf: »Es ist nichts passiert, einmal müssen wir das Tor sowieso treffen!« Es ging in die Verlängerung und natürlich hatten wir die guten Gründe auf unserer Seite: »Bisher hat immer der Drittligist gewonnen!« Wenn man möchte, findet man immer Gründe.

Zwei Jahre später waren die Vorzeichen anders. Wir hatten diesmal die grottige Saison gespielt, die 2011 Osnabrück gegeben war, und erlebten eine Neuauflage des großen Finales. Bis zuletzt hofften wir, dieses Horrorszenario zu verhindern. Woche für Woche waren die Möglichkeiten auf den Lucky Punch geringer geworden. Wie im Saisonfinale 2006 machten wir auch dieses Mal unsere Hausaufgaben, während eine andere Mannschaft, die uns gern hätte zur Seite stehen dürfen, versagte!

Statt es unserem sächsischen Konkurrenten zu überlassen, lag es nun an uns selbst, eine verkorkste Saison zu retten. Während sich die Medien über die Dramatik der sich wiederholenden Geschichte ausließen, lag es an uns, positive Vorzeichen zu finden. Die Serie der siegreichen Drittligisten war inzwischen auf 4:0 Aufstiege angewachsen.

»Je länger eine Serie wird, desto eher reißt sie!« oder »Wir wissen, wie man gegen Osnabrück gewinnt!« Dennoch hätten nicht wenige lieber jede andere zur Wahl stehende Mannschaft gewählt als ausgerechnet den Gegner, der 2011 die ungeheure Wucht der verlorenen Relegation kennengelernt hatte.

Das Hinspiel wurde verloren, und wenn eine Mannschaft Druck spürte, dann war das Dynamo. Alle Vorzeichen sprachen für unseren Gegner und am Ende triumphierte erstmals der Zweitligist beim Duell um den letzten Startplatz der Zweiten Bundesliga. Cristian Fiél, der nur wenige Tore, die aber in besonderen Momenten, erzielte, und Idir Ouali, der einmal sein Scharnier zwischen Schultern und Kopf nutzte, um überlegt die richtige Entscheidung zu fällen, waren an diesem bedeutsamen Abend unsere Helden.

Die SG Dynamo Dresden ging erfolgreich durch die Hölle und hatte Nervenstärke bewiesen. Jede Serie wird irgendwann einfach zu lang. Dass wir besagte Spiele nur stellvertretend absolvierten, nahmen wir im Tage anhaltenden Freudentaumel nur nebenbei wahr. Eigentlich wäre der SV Sandhausen Relegationsteilnehmer gewesen, nachdem der MSV Duisburg just am Tag nach unserem Sieg keine Zweitligalizenz erhielt. Wir gewannen sozusagen stellvertretend. Für den VfL Osnabrück war das doppelt bitter!

KAPITEL 5

UNSER STADION

ORT VON TRIUMPHEN, TRAGÖDIEN UND VIELER KLEINER EPISODEN

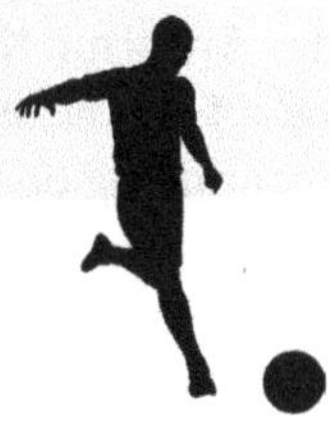

44. GRUND

Weil der Besuch in unserem Stadion immer ein Erlebnis ist sowie eine legale Droge darstellt

Ein Besuch unseres Stadions ist ein Erlebnis. Es ist das zweitgrößte Einrangstadion Deutschlands und auf den letzten Stufen unter das Dach definitiv das steilste. Wer einmal im K-Block stand, wird zustimmen, dass es eines der Lautesten ist, wen nicht gar das lauteste. Die Organisation des allseits bekannten Lärmpegels wird im K-Block koordiniert. Dort wird er als ein vielstimmiger Chor jeder Tonlage aus nahezu 10.000 Kehlen ausgeworfen und von einzelnen Trommeln verstärkt. Er bündelt sich, steigt zum Dach hin auf und wird dann ungefiltert und rau durchs gesamte Stadionrund getrieben. Das ist Dynamo, laut und unangepasst. Wir haben keine neuartige Arena mit Klatschpappen, sondern ein altes Stadion, auch wenn es auf den ersten Blick nicht danach aussieht. Wir erzeugen unsere Stimmung noch selbst, schließlich sind wir auch dafür verantwortlich.

In diesem Epizentrum ist es immer mindestens fünf Grad heißer, und das nicht nur, wenn an einem Samstagnachmittag die Sonne gnadenlos hineinstrahlt. Es kann vorkommen, dass das Geschehen auf dem Feld anders wahrgenommen wird, wenn man intuitiv mitklatscht, grölt oder einfach sein aktives Umfeld beobachtet. Ich habe selten so wenig vom eigentlichen Spiel mitbekommen, als ich mich mal wieder mit einem Freund mittendrin befand. Daher beobachte ich das Geschehen gern von schräg gegenüber.

In die Dramaturgie des Spieles wird jeder, egal, wo er sich im Stadionrund befindet, mit einbezogen. Bereits vor Spielbeginn spürt man die gewaltige Kraft der Ränge. Wenn Stadionsprecher Peter Hauskeller nach dem Grund des Besuches fragt und ihm nacheinander kraftvoll die Buchstaben D bis O entgegengedonnert werden, spätestens da haben auch die Fans der Gastmannschaft einen ersten Eindruck gewonnen, was sie in Dresden erwartet. Prinzipiell haben sie es schwer, sich Gehör außerhalb ihres eigenen Blockes zu verschaffen. Aber das ist nicht unser Problem.

Beginnt das Spiel, zeigt unsere Mannschaft mal mehr und mal weniger energisch, wer hier der Gastgeber ist. Der K-Block demonstriert es auf jeden Fall. Beeindruckend ist die Handlungssynchronität dieses Blockes. Hände werden in die Höhe gehoben und schlagen rhythmisch zusammen. Es ist, als schaue man von Weitem auf eins der Ende der 90er-Jahre populären 3-D-Bilder. Das Bild besteht aus Abertausenden Ypsilons, die sich einheitlich in ein nach oben etwas verdicktes I verwandeln. Y – I – Y – I ... Manchmal schaue ich gebannt, ob es Abweichler in der Rhythmusfolge gibt. Sie sind nur sehr schwer zu finden. Die Klatschgeräusche, welche unwillkürlich die eigenen Hände und die des näheren Umfeldes abgeben, wird man spüren. Und schon ist man mittendrin im Faszinosum der Sportgemeinschaft Dynamo Dresden. Während des Spieles kann man im K-Block irgendwann ein weiteres, sich stetig veränderndes Bild betrachten. Kleine einzelne Schals verbinden sich zu vielen langen Fäden, welche sich nach links und rechts wie eine arbeitende Nähmaschine bewegen.

Dann wird ein lautes »Dynamo« in das Stadionrund geworfen. Die Ohren der anderen Blöcke nehmen es auf, die Kehlen werfen es umgehend zurück. Es wird kräftiger, schwillt in seiner Intensität und Stärke weiter an und wird immer eindrucksvoller. Wenn man glaubt, der lauteste zu erreichende Pegel ist erklommen, dann geht es erst los. Wie ein kräftiger Donnerschlag knallt das »Dynamo« hin und her. Egal, wie sehr sich die Gäste in diesem Moment bemühen, sie haben Sendepause.

Es ist beeindruckend, diesem Block über die 90 Minuten zuzuschauen. Es gibt Momente, da befinden sich die gebannten Blicke auf ihn gerichtet, anstatt den Spielern auf dem Feld zu folgen. Irgendwann kommt dann eine auf den Stehplatzblock begrenzte hüpfende Welle, die von links nach rechts schwappt, sich wieder verjüngt, um erneut den Block entlangzuwandern. Nach dem Abpfiff weiß man, was man wieder geleistet hat. Die eigene Stimme ist für den nächsten Tag versaut und die Ohren fietschen auf dem Heimweg gewaltig. Doch das ist es wert.

Wer einmal im Stadion gewesen ist, wird wiederkommen. Elli, eine gute Freundin und wahrlich keine Anhängerin des Fußballs, hat bei ihrem ersten Besuch gegen den VfL Bochum nicht einmal ein Tor erlebt. Was sie fasziniert hat, war das Erlebnis Stadion. Und das wollte sie unbedingt wiederholen.

Das Stadion bewohnt eine große Familie. Nicht jeder kann jeden aus tiefsten Herzen leiden, aber alle können ihren Platz finden. Probiert man verschiedene Bereiche einmal aus, war einmal mittendrin und einmal Beobachter, dann wird man besser verstehen, wie unterschiedlich die Droge Dynamo Dresden in den einzelnen Bereichen wirkt. Dass sie wirkt, ist keine Frage!

45. GRUND

Weil wir Fans den 12. Mann besingen

Neue Spieler schwärmen oft von der außergewöhnlichen Stimmung, die sie mit ihren vorherigen Mannschaften in Dresden wahrgenommen haben. Ich selbst bin, wie ganz sicher in der einen oder anderen Textzeile bereits klar geworden sein dürfte, keiner, der für sich in Anspruch nehmen darf, daran einen großen Anteil zu haben. Mit dem Singen habe ich bereits zu Schulzeiten keine Freundschaft geschlossen, und so gibt es nur wenig Anlässe für mich, meine Sangeskünste privat oder öffentlich zu zelebrieren.

Eine meiner privaten Darbietungen war das abendliche Bettgehritual meiner Kinder, bis mir mein jüngerer Spross irgendwann erklärte, wie der Text von der Mama gesungen wird. Nun gut, seitdem wird halt gelesen. Der andere Anlass ist das wiederkehrende Ritual im Stadion wenige Minuten vor Spielbeginn, wenn sich die verschiedenen Sitzbereiche erheben, um gemeinsam mit dem lauten K-Block unser Vereinslied *Der 12. Mann* zu schmettern. Nicht nur bei mir entsteht in diesem Moment ein ganz besonderes Gefühl der Zusammengehörigkeit. Dynamo ist mein Verein, kein anderer.

»Ob um Punkte oder im Pokal,
wir Fans sind da in großer Zahl.«

Fahnen wehen, Schals werden geschwenkt, während andere Stadionbesucher ihre Hände nicht zum Schwenken eines Schals verwenden, sondern diese als Klatschelement nutzen. Vielstimmig wird unsere Hymne geschmettert. Der Text wird im Gegensatz zur Tonlage gut beherrscht. Wo man in diesem Moment auch hinschaut, wir haben, egal, wer zu Gast ist, alle ein Lächeln der Vorfreude im Gesicht.

»Schon vor dem Stadiontor singt unser Riesenchor:
Dynaaaamo Dynaaa-aaamo!
Wir stehn zu uns're Mannschaft, ist doch klar!«

Dabei hatte es das Lied von Komponist Bernd Aust und Textgeber Rainer Rönsch am Anfang nicht unbedingt einfach. Seine Premiere erlebte *Der 12. Mann* als Auftragswerk der Stadt Dresden anlässlich der Meisterfeier 1989 und versank danach schnell in einer Schublade. Ein Vereinslied, welches zu jedem Spiel zu hören sein sollte, gab es zuvor in Dresden noch nicht. Es war etwas Neues und da sind wir Dresdner wie die Fans anderer Mannschaften. Alles, was nicht traditionell ist, hat es anfangs schwer, überhaupt akzeptiert zu werden.

Erst als es sportlich immer weiter bergab ging und Dynamo nahezu in der Bedeutungslosigkeit verschwunden war, wurde unsere heutige Hymne wieder einmal angespielt.

»Wenn's bei Schwarz-Gelb auch einmal nicht so rollt,
wir Fans, wir sind euch treu wie Gold.
Ihr werdet seh'n, dass keiner fehlt,
weil wieder jede Stimme zählt.«

Diesmal passte es besser zur aktuellen Situation und erinnerte gleichzeitig an einen der letzten großen Vereinserfolge. Somit wurde es auf dem zweiten Weg zur offiziellen Vereinshymne. Über Traditionen steht an anderer Stelle mehr geschrieben, aber auch dieses Lied ist ein Beispiel dafür, dass wir uns zurückbesonnen haben.

»Wir sind der 12. Mann, auf uns kommts heute an,
und alle singen mit und schrei'n.
So drücken wir den Ball hinein!«

Das kann man einfach so stehen lassen!

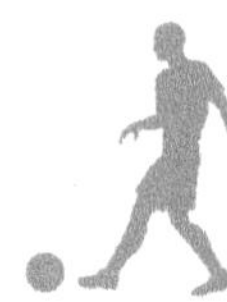

46. GRUND

Weil in Dresden der Rasen vor einem Spiel geföhnt wurde

Der Winter hatte Dresden in der Saison 2005/06 fest im Griff. Bereits vor der Winterpause wurden einige Spiele verlegt. Dynamo schob sein Heimspiel gegen den FC Hansa Rostock vom Dezember bis ins folgende Jahr. Doch an eine Bespielbarkeit des Platzes im Rudolf-Harbig-Stadion war auch im Januar und Februar 2006 nicht zu denken. Der Rasen war entweder gut genässt, tief gefroren oder angetaut und matschig. Der Zustand wechselte je nach vorherrschender Wetterlage teilweise täglich.

Zum nachzuholenden Spiel gegen die Hanseaten gesellte sich bald das Heimspiel gegen Fürth. Kurz darauf folgte eine Verlegung des Spieles in Offenbach. Teilweise waren wir drei Spiele gegenüber den anderen Abstiegskandidaten im Rückstand. Das hatte in unserer Situation etwas Tröstliches, da ein letzter Platz in einer so schiefen Tabelle nicht unbedingt die deutliche Aussagekraft hatte.

Nachdem unser Auftritt in Offenbach verschoben worden war, bekam der DFB kalte Füße. Wie sollte er die vielen entstehenden englischen Wochen für uns noch termingerecht einbauen? Der DFB half einer kreativen Dresdner Umsetzung, das eigene Stadion spieltauglich zu bekommen durch ein wenig aufgebauten Druck auf die Sprünge. Wir wurden angehalten, dafür zu sorgen, die kommenden Heimspiele auch termingerecht austragen zu können. Die kurzfristige Idee, nach Leipzig oder ins tschechische Teplice auszuweichen, wurde wieder verworfen.

Der sich herauskristallisierende Plan klang zuerst wie eine Idee, die sich während des Genusses hochprozentiger Getränke verselbstständigt hatte. Wir würden eine Rasenheizung imitieren, die es in der Dresdner Stadionruine nicht mehr geben würde. Die Nässe sollte aus dem Stadion geföhnt werden. Doch zuerst einmal musste unsere Heimspielstätte von liegendem Schnee und Eis befreit werden. Der Verein konnte sich auf seine enthusiastischen Fans, welche das für eine Freikarte gern übernahmen, verlassen.

Dauerregen und Tauwetter erleichterten die Arbeiten nicht unbedingt. Die Wetterlage sorgte jedoch dafür, dass ein Großteil der vereisten Stellen abgetaut und nahezu 120.000 Liter Wasser aus dem Stadion gepumpt werden konnten. Dann kam einen Tag später der Auftritt eines übergroßen Föhns. Ein Hubschrauber, welcher durch einen Sponsor bereitgestellt wurde, schwebte mit seinen schnell drehenden Rotoren knapp über der Rasenoberfläche durch das Stadion.

Etwa eine Stunde lang verpasste er unserem durch das Wetter bereits stark geschundenen Rasen eine neue schicke Föhnwelle und das Ergebnis konnte sich sehen lassen. Während der Platzbegutachtung am Tag des Spiels hob Schiedsrichter Lutz Wagner den Daumen. Das Spiel, welches im Vorfeld mal wieder für überregionale Aufmerksamkeit gesorgt hatte, konnte stattfinden. Der kreative Einsatz hatte sich gelohnt. Nach zuvor 13 sieglosen Spielen war das 2:0 gegen den TSV 1860 München der erste Dresdner Sieg im Jahr 2006.

47. GRUND

Weil die Fans nicht nur Arbeit verursachen, sondern sie für Verein und Stadt auch mal übernehmen

Im Frühjahr 2003 lag bei Dynamo um die Thematik Stadion vieles brach. Unsere Heimspielstätte verfiel im laufenden Spielbetrieb, während der Verein sich entlang einer jedes Jahr möglichen Insolvenz hangelte. Immer wieder gab es neue Auflagen für die Nutzung der Heimspielstätte, die mit teurer Flickschusterei notdürftig bis zum kommenden Spieljahr erfüllt wurden. Einzig der Aufstieg im Jahr 2002 aus den absoluten Niederungen in die Drittklassigkeit ließ den Verein am Leben, während der Dresdner SC, der uns für zwei Jahre den Rang abgelaufen hatte, parallel zu einem spektakulären Sinkflug durch das Ligensystem ansetzte.

Dresden hatte ein Problem. Es gab gleich zwei kriselnde Vereine und kein einziges taugliches Stadion für höherklassigen Fußball in der Stadt. Vorhandene Pläne für eine »Arena Dresden«, die 30.000 Zuschauer fassen sollte und im Ostragehege beheimatet werden sollte, wurde von den Stadträten jedoch abgelehnt. Sie wäre dem schwarz-gelben Anhang auch kaum zu vermitteln gewesen.

In dieser verfahrenen Situation gründete sich in der Dresdner Fanszene die Initiative Pro Rudolf-Harbig-Stadion, kurz Pro RHS. Ihre Zaunfahne »Erhaltet unser Stadion – pro.rhs.de« wurde zum ständigen Informationsbotschafter während der Heimspiele. Als Ulf Kirsten im Herbst 2003 anlässlich seines Abschiedsspieles in

Dresden weilte, konnte er zum Verfechter für diese Idee gewonnen werden. Pünktlich zum Übertragungsbeginn seines letzten Spieles sahen zwei Millionen Zuschauer im Deutschen Sportfernsehen eine riesige Fahne auf dem Stadion-Kasino-Dach mit der Botschaft »Rettet unser Dynamo-Stadion«.

Wirklich zum Thema wurde die für die Politik leidige Problematik, als Dynamo 2004 auch noch wagte, in die Zweite Bundesliga aufzusteigen. Die Kulturstadt Dresden musste sich mit den verschärften Vorgaben für die Stadionbetreibung auseinandersetzen, die eine Lizenzerteilung erst möglich machen würden.

Manchmal sind Wahlen ein kleiner Beschleuniger einer Thematik. Ingolf Roßberg, damaliger Bürgermeister der Stadt und Mitglied der FDP, versprach auf der Aufstiegsfeier des Vereins, sich für einen Neubau an alter Stelle einzusetzen. Die bisher gefahrene Politik der mehrheitlich gewählten CDU, die Problematik auszusitzen und abzuwarten, wurde mit einem spürbaren Stimmenverlust zur Wahl quittiert. König Fußball regiert überall.

In einer Stadtratssitzung kam 2004 endlich Bewegung in das Thema Stadionneubau. Die Dresdner Stadtverwaltung wurde beauftragt, einen Stadionneubau am alten Standort Lennéstraße auszuschreiben. Wir würden heimisch bleiben. Das erste Etappenziel war nah. Bis zu dieser Entscheidung wurde nicht viel vom Verein selbst beigesteuert. Um die Stadionbelange kümmerte sich einzig die Initiative Pro RHS, was Ingolf Roßberg heftig kritisierte. Von letztendlich sieben abgegebenen Vorschlägen wurden vier in die engere Wahl genommen. Auch hier zog Dynamo selbst an verschiedenen Tauenden. Die von den Fans bevorzugte Variante von HBM fand sich auf dem dritten Rang der Gunst wieder, während die Vereinsoffiziellen mit einer Kopie des Duisburger Stadions liebäugelten.

Letztendlich nützte die Uneinigkeit im Verein niemanden außer den gewählten Stadtratsmitgliedern Dresdens, die die zu fällende Entscheidung noch einmal vertagten. Ein geplanter Baustart wurde zuerst von Oktober 2005 auf Herbst 2006 verschoben, letztendlich begann er im November 2007. Zwischenzeitlich wurde von der CDU noch einmal ein möglicher Umzug ins Ostragehege ins Gespräch gebracht.

Als mal wieder alles stillzustehen schien, kopierten die Fans das Verhalten der Stadtpolitik und blockierten mit einer Demonstration die Dresdner Innenstadt. 5.000 Vereinssympathisanten und auch viele ehemalige Spieler nahmen teil. Zum jährlichen Semper-Opernball dirigierte Schauspieler und Entertainer Alf Mahlo den Dynamo-Walzer vor Tausenden Opernfans, während Franz Beckenbauer medienwirksam ein Trikot von Dynamo Dresden überreicht wurde. Es war wieder einmal gelungen, eine große Fläche für die (be)stehende Problematik zu gewinnen.

Da die Verwaltungsmühlen manchmal ein wenig langsam laufen, wurde ein noch fehlendes Gutachten von vielen Anhängern per Staffellauf vom Dresdner Rathaus zum Regierungspräsidium überbracht. Im Sommer 2007 zeigte sich noch einmal auf erschreckende Art, dass sich die Hürden nicht nur in der Politik, sondern durchaus auch im eigenen Verein befanden. Unser neuer Geschäftsführer Bernd Maas musste kurz vor dem endgültigen Baubeginn die Anforderungen des Vereins an ein neues Stadion nacharbeiten.[45]

Es ist gut zu wissen, dass dem Verein so viele enthusiastische Fans verbunden sind, die Ideen voranbringen und auch durch mehrere Instanzen durchboxen. Wer weiß, ob wir ohne Pro RHS überhaupt höherklassigen Fußball in Dresden sehen würden?

48. GRUND

Weil wir im laufenden Spielbetrieb unser Stadion um 20 Meter verschoben haben

Wir Dresdner sind ein streitwilliges Völkchen. Der Bau der Autobahn A17 nach Prag, der Neubau der Waldschlösschenbrücke, welcher der Stadt letztendlich einen Welterbetitel kostete, oder auch das Durchsetzen eines Stadionersatzneubaus am Platz des immer weiter verfallenden Rudolf-Harbig-Stadions sind Beispiele, wie hartnäckig wir Sachsen sein können.

Das konsequente Beibehalten der Forderung der Faninitiative Pro RHS, nicht ins Gehege des Ostraparks umziehen zu wollen, hat letztendlich dazu geführt, dass der Stadionersatzneubau zwischen 2007 und 2009 während des laufenden Spielbetriebes durchgeführt wurde.

Das ist an sich schon eine Herausforderung, doch wir mögen es gern noch ein wenig kniffliger. Die besondere Aufgabe bestand darin, den Neubau um 20 Meter nach Süden zu versetzen. Obwohl Dynamo ja sowieso alles in den Schatten stellt, hätte das benachbarte Georg-Arnhold-Freibad nach dem erfolgten Stadionneubau komplett ohne Sonne dagestanden. Und noch eine traditionelle Einbuße mussten die Badegäste hinnehmen. Das Überblicken von einzelnen Spielfeldteilen vom Sprungturm des Bades aus war mit dem neuen Stadion endgültig Geschichte.

Die neue Dresdner Heimspielstätte sollte innerhalb zweier Jahre im laufenden Spielbetrieb errichtet werden, war um 20 Meter verschoben und sollte außerdem eine Mindestkapazität von 10.000 Zuschauern gewährleisten. Am 12. November 2007, als der Bauantrag bei der Stadt Dresden eingereicht, jedoch noch nicht genehmigt war, wurde die Baustelle Rudolf-Harbig-Stadion eingerichtet. Fakten wurden geschaffen. Für eine Spende, die dem Dynamo-Nachwuchs zugutekam, konnten sich Fans Sitzschalen abschrauben. Der ein oder andere Fan sitzt heutzutage sicherlich historisch, wenn er von zu Hause ein Spiel unserer Mannschaft verfolgt.

Von der Badkurve aus wurde die Hornbachtribüne bis ins Herz der aktiven Fanszene hinein in den Blockbereichen K1 und K2 abgerissen. Der alte Sprecherturm fiel eine Woche später und die ersten beiden der vier vorhandenen Stadiongiraffen wurden zurückgebaut. Als ein nicht unwichtiger Teil des Stadions nicht mehr als solcher zu erkennen war, kam glücklicherweise auf den Punkt genau die Erteilung der Baugenehmigung durch die Stadt. Das Spielfeld wurde mit dem Segen des DFB für die Bauzeit um vier Meter verkleinert, blieb aber eher eine Randnotiz als ein Vorteil für unsere Elf.

In der Sommerpause 2008 wurde dann die Spielfläche ungefähr 20 Meter nach Süden verschoben. Der alte Rasen blieb größtenteils erhalten, während auf der neu gewonnenen Spielfläche ein grünes Provisorium entstand. Das neue Spieljahr begann, die Westtribüne wurde eingeweiht und das Stadion nahm immer mehr Gestalt an. Die Stufen der Tribüne aus 38 Reihen zeigten sich nach oben hinauf immer steiler und ließen bereits erahnen, dass das Stadion nach Fertigstellung das steilste noch zugelassene Einrangstadion Deutschlands sein würde.

Während die Saison anlief, wurde weiter während des Spielbetriebes gebaut und die aktive Fanszene wurde in den heutigen Gästebereich gesperrt. Ein kleiner Höhepunkt im Stadionbau war sicherlich, als eine niederländische Firma in der Sommerpause 2009 einen neuen Rollrasen verlegte. Das Provisorium des im Jahr zuvor verschobenen Spielfeldes war nun endgültig zum neuen Mittelteil des Stadions geworden. Durch die breiten und langen Rasenbahnen war er schnell bespielbar. Dass diese Firma auch das Bernabéu-Stadion in Madrid mit Grün versorgt hatte, wirkte sich noch nicht sofort, sondern erst ein Spieljahr später positiv aus.

Am 15. September wurde das Stadion mit einem Freundschaftsspiel gegen den FC Schalke 04 eingeweiht. Maik Wagefeld war es vergönnt, sich mit einem verwandelten Elfmeter für immer als erster Torschütze in den Annalen des neuen Stadions zu verewigen. Das einzige Relikt, das vom alten Stadion erhalten blieb, ist die historische Anzeigetafel, die durch das Verschieben nun außerhalb des eigentlichen Stadions vor dem Freibad ein wahres Schattendasein fristet.

49. GRUND

Weil es in Dresden durchaus selbstregulierende Maßnahmen gibt

Der Ruf der SGD ist deutschlandweit schlecht. Sobald es irgendwo kracht, wird Dynamo als Vergleichsverein herangezogen. Gibt es bei uns oder auf Fahrten ins Auswärtige Ärger, werden sämtliche Vorvergehen aufgezählt. Das führt sogar dazu, dass teilweise ältere Archivbilder aus verstaubten Regalen geholt werden, um aktuelle Vergehen nachträglich zu kolorieren. Die öffentliche Wahrnehmung des Vereins wird dadurch immer wieder neu bestätigt. Diesen Kreislauf zu durchbrechen, ist mit dem schweren Rucksack, an dem der Verein sowieso trägt, aussichtslos.

Kurz nach dem Ende der Winterpause 2011/12 geschah etwas, was kurzzeitig aufhorchen ließ und sogar überregional wahrgenommen wurde. Was zeitverzögert in die Öffentlichkeit gelangte, ließ an die viel beschworenen Selbstreinigungskräfte des Blocks glauben. Die bisher deutlich sichtbare Fahne der Gruppierung »Faust des Ostens« war aus dem Stadion verschwunden.

Dies fiel aufgrund der großen, bunten und vielfältigen Fahnenmenge im Stadion nicht unbedingt auf, wurde aber zu einem kleinen Randthema in den Medien. Da es das gängige Klischee, das dem Verein anhaftet, nicht bediente, blieb es das leider auch. Es wurde viel gemutmaßt, was die Gründe gewesen sein könnten.

Während die Ultras Dresden kein offizielles Statement abgaben, außer, dass manche Dinge intern geklärt werden[46], drangen später erste Informationen nach außen. Es wurde im Zusammenhang mit der Faust des Ostens vom Verdacht der Bildung einer kriminellen Vereinigung gesprochen, von einer Gruppierung, die inzwischen als rechtsextrem gilt.

Die durch Innenminister Markus Ulbig dazu getätigten Äußerungen ließen den Schluss zu[47], dass auch, wenn der Block im Dresdner Stadion immer wieder betont, unpolitisch zu sein, von Zeit zu Zeit in ihm Entscheidungen gefällt werden, die eine politische Positionierung zumindest im Bereich des Möglichen wähnen. Ob dies der Hauptgrund war oder der positive Nebeneffekt interner Streitigkeiten, wird im Dunstkreis aller Beteiligter bleiben.

Schön zu wissen ist es jedenfalls, dass dem Stadion ohne braune Ideologien nichts fehlt, es eher an Farbe gewonnen hat. Parallel positionierte sich auch der Verein nach rassistischen Entgleisungen beim Pokalspiel in Chemnitz gegen Rassismus und für Toleranz. »Wir sind ein bunter Haufen«, wurde betont – und das ist gut so!

50. GRUND

Weil Diego Maradona auf unserer Geburtstagsfete auftauchte …

Das war der Hammer. Wir feiern Geburtstag und der große Argentinier Diego Armando Maradona lässt es sich nicht nehmen, zu gratulieren. Als ob das nicht ausreichen würde, hatte er noch zahlreiche Prominenz mit angeschleppt. Unter anderem gaben sich Stevie Wonder, unser Meistertrainer Walter Fritzsch, Helene Fischer, Tom Hanks oder auch der Dauergrinsebär Axel Schulz die Ehre. Queen Elisabeth II. wurde gesichtet, die an diesem Tag selbst Grund zum Feiern hatte. Aber nicht der Ehrentag der englischen

Königin stand an diesem Sonntag, dem 21. April 2013, im Mittelpunkt. Bei strahlendem Sonnenschein waren es die Festlichkeiten rund um den 60. Gründungstag der SG Dynamo, die das Interesse aller Anwesenden erweckten.

In einer beeindruckenden Choreografie, die im K-Block ihren Anfang nahm, wurde unserem Verein stilvoll gehuldigt. Auch der private Fernsehsender Sky hatte seinen gewohnten Sendeablauf ein wenig dem Beginn der Dresdner Festlichkeiten angepasst, um die Choreografie live zeigen zu können. Das will was heißen, wenn es einer Menge Enthusiasten, die ihre Freizeit für diese Wahnsinnsshow opferten, gelingt, die Spieltageseinleitung eines Bezahlsenders zu verschieben. Aber wie es später in einer Zeitung ausdrückt wurde, waren die vielen im Vorfeld in einer Fabrikhalle verbrachten Stunden keine geopferte, sondern investierte Zeit[48], mit einem Ergebnis, von dem man später sogar wohlwollend in den spanischen Medien berichtete.

Zunächst entstand in der Menge von fast 10.000 stehenden Fans im K-Block eine schwarz-gelbe Papierfahne. In deren Mitte prangte eine große 60. Dann erhoben sich übergroß in den einzelnen schwarzen und gelben Arealen Diego Armando Maradona, Albert Einstein, August der Starke und das Idol der Fans, Ulf Kirsten. Nach und nach gesellte sich, diesmal etwas kleiner, Prominenz aus allen denkbaren Sparten hinzu.

Dann gab es eine legale Pyroshow aus gelben Luftschlangen, und wie auf einen unsichtbaren Befehl stand plötzlich das ganze Stadion, geeint in schwarz und gelb wedelnden Papierblöcken. Es ergab ein faszinierendes Bild. Jeder einzelne Anhänger war ein wichtiges kleines Mosaiksteinchen der gesamten Choreografie. Wer in dem Moment nicht stolz war, dazuzugehören, muss ziemlich sicher einer der Cottbuser Gäste gewesen sein!

Ultras, Sitzplatzhelden, Kutten, VIPs, Dauerkartenbesitzer, die, die keine Karten bekommen hatten und vor dem Fernseher saßen, die Mannschaft, das Funktionärsteam und alle, die irgendetwas für

Dynamo übrig hatten, waren in diesem Moment sichtbar und gedanklich miteinander verbunden. Nur die Gästefans wirkten ein wenig links liegen gelassen, als hätten sie sich auf eine Fete verirrt, zu der sie gar nicht eingeladen waren. Aber dafür ließen sie ein Präsent in Form von drei Punkten da. Das ging dann schon in Ordnung.

Als ob das alles noch nicht ausreichte, wurde dem Ganzen noch eine weitere Krone aufgesetzt. Vor den inzwischen eingelaufenen Spielern hing von der Dachkonstruktion des Stadions eine weinrote und übergroße Nachbildung der ersten Vereinsfahne. »Sportgemeinschaft Dynamo Dresden 1953« stand auf ihr geschrieben. Das Erlebnis Vereinshistorie zum Anfassen.

So plötzlich, wie alles begonnen hatte, fiel die Fahne und verteilte sich die Prominenz zwischen den Fans. Das schwarze und gelbe Papier war verschwunden, die aufgebaute Bühne drehte sich und die Aufmerksamkeit schwappte von den Rängen auf das Spielfeld über. Ein erster Pfiff des Schiedsrichters ertönte, und der Ball stand, so wie es sich gehört, im Mittelpunkt. Die Fans hatten eine wahnsinnig beeindruckende Choreografie geboten und ihre Kreativität offenbart. Alles in allem war es ein perfektes Geburtstagswochenende. Das muss man erst einmal hinbekommen!

51. GRUND

Weil man bei Dynamo viel wagen muss, um an Eintrittskarten für das Spiel der Wahl zu gelangen

In Dresden war es schon immer günstig, eine Jahreskarte zu besitzen und am besten gleichzeitig noch Vereinsmitglied zu sein. Ansonsten kommt es vor, dass man, früher wie auch in diesen Tagen, einfach zu spät dran ist. In den Zeiten des Europapokals war es egal, ob der Gegner einen großen Namen hatte. Vor allem in der Saison

1988/89, als wir gegen internationale Spitzenmannschaften wie den AS Rom oder gegen eher kleinere Kaliber wie Victoria Bukarest spielten, war die Hütte voll.

Es war egal, die Massen strömten, um unsere Mannschaft, die eine besondere Spielstärke besaß und nebenbei die Oberliga dominierte, zu sehen. Nebenbei hängte sie in der Oberliga endlich den ungeliebten BFC Dynamo ab. Die SG Dynamo Dresden war ein Erlebnis. Für den Vorverkauf für die internationalen Spiele benötigten die Kartenjäger schon ein besonderes Durchhaltevermögen, viel Sitzfleisch und vor allem Zeit. Extreme Ausmaße nahm die Kartenbeschaffung für das Halbfinale gegen den VfB Stuttgart ein.

Ein Kumpel von Mario war damals mit dabei. Kurz nach der Auslosung wurde entschieden, den Vorverkauf an die Galopprennbahn in Dresden-Seidnitz zu verlegen. Es wurde gemunkelt, dass er an einem Freitag oder Samstag starten sollte. Bereits ab Mittwoch harrten Hunderte und später Tausende Fans in der Nähe des Areals aus. Je näher der Kartenverkauf rückte, umso unübersichtlicher wurde die Atmosphäre. Marios Bekannter, der einen guten Platz ergattern konnte, erzählte später von schlimmen Szenen. Menschenmassen drückten, schoben, trampelten und randalierten, um ihre eigene Position vor dem Verkaufsbeginn noch irgendwie zu verbessern. Die bereits angespannte Situation drohte endgültig zu eskalieren. Am Ende wurde von drei schwer und etwa 100 leicht verletzten Anhängern gesprochen.

Hingegen war die Beschaffung von Eintrittskarten auf dem Schwarzmarkt ein ganz anderes Erlebnis. Mario befand sich am 15. März 1989 bereits ab dem Mittag vor dem Stadion auf der Suche nach Karten, um im Europapokalrückspiel gegen Victoria Bukarest möglicherweise doch noch eine Eintrittsmöglichkeit zu erhaschen. Letztendlich war es eine Frage des sich entwickelnden Preises und natürlich, mit wem man dieses nicht gestattete und daher für beide Seiten gefährliche Gespräch führte.

Die Verkäufer hatten die Karten nicht offen daliegen, also schauten sie sich gegenseitig an und führten ein kurzes belangloses Gespräch. Beiläufig wurde dann auf das Thema »Eintrittskarte« gelenkt. »Ich hätte da, natürlich nur bei Interesse, die Möglichkeit, dir eventuell zu einer Karte zu verhelfen …?«

Die gehandelten Preise entwickelten sich zum Abend hin inflationär steigend. Die Chance für die SG Dynamo Dresden, erstmals in ein Halbfinale einzuziehen, war nach einem 1:1 vom Hinspiel groß und die Konkurrenz der Feilscher dementsprechend groß. Egal, ob Stehplatz, eine Karte für Menschen mit Behinderungen gewünscht war, viel zu viele wollte ins Stadion hinein, um dabei zu sein, wenn dann hoffentlich die dynamische Geschichte fortgeschrieben werden würde. Die Preise stiegen sprunghaft. Einen Sitzplatz zu ergattern, war utopisch.

Etwa drei Stunden vor Spielbeginn lagen die Preise bei 50 Mark. Dann kletterten sie auf 100 Mark plus 20 DM. Mario bekam dann seine Chance und erwarb zwei Karten für jeweils 75 Mark. Ein im Nachhinein guter Abschluss, denn wenig später lag der Preis vor dem Stadion bereits bei circa 200 bis 300 Mark und dazu noch 50 bis 100 DM

Eine Stunde vor Anpfiff wagte er schließlich den Schritt ins Stadion. Es herrschten Gedränge und teilweise pure Hysterie. Ein Quetschen und Schieben, die Ordner hatten keine Chance, ihrer Arbeit ordnungsgemäß nachzugehen. Kontrollen? Fehlanzeige! Schließlich war Mario »mittendrin«, trank etwas, suchte sich einen Platz und dann ging es los. Am Ende lag er sich mit vielen Gleichgesinnten nach dem erstmaligen Erreichen des Halbfinales in den Armen.

Auch heute gibt es Spiele, da stehen die Fans mehrere Tage an, um dabei sein zu können. In den Relegationsspielen gegen den VfL Osnabrück bestand die Schlange aus vielen Wartenden, die sich mehr als eine Nacht um die Ohren geschlagen haben. Bewaffnet mit vielen Mitgliedsausweisen und noch viel mehr Geld in den Hosen harrten sie gemeinsam aus, um dabei sein zu können. Es ging, wohlgemerkt, um keine Europapokalspiele, sondern ein schlichtes Relegationsspiel, welches zur Teilnahme an der Zweiten Bundesliga berechtigte. Auch wenn die Zeiten sich ändern, der Liebe der Fans zum Verein tut das keinen Abbruch.

KAPITEL 6

UNVERGESSENE NAMEN

DYNAMISCHE GRÖSSEN UND GROSSE ERINNERUNGEN

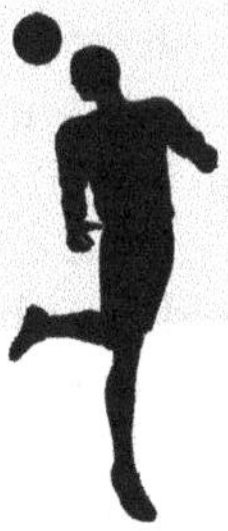

52. GRUND

Weil wir die größten Erfolge einfuhren, nachdem die Klubleitung konsequent blieb!

Walter Fritzsch wurde im Sommer 1969 nach dem Aufstieg in die Oberliga zum zweiten Mal Trainer unserer Mannschaft. Der erste Versuch endete nach einem Missverständnis bereits nach vier Tagen. Nach dem ersten Meistertitel direkt nach Vereinsgründung war er mit gerade einmal 32 Jahren als Nachfolger von Paul Döring vorgesehen, ehe Dynamo die Möglichkeit bekam, den erfahreneren Ungarn János Gyarmati zu verpflichten. Eine angebotene Versetzung in die Assistenz des erfahreneren Übungsleiters lehnte unser späterer Erfolgstrainer jedoch ab, und so war seine erste kurze Tätigkeit, ohne einem einzigen Pflichtspiel für Dynamo beigewohnt zu haben, nur eine für den Aktenschrank.

Auch der zweite Amtsantritt von Walter Fritzsch in Dresden verlief nicht geräuschlos. Noch ehe er sein erstes Training leitete, galt es bereits, das erste Misstrauensvotum seiner neuen Mannschaft zu überstehen. Die lehnte ihn, der bereits zu dieser Zeit den Beinamen »Harter Hund« trug, ab. Ein Schreiben, welches den Klubvorstand davon in Kenntnis setzte und von einem Großteil der Spieler unterschrieben wurde, hätte dafür sorgen können, dass der zweite Aufenthalt des Trainers in Dresden nur unbedeutend länger als der erste geworden wäre, doch war die Macht der Spieler in diesem Moment begrenzt. Walter Fritzsch blieb und begann, mit seiner neuen Mannschaft zu arbeiten. Dabei sortierte er nach und nach mit Siegfried Gumz und Bernd Hofmann die vermeintlichen Rädelsführer aus. Dass beide Spieler bereits seit fast einem Jahrzehnt für Dynamo aufliefen, spielte dabei keine Rolle.

Etwas später folgten ihnen Uwe Ziegler und Meinhard Hemp, zwei weitere Spieler, denen man in Dresden bereits viele Spielzeiten zugeschaut hatte. Die Fans nahmen es hin. Einerseits gaben die schnellen Erfolge und folgenden Titelgewinne dem Handeln von Walter Fritzsch eine Grundlage, andererseits gelang es ihm parallel, unter vielen anderen mit Hans-Jürgen Dörner, Frank Richter oder auch Udo Schmuck und Hartmut Schade einen reichhaltigen und auch nie versiegenden Quell an jungen Spielern für seinen Kreisel zu entwickeln. Dresden sonnte sich endlich wieder in Erfolgen, auf die man so viele Jahre gewartet hatte. Fünf Meistertitel und zwei Pokalsiege in neun Trainerjahren, mehr war national fast nicht zu erreichen gewesen. Obwohl: Vier Finalniederlagen im FDGB-Pokal in besagter Zeit zeugen auch davon, dass bei Dynamo manchmal einfach die Erfahrung und Abgezocktheit älterer Spieler im entscheidenden Moment fehlten.

Auch, nachdem die meisten Akteure, welche den trainerablehnenden Brief mit aufgesetzt oder unterschrieben hatten, ersetzt worden waren, musste man sich als Spieler der SGD damit zufriedengeben, dass eine Fußballkarriere in Dresden mit dem Vollenden des 30. Lebensjahres eine nahezu magische Grenze für Walter Fritzsch erreicht hatte. Das war der Preis für das mit Abstand erfolgreichste Jahrzehnt des Vereins. Wir Fans würden diesen Preis wohl gern zahlen, um die Erfolge der 70er-Jahre zu wiederholen.

53. GRUND

Weil wir einen Spieler in unseren Reihen hatten, der Platini und Breitner in seinen Schatten stellte

»Sportfreund Hans-Jürgen Dörner wird am 23. August vor dem Spiel gegen den 1. FC Magdeburg aus dem Oberliga-Kollektiv der SG Dynamo Dresden verabschiedet.«[49] Wenn man diese kurze Nachricht liest, so glaubt man nicht, dass besagter Spieler über 17 Jahre unseren Verein SG Dynamo Dresden geprägt hat wie kein anderer. Da in der DDR die Gruppe und nicht der Einzelne im Vordergrund stand, blieb die Ankündigung seiner Verabschiedung leider komplett frei von jeglicher Emotion.

Der berühmte Dresdner Kreisel wird immer mit der erfolgreichen Zeit des »Dixie« Dörner gleichgesetzt. Es war unser berühmt-berüchtigtes Kurzpassspiel, welches enorme taktische und technische Anforderungen an die einzelnen Spieler stellte. Es forderte von ihnen eine hohe Ballsicherheit, um ebendiesen nicht einfach blind nach vorn zu schlagen, sondern ihn auf spielerische Art und Weise gefährlich in die Hälfte des Gegners zu befördern. Dazu gehörten Pässe, die ihr Ziel millimetergenau in den Laufwegen der bereits losstürmenden Mitspieler fanden. Der Dresdner Kreisel war ein filigranes Kurzpasssystem, welches zwangsläufig einen Strategen benötigte, der intuitiv das Spiel las. Der Dresdner Kreisel ist ein Teil der Beschreibung eines der größten/des größten dynamischen Spielers aller Zeiten, Hans-Jürgen »Dixie« Dörner.

Als 17-jähriger A-Jugendlicher debütierte er bei Dynamo Dresden als Mittelstürmer. Bereits in seinem zweiten Ligaspiel im September 1968 war er in aller Munde, als er gegen Dynamo Eisleben beim 3:0-Auswärtssieg alle Tore erzielen konnte. Am Saisonende war er mit Dynamo in die Oberliga aufgestiegen. Dixie hatte seinen Beitrag geleistet und bei gerade einmal acht Einsätzen fünf Tore erzielt.[50] Er hatte (s)eine erste Duftmarke gesetzt.

Im Sommer war er dann auf einem UEFA-Juniorenturnier als Ersatzspieler und auch -torwart vorgesehen und rutschte letztendlich als Libero in die Mannschaft. Auf dem Platz angekommen, stellte er alle anderen Nachwuchshoffnungen in seinen Schatten. Spieler des Turniers wurde Dixie Dörner, nicht Michel Platini oder Paul Breitner, wie man es vermuten könnte, wenn man heute die Größe der Namen der Spieler vergleicht.

Dixies außergewöhnliche Leistung blieb nicht unbemerkt, und so kam es zum Kuriosum, dass er seine ersten 30 Länderspielminuten im Mittelfeld der DDR-Nationalmannschaft gegen Chile absolvierte, ohne zuvor überhaupt einmal in der Fußballoberliga aufgelaufen zu sein.

Durch seine hohe Spielintelligenz konnte Hans-Jürgen Dörner auf vielen Positionen eingesetzt werden. Seine Nominierung als Reservetorwart in der sommerlichen Junioren-EM war keine Schnapsidee des Juniorennationaltrainers, sondern seiner Vielseitigkeit geschuldet. Bis er jedoch bei Dynamo auf der Position des Liberos auflaufen durfte, musste noch etwas Zeit vergehen. Sein Vereinstrainer Walter Fritzsch hatte Joachim Kern für diese Position vorgesehen. Dessen Erfahrung und Größe waren zwei Faktoren, die gegen Dixie sprachen. Ersteres würde irgendwann da sein, zweites war für den Trainer ein definitives Problem.

So lange, bis Walter Fritzsch erkrankte und vorerst dessen Assistent Harry Nippert die Mannschaft leitete. Der stellte die körperliche Größe hinter die Ausstrahlung von Hans-Jürgen Dörner und probierte es mit ihm im Messepokal gegen Leeds United als Libero. Flankiert wurde er durch zwei große Spieler, dem bis dahin etatmäßigen Libero Joachim Kern und Klaus Sammer, welche als Manndecker aufgeboten wurden. Das Experiment ging auf und unser neuer letzter Mann und Spielmacher für die kommenden 16 Jahre war gefunden.

Dixie interpretierte seine Rolle als letzter Mann ganz anders und vor allem offensiver als zuvor. Sein eigenes Vorbild, Klaus Urbanczyk, war Kapitän und Libero in Dixies erstem Länderspiel. Er beschrieb in Dörners vielschichtiger Biografie *Der Dirigent* Dixie als völlig neuen Typen, über den von hinten heraus das ganze Spiel lief, der die gesamte Mannschaft lenkte und dabei nahezu körperlos spielte. Dadurch, dass er Situationen intuitiv erahnte, konnte er Lücken zustellen und dadurch den Gegner vom Ball trennen.[51]

Dixie Dörner benötigte nur wenige Fouls, um seine Aufgaben zu erfüllen. So gelang es ihm zwischen 1977 und 1982, sämtliche Dynamo-Pflichtspiele zu absolvieren, ehe er durch seine einzige Rote Karte seiner Oberligakarriere für das folgende FDGB-Pokalfinale gegen den BFC Dynamo »ausgefallen wurde«. Als dann 1986 mit Eduard Geyer ein neuer Trainer mit anderen Vorstellungen die Mannschaft übernahm, war für Hans-Jürgen Dörner zeitnah seine Spielerkarriere beendet.

Hans-Jürgen Dörner war in der DDR 1977, 1984 und auch ein Jahr später Fußballer des Jahres, dazu noch dreimal Zweiter der Abstimmung. Er bestritt 400 Meisterschaftsspiele für Dynamo. Dabei erzielte er in jeder Saison seine Treffer, insgesamt 70. Zusätzlich absolvierte er 100 Länderspiele für die DDR und war 1976 Olympiasieger in Montreal.

Am Montag nach seiner offiziellen Verabschiedung wurde dann »sein Name … zwischen Kap Arkona und Fichtelberg, zwischen Eisenach und Zittau für jeden Anhänger des Fußballs (als) ein Synonym für sportliche Leistung« beschrieben.[52] Auch wenn man in diesem Fall das Pech der späten Geburt hatte und Hans-Jürgen Dörner nie persönlich hat spielen sehen, bekommt man durch ihn einen kleinen Eindruck, was die Massen immer wieder zu diesem Verein zog.

54. GRUND

Weil Liebe bedeutet, auch dunkle Seiten kennenzulernen

Bis zur Winterpause verlief die Saison 1980/81 vielversprechend. Zwar wurde das Spiel beim Oberligameister der vergangenen beiden Jahre verloren, dennoch stand unser aller Lieblingsverein gemeinsam mit dem »Baby« von Staatssicherheitschef Erich Mielke und dem 1. FC Magdeburg, dem altbekannten Dauerrivalen aus unseren erfolgreichsten Vereinsjahren, punktgleich an der Tabellenspitze. Einzig das Torverhältnis verhinderte unseren obersten Podestplatz. Gerd Weber, der zwischen Mittelfeld und Verteidigung rotierte, hatte im Vorjahr die interne Torjägerliste mit 16 Treffern gewonnen und auch in dieser Saison in nur acht Einsätzen bereits sechs Treffer erzielt. Mittelstürmer Peter Kotte hatte in der laufenden Saison zwar noch ein Tor mehr auf seiner persönlichen Habenseite, aber verkürzt ausgedrückt fehlte die Breite an Torjägern in Dresden.

Der Blick des Vereins war zur zweiten Saisonhälfte nach vorn gerichtet, der der Fans galt der Tabelle und ging hoffnungsvoll ganz nach oben. Schließlich befanden sich neben sechs aktiven Nationalspielern noch mehrere Talente, welche in den kommenden Jahren ihren in Dresden unvergessenen Namen noch erhalten sollten, im Kader.

Neben Frank Lippmann wurden zwei weitere von ihnen an die erste Mannschaft herangeführt. Bis zur Winterpause wurde Torsten Gütschow viermal eingewechselt und konnte dabei sein erstes Tor erzielen. Der Einstand von Ralf Minge war spektakulär. Bei seinem allerersten Einsatz überhaupt benötigte der gerade 20-Jährige nach eigener Aussage ganze sieben Sekunden, ehe ein von Gert Heidler getretener Freistoß seinen Kopf fand, von wo er ihn wuchtig ins Tor von Chemie Böhlen einköpfen konnte.[53]

In der Rückrunde war Ralf Minge dann plötzlich Stammspieler, und auch Torsten Gütschow konnte mit zehn Einsätzen, bei denen er zuletzt immer häufiger in der Startelf begann, deutlich mehr Akzente setzen. Die Jugend entwickelte sich vielversprechend, dafür hatte Dynamo drei Nationalspieler weniger im Kader, denn am 22. Januar 1981 gingen die Karrieren von Gerd Weber, Peter Kotte und Matthias Müller auf tragische Art und Weise zu Ende. Vor einem geplanten Länderspiel gegen Argentinien wurden sie noch in Berlin verhaftet. Während Gerd Weber eine geplante Republikflucht vorgeworfen wurde, war das Vergehen, welches seine Mitspieler betraf und für das sie angeklagt wurden, einzig und allein die Mitwisserschaft.

Sie bekamen alle drei ein Berufsverbot, welches für die beiden obersten Spielklassen ausgesprochen wurde. Außerdem erhielten sie ein lebenslanges Stadionverbot. Gerd Weber, welcher fliehen wollte, musste außerdem eine Haftstrafe von elf Monaten absitzen. Peter Kotte und Matthias Müller betrieben ab diesem Zeitpunkt gezwungenermaßen Freizeitfußball in der Bezirksliga. Es war die gerade noch akzeptierte Drittklassigkeit für die einstigen Nationalspieler, welche ursprünglich ihren Teil dazu beitragen sollten, die DDR erfolgreich gegen die Gruppengegner Malta und Polen zur Weltmeisterschaft 1982 in Spanien zu führen.

Als Peter Kotte mit Fortschritt Neustadt in die DDR-Liga aufstieg, bedeutete das für ihn die Versetzung in die zweite Mannschaft. Damit nicht genug, wurde außerdem sein Kopf auf dem offiziellen Mannschaftsfoto durch den eines seiner Sportkameraden ausgetauscht. Die in Ungnade gefallenen Fußballer gab es nicht mehr öffentlich, jeglicher persönliche Kontakt zu ihrem alten Verein und den ehemaligen Mitspielern war ihnen verboten worden. Sie hatten keinen Namen mehr, waren aussortiert worden, ohne gehen zu dürfen. Gerd Weber floh 1989 über Ungarn in die BRD.

Als das wankende System der DDR endgültig in sich zusammenbrach, wurden die fast ein Jahrzehnt zuvor ausgesprochenen Berufssperren aufgehoben und die Spieler rehabilitiert. Für eine Fortführung der Karriere war dies zu spät. Über die Gründe des nicht aufzufangenden Aderlasses im Dresdner Mannschaftskader wurde zuerst gar nicht und auch Wochen später nur bruchstückhaft berichtet. Vor dem Rückrundenauftakt 1981 wies Trainer Gerhard Prautzsch in einem Interview in einem Nebensatz darauf hin, dass es »ja bekannt (sei), daß wir uns von drei Spielern trennen mußten«.[54] Mehr durfte er zu dieser Zeit nicht sagen, nachdem ihm von oberer Stelle unmissverständlich klargemacht wurde, dass zu diesem Thema kein weiteres Gespräch gewünscht und angebracht sei.

Für mehr Aufsehen sorgten derweil zwei Dresdner Schüler, gerade einmal zehn und elf Jahre alt, welche noch in der Winterpause Unterschriften für die Freilassung ihrer Stars sammelten. 20 Unterschriften ihrer Schulfreunde reichten aus, um damit bis zum Stellvertreter von Erich Mielke zu gelangen. Außer einer Aussprache und der genauen Überprüfung ihrer Eltern hatte ihre Aktion keine Folgen für die Kinder und die drei ausgeschlossenen Spieler.[55] Gerd Weber, Peter Kotte und Matthias Müller waren Nationalspieler und haben zusammen fast 400 Oberligaspiele für Dynamo bestritten und dabei mehr als 100 Tore erzielt. Gerd Weber und Peter Kotte krönten 1976 ihren Aufenthalt in Montreal mit dem Olympiasieg der DDR im Fußball gegen Polen.

Diese Zeilen sind nicht wirklich ein Grund, Dynamo zu lieben, aber wer sein Gegenüber als großartigsten Verein der Welt sieht, sollte die Fanbrille hin und wieder abnehmen und wichtige Teile der Biografie kennen.

55. GRUND

Weil Marek Penksa eine der wohl ungewöhnlichsten Gelben Karten der Bundesligageschichte erhalten hat

Max fand seine bis heute andauernde Liebe zu Dynamo gleich bei seinem ersten Stadionbesuch im Frühjahr 1994. Seinen Grund, Dynamo zu lieben, verursachte unsere kleine Zaubermaus Marek Penksa. Bei einer Größe von gerade einmal 171 Zentimetern köpfte er zwei seiner drei Saisontore ins gegnerische Netz. Marek Penksa war der Spieler, der in Dresden den Salto nach einem eigenen Torerfolg einführte, der mit seinen gerade einmal 20 Jahren Bayern Münchens Raimond Aumann im DFB-Pokal vernaschte. Er war ein Wandervogel, ähnlich wie Ansgar Brinkmann, der eigentlich nur kurz da war und dennoch lang geblieben ist.

Doch um dafür zu sorgen, dass Max unseren Verein für alle Zeiten in sein Herz schloss, reichte Marek eine kleine Szene am Rande aus. Es war eine Aktion ohne folgenden Überschlag, für die er grinsend seine einzige Gelbe Karte der Saison sah, dabei gleichzeitig das Stadion zum Toben brachte, parallel wertvolle Zeit für Dynamo schindete und nebenbei bewies, dass Schiedsrichter Alfons Berg einfach eine Prise Humor fehlte, wenigstens in dieser Szene.

Marek Penksa setzte sich während des Spieles einfach mal kurz auf den Ball. Wo sein Gegenspieler wahrscheinlich erwartete, mit einem Übersteiger, Hackentrick, »Ball mit der Sohle hinters Standbein ziehen« oder dem Jay-Jay-Trick verblüfft zu werden, war es ein kleiner verblüffender Moment der Ruhe, der auch Jahre später für Gesprächsstoff sorgte. Marek Penksa machte sich mit dieser Aktion in Dresden unsterblich. Acht Jahre später warteten wir Dresdner Fans bei einem Benefizspiel auf die Wiederholung dieser Aktion. Der kleine Slowake tat uns unter großem Applaus den Gefallen.

Doch zurück ins Frühjahr 1994. Was spukte da in den Sekunden zuvor in Marek Penksa herum? Was ging ihm durch den Kopf? Max versuchte sich lang an einer Erklärung und fand Ähnlichkeiten in seiner fußballerischen Entwicklung. Marek Penksa musste sich selbst vergegenwärtigen, dass er vielleicht nicht schnell genug mit seinen Beinen hantieren konnte, um einen Übersteiger hinzulegen oder dass der »Jay-Jay« nun einmal das Kunststück seines früheren Frankfurter Kollegen Jay Jay Okocha war. Der hatte zwei Jahre zuvor in Dresden den Ball hinter seinem Rücken über sich und Gegenspieler Sven Kmetsch gehoben, unseren Sven dabei ziemlich alt aussehen lassen und sogar Szenenapplaus von allen Blöcken erhalten. Das gab es in Dresden nicht alle Tage und daher kopiert man es nicht.

Also sinnierte er in weiteren Sekundenbruchteilen, was er eigentlich erreichen wollte und was er in dieser Situation dafür tun konnte: Den Gegner verwirren, um eventuell an ihm vorbeizukommen, das ist das Ziel … Mhm … draufsetzen …? Macht man selten. Soll man ja auch nicht. »Der Ball wird ein Ei, wenn du dich draufsetzt. Mach das nie wieder!«, sagten Trainer und Vater übereinstimmend, als sie Max in der Halbzeitpause eines

F-Jugendspiels in ähnlicher Pose sahen, wie sie Marek nur kurz in besagtem Spiel zeigte. Wahrscheinlich dachte sich Marek, dass, wenn er sich auf den Ball setzt, der Gegenspieler kurz an dessen »Ei-Werdung« und seine eigene erste Trainer- und Vaterermahnung denken würde. Dieses Zeitfenster könnte dann genutzt werden, um vorbeizuschlüpfen.

Genial gedacht, getan – aber dann ein Pfiff. Der Schiedsrichter wollte keinerlei Ei in seinem Spiel. Der hatte seinen Lehrmeistern des Fußballspiels und der Ballbehandlung anscheinend auch gut zugehört. Er zeigte Marek Gelb. Ob er auf die Gefahr der Eierung hinwies oder diese überhaupt in den Statuten des DFB als Risikofaktor aufgelistet und damit zu verhindern und zu bestrafen ist, ist nicht überliefert.

Max war empört. Schiri!!! Nur weil der mal ein Tabu bricht?, dachte er und fühlte sich seltsam mit Marek und seiner Mannschaft verbunden. Diese Gelbe Karte impfte Max die Vereinsfarben nur noch mehr ein, als es der Stadionbesuch sowieso schon tat. So wurde er Dynamo-Fan, überzeugt durch Marek Penskas als Finte umfunktionierten Tabubruch.

Erst Jahre später erklärten ihm sein Groß- und sein leiblicher Vater, die damals mit dabei waren, dass Marek die Gelbe Karte nicht wegen der möglichen Ei-Werdung des Balles sah, sondern weil er durchaus in der Lage war, Gegner mit normalen Mitteln auszutricksen, und dies auch getan hatte. Dieses Setzen auf den Ball sei bloße Düpierung eines eh schon ausgespielten Gegners gewesen und wurde daher vom Schiedsrichter als Unsportlichkeit ausgelegt.

Max verliebte sich trotzdem in Dynamo und sah einen Verein, dessen Spieler auch mal Tabus im kleinen Rahmen brechen, um zu gewinnen und uns Fans zu unterhalten oder eben einfach in einem Heimspiel wirklich zeigen, wer Herr im Hause ist. Dann eben Gelb …okay. »Dieser Platz ist besetzt«, las Max in Marek Penskas Aktion, denn hier regiert die SGD!!!!

56. GRUND

Weil uns Matthias Mauksch einen Abend rettete, während wir seinen versauten

Wir befanden uns im Frühsommer des Jahres 1994 in den letzten Schulwochen. Es war Ende Mai, und damals war es Brauch, uns mit auf den abschließenden Elternabend des Schuljahres mit einzufinden. Dies stellte die Höchststrafe für die sich in der Pubertät befindlichen Jugendlichen dar. Das andere Pflichtprogramm, ein Programm für unsere Eltern einzustudieren und vorzuführen, galt nach dem »Erfolg« des Vorjahres glücklicherweise als überholt.

Wir fanden uns am »Hotel an der Rennbahn« ein. Es waren weder Kosten noch Mühen gescheut worden und in einem privaten Tagungsraum hatten wir uns alle ganz für uns. Nach den offiziellen Ansprachen waren meine Freunde und ich an allen anderen Orten als in diesem Raum anzutreffen. Uns gehörte der Biergarten drum herum, wo wir auf das Ende der Veranstaltung warteten.

Irgendwann stieg ein junger Mann aus einem Auto aus und ging an uns vorbei an den Barbereich. Er kam mir seltsam bekannt vor, aber in den Augen der anderen spürte ich keinerlei Erkennen. Das Interesse am runden Leder gab es bei einigen durchaus, wenn es aber etwas über Dynamo zu erfahren gab, wurde zumeist ich hinzugezogen.

»Kennt ihr den auch?«, begann ich nachzufragen, was ich eigentlich bereits wusste.

»Nö, wer war 'n das?«

»Das war Matthias Mauksch!«

Es folgte ein zaghaftes Nicken, das mir zeigte, dass die große Bedeutung, die meine soeben geäußerte Mitteilung für mich besaß, nicht die der anderen war.

»Der spielt bei Dynamo!« Dieser Zusatz war der notwendige Büchsenöffner.

»Bist du dir sicher?«

Wie sollte ich mir hundertprozentig sicher sein, wenn ich ihn doch noch nie leibhaftig im Stadion gesehen hatte. Der durch meine Eltern gezogene Bannstrahl rund um das Dresdner Stadion war noch nicht brüchig.

»Dann frag ihn doch mal nach einem Autogramm.«

Genau hier lag mein Dilemma. Ich sprach nicht gern fremde Menschen an, vor allem, wenn sie für mich so etwas wie eine Berühmtheit darstellten, und Matthias Mauksch war zu dieser Zeit der Spieler mit den zweitmeisten Bundesligapartien für Dynamo.

Nun folgte das, was in diesem Alter nicht ungewöhnlich ist. Wir knobelten aus, wer es zu übernehmen hatte. Es traf Friederike, was eine durchaus gute Wahl war. Sie ging zielstrebig voraus und ihr folgten ungefähr 20 pubertierende Achtklässler. Schnurstracks stand sie neben Matthias Mauksch, der noch allein an der Bar saß.

»Matthi, bist du's?« Sie ging forsch an die für uns relevanten Fakten heran, während ich stellvertretend mit einem rot glühenden Kopf mehrere Reihen dahinter stand. Ein angedeutetes Nicken genügte, sogleich musste er jedem von uns ein Autogramm geben. Wie in der Schule jahrelang geprobt, stellten wir uns in einer Reihe auf. Ich war irgendwo im letzten Drittel gelandet. Blöderweise gingen Matthias Mauksch zuvor die Karten aus. Er legte etwas Kleingeld auf den Tisch und stapfte zum Auto. Wir, die noch ohne etwas in den Händen dastanden, hinterher.

Aus der Tür seines Wagens zog er noch einen Stapel heraus, unterschrieb geduldig und brauste anschließend davon. Ich habe keine Ahnung, welches Treffen wir Matthias Mauksch versaut haben. Er hatte für uns den Pflichtelternabend definitiv gerettet.

57. GRUND

Weil Otto sich noch aus dem Gefängnis verabschiedete

Im Sommer 1995 wehte der Duft des Neubeginns durch Dresden. Das Sommerpausentheater um die Lizenz war entschieden. Unsere Tränen waren getrocknet, das Verständnis für das, was abgelaufen war, fehlte, und eine neue Saison stand vor der Tür. Der Spruch »Noch 68 Spiele bis zur Ersten Bundesliga« zeigte die große Erwartungshaltung der Anhänger.

Die Bundesligamannschaft hatte es in alle Himmelsrichtungen verweht. Geblieben waren Thomas Hoßmang, Nikica Maglica und letztendlich auch noch Markus Kranz, der auf der Suche nach einem neuen Verein keinen gefunden hatte. Mit Torwart Thomas Köhler kehrte ein ehemaliger Dresdner Oberligaspieler zurück, ansonsten waren da viele Unbekannte. Zu ihnen gesellten sich einige hoffnungsvolle Nachwuchsspieler, unter ihnen Jens Kreische und Peter Heidler.

Für mich persönlich war der Abstieg nicht nur negativ besetzt. Die ewige Argumentationskette meiner Eltern war bei Spielen gegen die Reinickendorfer Füchse oder Hertha Zehlendorf nicht mehr aufrechtzuerhalten. Ich bekam nun die lang ersehnte Freigabe, öfter mal ins Stadion zu dürfen, auch ohne Nachbarn als Beschützer.

Fast alles war neu im Sommer 1995, nur einer klebte noch ein wenig an seinem Posten. Zuerst hatte es den Anschein, als ob es Rolf-Jürgen Otto tatsächlich gelänge, in seinem Präsidentenstuhl festgeklemmt bleiben zu können. Eine geplante Mitgliederversammlung wurde kurzfristig verschoben. Der »Förderkreis Dresdner Fußball«, eine vereinsinterne Oppositionsgruppe, blieb damit handlungsunfähig. Den ersten Sieg der neu zusammengestellten Mannschaft in Eisenhüttenstadt erlebte Rolf-Jürgen Otto noch als Präsident. Vier Tage später wurde er wegen Veruntreuung verhaftet. Der Weg für einen kompletten Neubeginn war nun endgültig frei.

Wenige Tage später spielte Dynamo an einem Dienstagnachmittag gegen Optik Rathenow. Das Spiel an sich war unspektakulär. Es zeigte sich aber deutlich, dass entgegen aller Erwartungen die Saison kein Selbstläufer werden würde und wahrscheinlich 68 Spiele bis zur Rückkehr in die Erste Bundesliga nicht ausreichen könnten.

Das Endergebnis von 1:0 war völlig unwichtig, denn es gab eine Situation, welche die Aufmerksamkeit der meisten Fans nachhaltig auf sich zog. Während des Spieles schwebte ein Heißluftballon über das Stadion. Das ist an sich nichts Ungewöhnliches für einen schönen Sommernachmittag im Dresdner Elbtal, doch dieser Ballon trug eine Botschaft für uns, die wir im Stadion standen. Es war nicht unser Skandalpräsident Rolf-Jürgen Otto persönlich, der uns ein letztes Mal den Mittelfinger zeigte, aber noch einmal war er in aller Munde.

Der Ballon, der über uns allen thronte, trug den Werbeslogan eines bekannten Versandhauses. »Otto – find ich gut«. Die Gespräche drehten sich plötzlich, wie so oft bei Dynamo, nicht mehr um den Ball und die Mannschaft, sondern um seine oft undurchsichtigen Protagonisten drum herum. Alles schaute gebannt dem langsam am blauen Sommerhimmel verschwindenden Ballon mit der Botschaft aus nun endlich vergangenen Zeiten hinterher, während sich auf dem Rasen die Gegenwart nicht in den rosig ausgemalten Zügen zeigte. Trotzdem herrschte eine Ausgelassenheit über diesen Tagen, denn Dynamo Dresden und wir Anhänger fühlten uns frei von alten Lasten.

Eine Woche später war das Kapitel Rolf-Jürgen Otto endgültig beendet, als der ehemalige Dresdner Oberligastar Dieter Riedel zum neuen Präsidenten gewählt wurde. Es war ja nicht so, dass irgendjemand von uns Rolf-Jürgen Otto eine Träne nachweinte, aber dieser letzte Gruß hatte schon was.

58. GRUND

Weil unser Torwart Thomas Köhler am Ende auch noch die Arbeit der Angreifer übernahm

Internet, Foren, Zeitung, Fernsehen und Radio, die Informationsquellen über den Verein sind heutzutage vielfältig. Fast mit dem internen Knall ist die externe Meldung in den sozialen Netzwerken unterwegs. Vor einigen Jahren war ich froh, wenn ich das nackte Ergebnis und vielleicht als Zugabe noch die Torschützen vor Montag erfahren habe.

Als ich 1998 mit meiner Ausbildung begann, musste ich mich erst einmal im neuen Leben mit integriertem Schichtdienst zurechtfinden. Die Besuche des Stadions wurden weniger. Als ich danach für mehrere Jahre die Stadt verließ, blieben sie gänzlich aus. Die Folge dieses Informationsdefizites fern der Heimat und ohne Rechner waren merkwürdige Erlebnisse.

Ich war am 18. September 1998 abends unterwegs und hatte das Spiel meiner Dynamos gegen den Eisenhüttenstädter FC Stahl persönlich nicht gesehen, wie auch keiner meiner engeren Freunde. Es spielten an diesem Abend zwei Mannschaften, die sich bereits zu diesem frühen Zeitpunkt der Saison im Niemandsland der Regionalliga Nord/Ost einpendelten. Dass dies ein besonderes Spiel werden würde, war nicht abzusehen. Durchschnittlich wie die Saison war auch die Zuschauerzahl. Mit einem Besuch von unter 4.000 war es auch für damalige Dresdner Verhältnisse wenig. Doch die, die bis zum Abpfiff ausgehalten hatten, wurden mit einem einzigartigen Tor belohnt.

Als ich nachts nach Hause kam, schaute ich im Videotext des MDR nach dem Spielergebnis. Der Vorläufer des Internets war mein damalig modernstes Medium. Ich fand in den Seiten ein enttäuschendes 2:2. Meine Erwartungshaltung wurde seit Jahren von der Realität geerdet, aber so richtig wahrhaben konnte ich unseren Absturz noch immer nicht. Das Spiel war schnell abgehakt und wäre es wohl auch geblieben, wenn mich nicht ein genauer Blick auf die Torschützen hätte innehalten lassen, denn da stimmte etwas nicht.

Es kam nicht nur einmal vor, dass der Spieler, der im Videotext aufgeführt war, nicht der war, der wirklich getroffen hatte, aber die Person, die hier als Torschütze aufgeführt war, konnte es wahrhaftig nicht sein! Da stand doch tatsächlich unser Torwart Thomas Köhler, welcher kurz vor dem Abpfiff den Ausgleich erzielt haben sollte. Einen Spieler mit ähnlichem Namen gab es jedoch nicht im Kader. Vielleicht ein eingewechselter Jugendspieler, oder doch unser Hüter?

Mein Kopf war müde, doch aufgrund der lückenhaften Informationen, die ich besaß, reihte ich mir die Zusammenhänge selbst aneinander. Ich wusste, dass es zuletzt immer mal wieder Torhüter gab, die in einem Spiel einen Elfmeter verwandelt hatten. Einer war der spätere Nürnberger Nationaltorwart Andreas Köpke. Er traf im Oktober 1993 vom Elfmeterpunkt gegen Dynamo. Aber Elfmetertore wurden eigentlich kenntlich gemacht. Auf der Videotextseite stand nichts davon.

Sollte unser letzter Mann einer wie Jens Lehmann sein, der neun Monate zuvor als erster Bundesligatorwart aus dem Spiel heraus getroffen hatte? Ich konnte es mir nicht so richtig vorstellen. Dennoch gab es einzelne Sequenzen in meinem Gedanken, in denen ich Thomas Köhler sah, wie er einen strammen Schuss von der Strafraumkante ins Dreiangel abgab, danach die Faust ballte und die Kollegen in einer Selbstverständlichkeit abklatschte, dass man vermuten konnte, dies komme in Dresden alle zwei Monate vor.

Am nächsten Morgen kaufte ich mir eine tagesaktuelle Zeitung, um endlich Gewissheit zu haben. Rasch hatte sich meine virtuelle Geschichte in einen Verzweiflungskopfball nach mehreren glücklosen Dresdner Ecken gewandelt. Klingt nicht ganz so bombastisch, zählt aber genauso. Bis heute hat dies in Dresden Thomas Köhler kein Torwart nachgemacht.

Darko Horvat, der nur kurz in der Dresdner Zweitligachronik auftauchte, gelang einige Jahre später für seinen neuen Verein ein Treffer aus dem Spiel heraus. Im Gegensatz zu Thomas Köhler wurde er dafür sogar für das Tor des Monats nominiert, gewann diese Auszeichnung jedoch nicht. Das Tor von Thomas Köhler ist in Dresden ein ganz besonderes geblieben!

59. GRUND

Weil Rolf Schafstall seinen Job in Dresden nur ganze 57 Tage ausüben durfte

Die Trainerhalbwertszeit in Dresden liegt in den letzten beiden Jahrzehnten gefühlt bei einer Saison. Einzig Christoph Franke gelang es, für knapp viereinhalb Jahre Verantwortung in Dresden zu übernehmen. Die kürzeste Zeit als hauptverantwortlicher Trainer war Rolf Schafstall beschienen. Es gab noch einen Kollegen, der im Sommer 1953 ganze vier Tage bei Dynamo angestellt war. Da in diesem Zeitraum jedoch kein einziges Pflichtspiel absolviert wurde, ehe er zu Motor Dessau weiterzog und etwa zwei Jahrzehnte später die größten Erfolge mit Dynamo feierte, fällt er aus der Liste der Dresdner Trainerirrtümer heraus.

Geholt wurde Rolf Schafstall am 2. Februar 1999 als zu dieser Zeit benötigter harter Hund, der auch mal knurren durfte. Seine Aufgabe war klar umrissen. Er sollte der undynamischen Dresdner Mannschaft, welche in der Regionalliga Nordost ins Trudeln geraten war und rasch in Richtung Tabellenkeller sank, neues Leben einhauchen. Dass Rolf Schafstall dies konnte, hatte er in seinen bisherigen Trainerstationen mehrfach bewiesen. Der Name Feuerwehrmann schien wie für ihn geschaffen.

Bereits Damian Halata, sein Vorgänger auf dem Dresdner Schleudersitz, behielt nur kurz die Verantwortung. Er wurde am 8. Dezember des Vorjahres eingestellt, rückte aber nach drei Niederlagen in drei Spielen auf die Position des Assistenten.

Auch Rolf Schafstall verlor sein Auftaktspiel, ehe nach neun Spielen ohne Sieg gegen den Spandauer SV, eine Berliner Stadtteilmannschaft, mal wieder erleichtert gejubelt werden durfte. Die von der prekären Situation überforderte Mannschaft stabilisierte sich in den kommenden Wochen ein wenig, doch dann knurrte Rolf Schafstall nicht nur, wie es gewünscht war. Er bellte sich geradezu in Rage. In einem Gespräch mit dem Nachrichtenmagazin SPIEGEL echauffierte sich der Trainer dermaßen über die Zustände in Dresden, dass der erscheinende Artikel der legendären Wutrede von Giovanni Trapattoni ein Jahr zuvor in nichts nachstand.

Unser Kurzzeittrainer sah überall Dreck, den außer ihm im Osten niemand sah, da sie alle nur in den guten alten Zeiten schwelgten. Deshalb gab er als Trainer auch wertvolle Hinweise, wie mit Wurzelbürste und Wasser die Schuhe zu reinigen waren. Die Spieler besaßen keinen Anstand, saßen da, knobelten und standen nicht auf, wenn er die Umkleide betrat. Zum Glück war ihm bewusst, dass sein Job zeitlich befristet war.[56]

Man muss seinen Le(e/h)rtext nicht wörtlich wiedergeben, um ahnen zu können, dass im Anschluss eine vertrauensvolle Zusammenarbeit zwischen Rolf Schafstall und Dynamo Dresden nicht mehr möglich war. Mit einer kleinen Verzögerung von einem Tag handelte der Verein. So schaffte es unser Kurzzeittrainer, seine Tätigkeit, die von vornherein nur bis Saisonende befristet war, auf die rekordverdächtige Kürze von gerade einmal 57 Tagen zu beschränken.

In einem Interview mit dem Sportmagazin *11 Freunde*[57] sprach Rolf Schafstall 14 Jahre später selbst von seiner deprimierendsten Zeit als Trainer. Er habe aufgrund einer vorherigen Trainertätigkeit bei Stahl Brandenburg die ganze Sache überkritisch gesehen. Diese Anstellung beendete er im Sommer 1992 nach nur 55 Tagen.

Nun ja, der Osten und Rolf Schafstall, so hatte er nach seinem zweiten Versuch selbst endgültig feststellen müssen, passten einfach nicht zusammen. Rolf Schafstall war in einer deprimierenden Zeit Trainer der Mannschaft. Der Verein befand sich bereits seit Jahren am Boden, aber zum Glück hatte er noch einen letzten Funken Würde in sich.

60. GRUND

Weil es neben Walter Fritzsch noch einen zweiten Trainer gab, welcher den Verein wachgeküsst hat

Im Juni 2010 riefen die *Dresdner Neueste Nachrichten* auf, die Traumelf Dynamos aus sechs Jahrzehnten zu benennen. Neben allen Spielern wurde auch über die Trainer abgestimmt. Erwartungsgemäß wurde Walter Fritzsch als hauptverantwortlicher Übungsleiter unserer Traumelf auserkoren. Assistent wurde neben Eduard Geyer, unser Retter im neuen Jahrtausend, Christoph Franke, wobei man den Chemnitzer als kompletten Gegenentwurf zu Walter Fritzsch bezeichnen kann.

Es wäre wohl eine überaus spannende Konstellation gewesen, diese sehr unterschiedlichen Trainer miteinander vereint im Tagesgeschäft zu erleben. Jeder war sehr zu seiner Zeit der richtige Mann am dynamischen Ort, jedoch hätte es, im Gegensatz zur Zeit von Christoph Franke, unser Dynamo Dresden auch ohne Walter Fritzsch oder Eduard Geyer gegeben. Hätte er im Frühjahr 2001 nicht den Mut gehabt, zur kommenden Saison unserem in Auflösung begriffenen Verein neues Leben einzuhauchen, wäre die SGD wohl nicht mehr lebend von der Trage gesprungen.

Er übernahm Dynamo Dresden, als die Lichter nicht mehr nur auszugehen drohten, sondern gefühlt bereits erloschen waren. Christoph Franke reanimierte einen ganzen Verein und führte ihn zurück aus der absoluten Bedeutungslosigkeit. Dabei entwickelte er keinen neuen Dresdner Kreisel, aber ein Zusammengehörigkeitsgefühl, welches sich zuerst in der Mannschaft entwickelte und dann langsam auf die frustrierten Fans überging.

Bei keinem anderen Trainer habe ich über einen längeren Zeitraum solch ein enges symbiotisches Band im Verein gespürt wie in den Jahren zwischen 2001 bis 2005. Zu Zeiten des hoyzerschen Wettskandals war ich nicht überrascht, als relativ schnell mein Verein mittendrin hing. Wir waren und sind ja gefühlt irgendwie immer dabei, wenn irgendwo ein Skandal wartet, entdeckt zu werden. Die Vehemenz, mit der Christoph Franke sich vor seine beschuldigten unschuldigen Spieler stellte, imponierte mir sehr.

Die beiden Aufstiege in seiner Zeit waren nicht auf die überlegene individuelle Stärke des Einzelnen zurückzuführen, sondern darauf, keinen Querschläger dazwischen zu haben. Christoph Franke vertraute auf ältere Spieler. Wo Walter Fritzsch aussiebte und Karrieren beendete, bekamen sie bei Christoph Franke einen neuen Schub. Steffen Heidrich war Mitte 30 und in seinem letzten Jahr in Cottbus unter Eduard Geyer auf einem Abstellgleis ohne jegliche Spielpraxis gelandet, als er nach Dresden kam, Kapitän wurde und maßgeblichen Anteil an der Auferstehung des Vereins hatte. Für Christoph Franke spielte das Alter eine untergeordnete Rolle. Torhüter Ignjac Krešić war sogar noch ein Jahr älter als unser neuer Kapitän. Beide waren ein wichtiger Bestandteil des Dresdner Mannschaftsgerüstes.

Christoph Franke war so etwas wie ein Spielerpapa, der die Sorgen seiner Spieler wahrscheinlich auch wahrnahm, wenn sie noch gar nicht angesprochen waren. Nicht umsonst stellte er zu seiner Zeit, als dem Verein finanziell das Wasser mehrfach bis zum Hals stand, die Mannschaftskasse als kurzfristige Überbrückungsmöglichkeit für finanzielle Schieflagen der Spieler zur Verfügung.

Über seine Jahre in Dresden gibt es noch keinen Film, er könnte jedoch mit vielen einzigartigen Geschichten gefüllt werden. Anlässlich des dritten Legendenstammtisches erzählte er aus seiner einzigartigen Trainerzeit unseres Vereins. Es war definitiv auch eine besondere Zeit in seinem Leben.[58]

Eineinhalb Jahre nach seiner Ablösung gab er in der *Sächsischen Zeitung* seinen persönlichen Rückblick auf das Vereinsleben nach seiner Entlassung kund: »Ich weiß, das ist ketzerisch«, erklärt er schelmisch grinsend, »aber abzusteigen wie mein Nachfolger und nicht aufzusteigen wie der nächste Nachfolger, das hätten wir auch geschafft.«[59] Wo Christoph Franke recht hat, hat er recht.

61. GRUND

Weil bei uns der Doktor auf dem Platz stand

Für Fußballspieler sind Verletzungspausen ärgerlich. Der eigene Spielrhythmus ist hin und von außen kann man nur zuschauen, was die anderen Spieler und vor allem die eigene Vertretung auf dem Feld verbrechen. Dazu lauert noch ständig eine latente Angst, die wohl nie laut ausgesprochen wird, vom Vertreter so gut ersetzt zu werden, dass das eigene Fehlen gar nicht bemerkt wird. Schlimmer ist es, wenn sogar auffällt, dass der Notnagel eher eine Verbesserung als einen Back-up darstellt. Dann wird es schwierig.

Volker Oppitz traf es im Dezember 2006 noch härter. Nach monatelangen Beschwerden in beiden Patellasehnen musste er pausieren, und je länger seine Pause dauerte, desto unwahrscheinlicher erschien die Rückkehr unseres Kapitäns auf den Platz. Nach einem Dreivierteljahr ließ er sich an beiden Beinen gleichzeitig operieren. Wir Fans warteten sehnsüchtig auf seine Rückkehr, denn Volker war einer der besonderen Spieler im Verein.

Erstmals trat er am vorletzten Spieltag der Katastrophensaison 2000/01 mit der ersten Mannschaft auf den Platz. Christoph Franke, welcher zur kommenden Saison Dynamo als Trainer übernehmen sollte, hatte ihn in der zumeist einfach übersehenen zweiten Mannschaft entdeckt. Ab da gehörte Volker zum Stamm einer Dresdner

Mannschaft, die nach Jahren des beständigen Kommens und Gehens endlich ein Gesicht bekam. Ihr gehörten Spieler an, die auch einmal länger als einen Vertragsabschluss blieben. In den kommenden viereinhalb Jahren fehlte unser Abwehrchef ganze zwei Spiele und stieg gemeinsam mit der Mannschaft von der viertklassigen Oberliga bis in die Zweite Bundesliga auf.

Volker Oppitz hatte in der Zeit, in der er noch perspektivlos in der zweiten Mannschaft spielte, zu studieren begonnen. Parallel zum Aufstieg in die Regionalliga feierte er 2002 sein Diplom als Betriebswirt. Zwei Jahre später hielt er unsere Abwehr auch in der Zweiten Bundesliga zusammen und studierte in Bratislava. Im Winter 2006 entschied dann sein Körper, dass er sich mehr Zeit für sein späteres berufliches Standbein nehmen sollte. Ungewollt konnte er sich verstärkt auf seinen Studiengang konzentrieren, da ein Mitwirken auf dem Platz nicht abzusehen war. Volker Oppitz war weiterhin ein Teil der ersten Mannschaft, tauchte jedoch in keinen Spielberichtsbogen mehr auf. Er fehlte uns, während die Zeit immer mehr gegen ihn zu laufen schien.

Als seine Pause bereits mehr als zwei Jahre andauerte, kam dann innerhalb weniger Tage alles zusammen. Volker Oppitz hatte sich langsam wieder an den Kader herangearbeitet. Er spielte in der Zweiten und saß bereits hin und wieder auf der Bank der Ersten. Im Spiel bei Wacker Burghausen stand Volker Oppitz nach 834 Tagen wieder auf dem Feld. Roland, ein langjähriger Fan, der wirklich alles mitgenommen hatte, kaufte sich am folgenden Montag sein erstes beflocktes Dynamo-Trikot.

Volker Oppitz hatte so lange Zeit für ein Comeback geschuftet, was außer ihm nur noch wenige Optimisten für möglich hielten. Als wäre er nie weg gewesen, nahm er seine langjährige Rolle in der Hintermannschaft ein, dirigierte die Abwehr und half mit, das eigene Tor nach zwölf Spielen endlich einmal wieder frei von einem Gegentreffer zu halten. Nach seinem allerersten Spiel in der Dritten Liga stand er in der Kickerelf des Tages[60].

Keine 24 Stunden später verteidigte er in Bratislava erfolgreich seine Doktorarbeit. Volker Oppitz war nun ein anerkannter Fachmann für Bedarfsanalysen und einer der wenigen Sportler, die sich bereits während ihrer Profikarriere einen Doktortitel erarbeitet hatten. In den Fanforen kam natürlich rasch die Frage auf, inwieweit sein Trikot mit der Nummer 3 um den erworbenen Doktortitel ergänzt werden könnte. Was ein interner Verkaufsschlager hätte werden können, blieb jedoch eine Idee der Fans. Einzig in der Mannschaft war er zeitweise der »Professor«.

Volker Oppitz absolvierte noch 32 Drittligaspiele für die SGD, ehe er sich ab Mai 2010 seinem zuvor gut vorbereiteten neuen Lebensabschnitt widmete. So wurde er bei Dynamo zuerst Assistent der Geschäftsführung, einen Monat später Interimsgeschäftsführer und kurz danach vom Aufsichtsrat zum hauptamtlichen Geschäftsführer bestellt. Unter ihm schrieb der Verein erstmals nach langen Jahren wieder schwarze Zahlen in der Jahresbilanz.

Als die *Dresdner Neuesten Nachrichten* im Juni 2010 die Traumelf aus sechs Jahrzehnten Vereinsgeschichte haben wählen lassen, waren im 22-Mann-Kader nur zwei Spieler, die nie in der DDR-Oberliga für Dynamo Dresden aufgelaufen sind. Einer war Maik Wagefeld, der andere Volker Oppitz.

62. GRUND

Weil wir einen Spieler doppelt verpflichteten und damit glücklich wurden

Mit Silvio Schröter und Lars Jungnickel wurde 2001 mal wieder die eigene Zukunft verkauft, damit eine im Raum stehende Insolvenz keine Wirklichkeit werden würde. Im Gegenzug kehrte der finale Verhandlungsführer, unser »161-Tage-Präsident« André Lorentschk mit einem jungen Cottbuser Spieler ohne Perspektive für die erste Mannschaft zurück. Es ranken sich um die Verpflichtung von Thomas Neubert Gerüchte, dass er, bereits in Dresden unter Vertrag stehend, an diesem Tage nochmals aus Cottbus gegen eine kleine Summe ausgelöst wurde.[61]

Thomas Neubert ist in seiner Dresdner Zeit zu einem Fußballgott geworden und hat diese ehrenvolle Bezeichnung auch 13 Jahre später nicht verloren. Er war einer, der angepackt hat, nie aufgesteckte und auch aussichtslosen Bällen hinterhergerannt ist. Nicht umsonst ist sein Maulwurfstor beim Punktspiel in Plauen noch immer in aller Munde. Als im Winter 2001/02 bereits alles auf ein Unentschieden hinauslief, spurtete Thomas Neubert aus ziemlich aussichtsloser Position einem in Richtung Plauener Torwart rollenden Ball hinterher. Als der Ball letztendlich durch einen Platzfehler versprang und die Plauener damit kurz aus dem Gleichgewicht gerieten, war die Bahn für unseren »Maulwurf« frei, der das entscheidende Tor zum 1:0 erzielte. Am Saisonende gab es davon insgesamt 13 wodurch Thomas Neubert Lars Jungnickel gut ersetzt hatte.

Einen solchen Einsatz, wie ihn Thomas immer wieder zeigte, sieht man nicht von jedem Spieler, was natürlich mit dazu beitrug, dass unsere »Fleißbiene« ein ganz besonderer Spieler unseres Vereins wurde. Auch in der Regionalliga konnte er sich gut austoben, bis ihn am Anfang der Rückrunde ein Kreuzbandriss im linken Knie für lange Zeit außer Gefecht setzte.

Aus den obligatorischen sechs Monaten wurden mehr als zehn, ehe Thomas nach dem Dresdner Aufstieg das erste Mal Zweitligaluft schnuppern konnte. Sie bekam ihm nicht gut. Den sechs Minuten in Duisburg schlossen sich ganze zwei gegen seinen alten Verein aus Cottbus an. Nach der Einwechslung in der Halbzeitpause folgten ein Sprint, ein Sturz und ein entsetztes Raunen aus über 20.000 entsetzten Kehlen der Fans im Stadion. »Neubi« blieb liegen und kurz darauf wurde eine neue Knieverletzung gemeldet. Diesmal war es das rechte Kreuzband, was seinem Antritt nicht standhielt.

Erneut folgen eine Operation, Warten, verschiedene Rehabilitationsmaßnahmen, Warten, weitere Untersuchungen, Warten, erste Belastungstests und nachmals Warten. Thomas Neubert bleibt außen vor, während die Ereignisse rund um Dynamo ohne ihn ablaufen. Diesmal sind es elf Monate, ehe er für die letzten beiden Minuten sein nächstes Comeback gibt. Gegner ist, wie könnte es auch anders sein, der FC Energie Cottbus. Diesmal halten beide Kreuzbänder und unser Fußballgott kommt noch zu ein paar Saisonminuten als Einwechsler. Am Ende des Spieljahres steht er in Rostock beim Abpfiff auf dem Feld. In seinem 100. Ligaspiel für Dynamo ist er erstmals abgestiegen.

Es folgt kein 101. Spiel, aber sieben Jahren später die Rückkehr als Fanbeauftragter. In seiner neuen Funktion besucht er einzelne Fanclubs und ist damit ein wichtiges Bindeglied zwischen ihnen und dem Verein. Die Fans fühlten sich durch ihn ernst genommen, wenn er sie besuchte. Ihre Wünsche und Anregungen bearbeitete er und leitete sie auch weiter. Wer einmal eine Fleißbiene auf dem Feld war, ist es später auch in anderen Bereichen.

Manch eingeschlafene Diskussion kam so wieder in Gang. Inoffiziellen Statistiken zufolge ist Thomas Neubert, »He Neubi, kannst du mal für ein Bild rüberkommen?«, die Person im Verein, welche am häufigsten abgelichtet wird. Es fühlte sich alles gut an bis ein erneuter Abstieg aus der Zweiten Bundesliga seine Stelle auslaufen ließ. Von 34 Mitarbeitern mussten 13 gehen. Thomas war einer von ihnen.[62] Alles Gute, Fußballgott! Vielleicht sieht man sich ein drittes Mal?

63. GRUND

Weil es einem Wandervogel gelang, ein Jahr in Dresden zu spielen und noch viele Jahre später einer von uns zu sein

Mit Ansgar Brinkmann konnte Dynamo in der Winterpause 2004/05 einen Spieler mit einem gewissen Klang im Namen verpflichten. Er passte mit seiner wechselvollen Karriere, die nach einer langen Verletzungspause so noch nicht beendet werden sollte, perfekt zu Dynamo. Ansgar war sofort nach seiner Ankunft einer, der schon lange zum Verein gehörte. Er war das, was uns gefehlt hatte, ein Instinktfußballer und Leitwolf, und doch war seine Verpflichtung ein Wagnis.

Nach einer nicht ausgeheilten Verletzung, einem Abstieg und einem unfreiwilligen Wechsel gab es für den weißen Brasilianer, wie Ansgar Brinkmann genannt wurde, erst einmal für eine ungewisse Zeit eine Pause. Statt Einsätzen unter Schmerzmitteln folgten eine Operation, diverse Rehabilitationsmaßnahmen und in Österreich ein erster folgenreicher Kontakt mit einem Trainer namens Peter Pacult. 16 Monate dauerte seine unfreiwillige Pause bereits, als Ansgar Brinkmann ein Angebot aus Dresden erhielt. Es kam zusammen, was zusammengehörte, und war eine Kombination, die sofort passte.

Unser Neuzugang hatte das Schwimmen nicht verlernt und schaffte es zurück auf den Platz. Als wichtiger Teil der Mannschaft sorgte er mit seinen drei Toren für einen deutlichen Aufschwung und einen am Ende souveränen Klassenerhalt auf Platz acht. Wer hätte uns diese Entwicklung im Winter noch zugetraut?

Mit 35 Jahren war Dynamo die vorletzte Station auf dem langen Karriereweg. Im Normalfall wird Spielern, die die Vereine in der Häufigkeit wechseln, wie Ansgar Brinkmann es tat, nachgesagt, keinen Bezug zu ihrem jeweiligen Arbeitgeber zu haben, doch Ansgar blieb in positiver Erinnerung. Und diese Zuneigung scheint gegenseitig zu sein, denn auch er gab in seiner später erscheinenden Biografie ein aussagekräftiges Kompliment zurück: »Wer in Dresden einen Vertrag unterschrieb, der sollte sich unbedingt vorher ein Spiel angucken, damit er weiß, mit wie viel Herzblut da gespielt werden muss, um den Fans gerecht zu werden. Es gibt Leidenschaft und Begeisterung – und es gibt Dresden.«[63]

Ziemlich genau nach einem Jahr endete seine Zeit bei uns mit einem kleinen Eklat. Als Peter Pacult in der Winterpause 2005/06 neuer Trainer in Dresden wurde, trafen sich die beiden ein zweites Mal in der Konstellation einengender Trainer und freiheitsliebender Spieler. Nachdem bereits beim FC Kärnten ihre gemeinsame Zeit unerfreulich endete, deutete sich auch in Dresden rasch das Ausbleiben einer deutsch-österreichischen Männerfreundschaft an.

Es wurde ein Grund gesucht und auch umgehend gefunden und so sorgte ein fehlerhaftes Dehnen für ein vorzeitiges Trainingsende. Ansgar Brinkmann wechselte zurück zu seinen Wurzeln, seiner einst zweiten und diesmal letzten Profistation nach Münster.

Ansgar Brinkmann hat das Dresdner Stadion kurz vor seinem Umbau erlebt und trotzdem hat es einen bleibenden Eindruck auf ihn hinterlassen. In einem Interview zum Saisonende 2014 mit dem Dresdner Kreisel erklärte er noch einmal das Phänomen Dynamo: »Wenn du kaputt warst, in der 70. Minute, und dann den Leuten am Zaun ins Gesicht geschaut hast, dann bist du einfach weitergelaufen. Wenn diese Leute ›Dynamo‹ geschrien haben, dann hat einen das auf dem Platz berührt, weil es authentisch war. Das hat man als Spieler mitbekommen. Ich kann das beurteilen, weil ich in mehreren Vereinen gespielt habe. So extrem wie in Dresden habe ich das nirgendwo sonst erlebt.«[64] – Einen Grund, Dynamo zu lieben, hat Ansgar Brinkmann ganz nebenbei genannt. Vielen Dank dafür!

64. GRUND

Weil eine dynamische Ausbildung begehrt ist

Am 18. Juni 2006 durfte ich aufgrund des Losglückes meines Bruders auf zwei ehemalige Dynamo-Spieler bei einem Weltmeisterschaftsspiel in München hoffen und letztendlich einen bewundern. Dirk hatte Karten für die Partie Brasilien gegen Australien gewonnen. Joshua Kennedy saß auf der Ersatzbank, während Mark Schwarzer das Tor des Außenseiters Australien hütete. Im Verlauf des Spieles holte der Underdog viele Sympathien gegen die brasilianische Mannschaft, welche leidenschaftslos, aber gnadenlos effektiv spielte. Es war ein erhebendes Gefühl, ein wenig »Dynamo« auf dem WM-Rasen zu erleben. Ich hoffte ja das ganze Spiel über, dass ich auch noch unseren Zweitligatorjäger zu sehen bekommen würde, aber das wäre wohl des Guten zu viel gewesen.

Sowohl Mark Schwarzer als auch Joshua Kennedy machten nach ihrer Zeit beim liebenswertesten Verein der Welt ihre große internationale Karriere. Während unser zweimaliger Bundesligatorhüter in England heimisch wurde und inzwischen Rekordnationalspieler seines Heimatlandes geworden ist, verschlug es Joshua Kennedy nach mehreren weiteren Etappen schließlich nach Japan, wo er mit seinem Verein eine Meisterschaft gewann und Torschützenkönig wurde. Fans haben ja oftmals eine besondere Affinität für Spieler, die aus der eigenen Jugend entspringen oder besser gesagt, einen Teil ihrer Entwicklung bei der SGD verbracht haben. Die meisten von ihnen haben in den vergangenen beiden Jahrzehnten leider ihre größten Erfolge nicht in Dresden erreicht.

Matthias Sammer war der erste Spieler der ehemaligen DDR, der in der gesamtdeutschen Nationalmannschaft auflief. Für eine Ablösesumme von umgerechnet 1,3 Millionen Euro sowie einen Mannschaftsbus, der für ihn nach Dresden »transferiert« wurde, war er 1990 für den VfB Stuttgart zum Schnäppchen geworden, vor allem als ihn die Schwaben zwei Jahre später für sechs Millionen Euro nach Mailand transferierten. Vor allem die Zeit zwischen 1995 und 1997 waren seine erfolgreichsten Jahre, als er mit Borussia Dortmund zweimal Meister wurde und die Champions League sowie den Weltpokal gewann. 1996 war er der herausragende Spieler beim letzten Titelgewinn der deutschen Nationalmannschaft und folgerichtig konnte er nebenbei die Wahlen zum Fußballer des Jahres in Deutschland als auch Europa für sich entscheiden.

Jens Jeremies absolvierte zehn der allerletzten elf Bundesligaspiele für Dynamo und stand dabei zweimal gemeinsam mit Mark Schwarzer auf dem Feld. Die Hoffnungen, um ihn die neue Mannschaft nach dem Lizenzentzug aufzubauen, zerschlugen sich, und schaut man auf seine Karriere, wird im Nachhinein klar, wie illusorisch diese Wünsche waren. Jens Jeremies ging nach München, zuerst zu den Blauen, dann zu den Roten, wurde dort sechsmal Meister und viermal Pokalsieger. Er gewann 2001 die Champions League und den Weltpokal und absolvierte mit 55 die meisten Länderspiele Dresdner Dynamos für den DFB.

Ulf Kirsten erlebte die Bundesliga mit Leverkusen. 13 Jahre lief er für den Werksklub auf und war ebenso wie in Dresden ein Kanonier der Extraklasse. Durchschnittlich 14 Tore schoss er pro Saison, und seine insgesamt 182 Treffer sind die fünftmeisten Tore, die ein Spieler in der Ersten Bundesliga jemals erzielte. Einzig Claudio Pizarro könnte ihm in nächster Zeit diese Position streitig machen. Dreimal holte sich Ulf Kirsten den Titel des erfolgreichsten Bundesligatorjägers.

Als Alexander Zickler 1993 zu den Bayern aus München wechselte, glaubten nur wenige, dass er dort fast so lange bleiben würde wie Ulf Kirsten in Leverkusen. Gleich in seiner ersten Saison wurde Alexander Zickler Deutscher Meister und gewann in den kommenden Jahren gemeinsam mit Jens Jeremies alle Vereinstitel, die möglich waren.

Am Ende seiner Karriere wechselte Alexander Zickler nach Österreich und wurde dort weitere dreimal Meister sowie je zweimal Torschützenkönig und Fußballer des Jahres. 2006 gewann er in einer öffentlichen Abstimmung die Wahl des schönsten Tores des Jahres.

Inzwischen haben alle ihre großartigen Karrieren beendet, doch werden neue Namen Fußballdeutschland prägen. Maximilian Arnold in Wolfsburg und demnächst Patrick Pflücke in Mainz haben einen Teil ihrer fußballerischen Ausbildung bei Dynamo genossen. Es sind schon große Karrieren dabei, die Dresdner Nachwuchstrainer da teilweise verzapft haben.[65]

65. GRUND

Weil die SGD und Benjamin Kirsten ihren Bekanntheitsgrad nutzen, um Tabuthemen das Tabu zu nehmen

Der Sonnenstrahl e. V. Dresden[66] ist ein Förderkreis für krebserkrankte Kinder und Jugendliche. Er gründete sich 1990 mit dem Ziel, Anprechpartner für Familien zu sein, deren Leben sich durch die Krebserkrankung ihres Kindes in einem permanenten Ausnahmezustand befindet. Wenn eine Erkrankung – meist ohne Vorwarnung – eine Familie und deren persönliches Umfeld zu zerstören droht, kann der Sonnenstrahl vielleicht einen Orientierungspunkt in der ersten Dunkelheit geben.

Zu Beginn sind es oftmals eher praktische Dinge, die Halt geben können. So stehen zum Beispiel Zimmer in der Vereinsvilla für Eltern zur Verfügung, die nicht in der Nähe der Klinik wohnen. Der Verein fördert den Austausch der Familien untereinander oder bietet Wochenendveranstaltungen an, wo einmal ganz allein die Geschwister im Mittelpunkt stehen dürfen.

Nach der Erkrankung treten dann Angebote wie eine Sportgruppe für Kinder in den Vordergrund, welche die Mädchen und Jungen in ihrem während der Therapie zu kurz gekommenen natürlichen Bewegungsdrang fördern. Auch verwaiste Eltern und Großeltern finden im Sonnenstrahl geduldige Zuhörer.

Dieses Engagement kostet viel Kraft, Zeit, Mut und natürlich auch Geld, welches, wie auch bei anderen Vereinen, nahezu ausschließlich über den Eingang von Spendengeldern bestritten werden muss. Der Kontakt zwischen der SG Dynamo Dresden und dem Sonnenstrahl hat sich über mehrere Jahre entwickelt und gefestigt.

Als im Januar 2005 der Wettskandal um Robert Hoyzer über Deutschland fegte, gerieten auch einzelne Spieler der Dresdner Aufstiegsmannschaft von 2004 kurzzeitig in bundesweite Schlagzeilen. Ein Jahr zuvor hatten sie vor dem bedeutungslosen letzten Punktspiel gegen Preußen Münster einen Koffer mit Geld erhalten, welcher für einen Dresdner Sieg angeboten wurde. Das Geld, welches die Mannschaft als Motivationshilfe sah und annahm, spendeten sie nach Bekanntwerden der Vorwürfe zu gleichen Teilen an den Sonnenstrahl und einen Verein aus Leipzig. Einige Jahre später trug Dynamo Dresden statt des bekannten Sponsorennamens das Vereinslogo des Sonnenstrahls auf der Brust. Die Einnahmen von 3.300 Euro, die aus den Verkäufen der Sondertrikots erzielt werden konnten, übergaben im April 2009 Benjamin Kirsten und Maik Wagefeld.

Benjamin Kirsten wurde danach ein regelmäßiger Unterstützer des Vereins. Er übernahm 2011 die Patenschaft für die Sportgruppe der ehemalig erkrankten Kinder und erschloss dem Sonnenstrahl mit seinem privaten Engagement neue Aufmerksamkeit. Als das bereits vorhandene Sportangebot um eine Kletterwand erweitert werden sollte, nutzte Benjamin seinen wachsenden Bekanntheitsgrad, um Geld für die Umsetzung des Vorhabens zu sammeln. Er besuchte persönlich eine 8. Klasse in Weißig, die Geld für dieses Projekt gesammelt hatte. Benjamin Kirsten dankte ihnen im Namen des Sonnenstrahls und der Kinder, die diese Wand in Zukunft benutzen werden.

Vereine wie der Sonnenstrahl müssen immer wieder neue kreative Wege finden, die Öffentlichkeit für ihre Arbeit zu sensibilisieren. Die vielfältigen und gut angenommenen Angebote können nur aufrechterhalten und weiterentwickelt werden, wenn dies gelingt. Gibt es dann in den Medien präsente Vereine wie Dynamo Dresden und Privatpersonen wie Benjamin Kirsten, die ihre eigene Prominenz nutzen, hier und da die Aufmerksamkeit ein wenig auf ein Tabuthema des Lebens zu lenken, so nutze ich die Möglichkeit gern, ihnen dafür zu danken und ihnen diesen Grund zu widmen!

66. GRUND

Weil wir eine Außenfiliale in Halle an der Saale haben

Knappe fünf Jahre meines Lebens habe ich in Halle an der Saale verbracht. Das muss man nicht unbedingt machen, hat mich aber auch nicht zerstört und meinen Blick auf Dresden nachhaltig geschärft. Der ortsansässige Verein, der Hallesche FC, konnte meine Aufmerksamkeit zu dieser Zeit nicht auf sich lenken. Nach dem Ende der Oberliga verbrachten sie ein Jahr in der Zweiten Bundesliga, ehe sie von der großen Fußballbühne bis in die fünftklassige Verbandsliga verschwanden. Im Spiel »Behaupte dich oder gehe unter« waren sie auch in den ersten Runden ausgeschieden. Zwischen 2000 und 2002 trafen sie in der Oberliga Nord/Ost auf Dynamo und waren ein gern bespielter und harmloser Gegner. Wir stiegen am Saisonende auf und ein halbes Jahr später gab mir Halle für längere Zeit ein Zuhause.

Die Rot-Weißen blieben uninteressant, was nicht nur der Auferstehung Dynamos geschuldet war. Ich wurde nicht so richtig heimisch und wartete sehnsüchtig auf das Ende eines Studiums, um Halle den Rücken zuwenden zu können. Zwischenzeitlich war mit René Müller ein ehemaliger Dresdner Spieler Trainer des HFC geworden. Mehr als eine Randnotiz war das jedoch nicht.

Nachdem wir im Sommer 2007 nach Dresden zurückkehrten, begann ich, vermehrt auf den Verein zu schauen, der mich vor Ort die ganze Zeit über nicht interessierte hatte. Mit Sven Köhler war der treue Gefährte von Christoph Franke Trainer geworden und hatte Detlef Schößler, den Nachfolger René Müllers, beerbt. Halle schien einen nachhaltigen Blick auf ehemalige Dresdner und Trainer geworfen zu haben. Außerdem hatte Sven Köhler gleich noch Torwart Darko Horvat, für den man in Dresden keine Verwendung mehr hatte, mitgenommen.

Die Ergebnisse der Mannschaften, in denen ehemalige Spieler Dynamos auflaufen, üben für eine gewisse Zeit einen Reiz auf mich aus. Ziehen die Spieler dann weiter, verläuft sich langsam die Fährte. Halle wurde vorerst neu aufgenommen. Als in der Winterpause dann noch unser Fußballgott Thomas Neubert verpflichtet wurde, fesselte Dynamo mein Interesse an den Wochenenden wie immer, nebenbei warf ich aber regelmäßige Blicke nach Halle.

Sven Köhler schien gute Arbeit zu leisten. Er blieb länger, als es in Dresden je vorstellbar wäre. Während seiner Trainertätigkeit beim selben Verein haben sich in Dresden acht verschiedene Charaktere ausprobieren dürfen. Der Name Köhler fiel in Fankreisen nicht nur einmal, wenn Dynamo mal wieder nach einem neuen Übungsleiter suchte.

Nach und nach verstärkte er immer wieder seine Mannschaft mit Spielern, für die bei uns die Zeit abgelaufen war. Nicht nur einer erlebte eine in Dresden selten gezeigte Wertschätzung. Darko Horvat wurde immer wieder bekniet, für ein weiteres Jahr zu verlängern, bis er dann im hohen Fußballalter von 40 Jahren doch seinen Vertrag auslaufen lassen durfte. Thomas Neubert wurde erneut zum Fußballgott erkoren und Maik Wagefeld war der Kapitän der halleschen Aufstiegsmannschaft von 2012.

Mehr als eine komplette Mannschaft, die zum Anpfiff auf dem Feld steht, hat in der Amtszeit von Sven Köhler das rot-weiße nach dem schwarz-gelben Trikot getragen. Es ist keine Liebe wie zu meinem Herzensverein, es ist auch keine heimliche Vergötterung, aber es ist immer wieder ein Blick zurück auf verdienstvolle Spieler und hoffnungsvolle Talente, die ich aus Dresdner Zeiten nicht vergessen habe.

KAPITEL 7

EMOTIONEN

DYNAMO, DIE UNBEKANNTE SEITE: POSITIV »BEKLOPPTE« FANS UND MITARBEITER

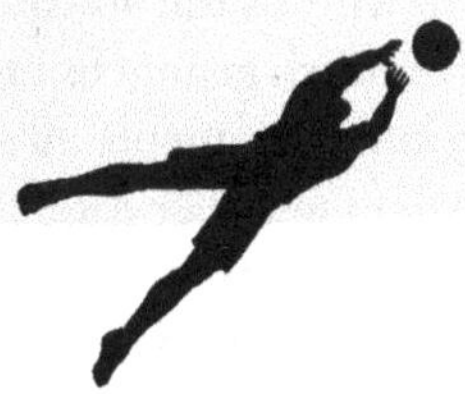

67. GRUND

Weil wir für die Mannschaft ein Spalier bildeten und es bestimmt auch wieder tun würden

Es ist Mittagszeit an einem ereignisreichen letzten Spieltag. Noch waren wir blind für die tragische Saisongeschichte, welche an diesem Tage ihr dramatisches Ende finden würde. Wir waren bereits auf Relegationsmodus eingestellt. Es wäre die dritte in vier Jahren geworden. Routine, wie man bei uns inzwischen sagte. Es ist eine typische Eigenschaft der dynamischen Fanschar, mit einer schwarzgelben Sonnenbrille bewaffnet durch das Fan-bestimmte Leben zu stapfen und nicht so richtig wahrhaben zu wollen, dass die getürmten Wolken vor uns am Horizont keinesfalls verschwunden sind, wenn wir uns um 90 Grad zur Seite drehen.

Dennoch gelingt es uns auch in schwierigen Zeiten immer wieder, kurze Momente zu erzeugen, welche die Zusammengehörigkeit der Fans aller Altersgruppen schürt. Ein solcher Moment, die eigene Vereinsliebe zu zeigen, war sicherlich die geplante Eskorte für die Mannschaft zum Stadion. Dass diese fünf Stunden vor ihrer finalen Hinrichtung geschah, war noch Zukunftsmusik. Doch um die späteren Schrecken soll es bei der Aktion davor nicht gehen.

Das Stadion war ausverkauft, wie regelmäßig in einer Saison, welche von Anfang an gegen uns lief. Erst wurde ein Trainer unter unausgesprochener Mithilfe der Mannschaft geschasst. Nach erfolgreichen Relegationsspielen wurde er durch eine vermutlich nicht ganz zufällige Indiskretion für vogelfrei erklärt. Es war ein Spieljahr, das als das Jahr der Unentschieden in die Annalen eingehen wird. Ein Jahr, in dem ein wiedervereinigtes Traumsturmduo immer wieder bewies, dass aufgewärmte alte Zeiten nicht zwangsläufig zu neuen Höhepunkten führen. Es war ein Spieljahr, das zielsicher auf einen finalen Crash zusteuerte, doch wollten wir es noch nicht wahrhaben. Wir wollten an den Verein, an uns und auch die Mannschaft glauben. Unsere Brille saß gut.

Als letztes sportgemeinschaftliches Zeichen war ein Spalier der Fans geplant worden, durch welches der Mannschaftsbus mit allen Spielern zum Stadion fahren sollte. Die gewöhnliche Route des Busses wurde für die Aktion geändert und die Fans wurden aufgerufen, sich am Straßenrand aufzustellen. Und wir folgten dem Aufruf zahlreich. In den Medien wurde im Anschluss von einer Menschenmenge um die 10.000 Personen geschrieben. Auch wenn das vielleicht etwas zu hoch gegriffen war, war es eine nicht zu übersehende Menge, über die sich die letzten vier Mannschaften der Zuschauergunst der Zweiten Bundesliga garantiert freuen würden, sollten sie die regelmäßig im Stadion begrüßen dürfen.

Auch ich reihte mich wie selbstverständlich mit ein, obwohl ich kein Ticket für das eigentliche Spiel besaß. Es war für mich eine Möglichkeit, wenigstens einen kleinen Teil zum Gesamtziel beitragen zu können. Gegen 13 Uhr, wie es über die offizielle Vereinsseite zuvor angekündigt wurde, begab ich mich mit Sebastian, Falk und einigen mir unbekannten Dynamo-Anhängern vor die Torwirtschaft. Es war alles vorbereitet für die letzten zu fahrenden Meter des Busses. Beidseitig standen wir mehrreihig und warteten auf die Durchfahrt der Spieler.

Fahnen wehten, Gesänge wurden angestimmt und Schlachtrufe aus den bereits heiseren Kehlen geschleudert. Und so, wie manche Musikband wartet, bis sich die Stimmung so richtig hochschaukelt, ehe sich der Vorhang hebt, warteten auch wir auf den Beginn der Vorstellung. Dynamo gab genügend Gesprächsstoff ab, während die Wartezeit verrann.

Nach einer Dreiviertelstunde wurde die Masse unruhiger. Der Bus war endlich gesichtet worden. Von Ackis Sportbar aus näherte er sich dem Stadion. In Begleitung der Polizei schlängelte er sich zwischen den johlenden Fans hindurch. »Dynamo, Dynamo, Dynamo« Rufe erschallten. Außer dem Busfahrer habe ich niemanden durch die abgedunkelten Scheiben erkannt. Ein paar nicht zuzuordnende Köpfe, das war es. Nach einer Stunde Stehen machte ich mich auf den Weg, um das Spiel schauen zu können. Manche werden denken, da steht der eine Stunde, um nichts zu sehen. Ich sage, ich habe eine Stunde deutlich gespürt, mit Tausenden anderen Teil des Vereins zu sein.

68. GRUND

Weil Dynamo musikalische Kreativität fördert

Dynamo kann ein gewaltiges Liedgut sein Eigen nennen. Zu Zeiten, als es im Stadion noch keinen eingespielten *12. Mann* oder ähnliche bekannte Dauerbrenner zu hören gab, entstanden dennoch immer mal wieder einzelne Lieder über den Verein. Die »Vier Brummers« kann man mit *Dynamo, Dynamo wird niemals untergeh'n* in manchem Rückblick über den Verein hören. »Winni 2« erschufen in den 70er-Jahren mit *Dynamo* den Vorläufer einer Stadionhymne, ohne im Stadion gespielt worden zu sein. Sie waren die Anfänge der heutigen breit gefächerten Gesangskultur über den Verein.

Sebastian erzählte mir einmal, vor Jahren auf einer Busfahrt zu einem Auswärtsspiel dabei gewesen zu sein, wo nacheinander alle dynamischen Lieder, die es irgendwann einmal im Stadion zu hören gab, angestimmt wurden. Irgendwie gelang es immer wieder, ein weiteres anzustimmen. Man kam auf dem Weg zum Spiel auf eine beachtliche Menge von mehr als 50 Liedern.

Nach der Jahrtausendwende kultivierte der Dresdner Dynamo-Fan Mr. Renz das *Lied zum Spiel*. Zwischen 2004 und 2011 begleitete er über sieben Jahre musikalisch den Verein, stieg mit ihm auf und ab und wieder auf. Er ist der Überzeugung, dass über keinen anderen Verein der Welt mehr Lieder geschrieben wurden. Das ist durchaus möglich, da er allein es in diesen sieben Jahren auf die unglaubliche Menge von 130 eigenen Liedern gebracht hat. Seine verarbeiteten Gefühle, Erwartungen und teilweise auch »frustrane« Momente mit seinem Herzensverein können schon als ein bleibendes zeitgeschichtliches Zeugnis bezeichnet werden.

Seine Lieder wurden von Tausenden Fans gehört, welche seine persönliche musikalische Einstimmung auf das kommende Spiel downloadeten. Höchstwahrscheinlich wurden seine Songs auch von den meisten Vereinsmitarbeitern gehört. In der Saison 2005/06 schrieb Mr. Renz vor dem Spiel gegen Alemannia Aachen ein Lied namens »Dresden ist anders«. Es könnte natürlich purer Zufall sein, dass unser damaliger Geschäftsführer Volkmar Köster fünf Wochen später die angekündigte und dann doch zurückgezogene Entlassung von Trainer Christoph Franke mit den heute noch gültigen selben Worten begründete. Ganz sicher hatte Matthias Mauksch Mr. Renz gehört. Auf eine Reporterfrage nach der »taktischen« Analyse eines Spieles begann er mit den Worten »Wie der Stefan (Mr. Renz) schon sagte ...«.[67]

69. GRUND

Weil »Dresden ist anders« eine zeitlos stimmige Aussage ist

Im letzten Grund kam gerade die Aussage auf, dass Dresden anders sei. Diese wurde später sogar auf einer der vielen Zaunfahnen im Dresdner Stadion festgehalten. Die Erklärung folgt in diesem Grund.

Es gab diesen einen Moment, als mir ein kleiner Nebensatz unseres Hauptgeschäftsführers den Verein wieder etwas näherbrachte. Volkmar Köster hatte auf einer Pressekonferenz wahrscheinlich auch nicht vermutet, dass seine drei kleinen Worte: »Dresden ist anders!«[68] auch fast neun Jahre später noch verwendet werden. Wird bei Dynamo ein ursprünglicher Plan Hals über Kopf geändert oder eine Erklärung für ein nicht nachvollziehbares Handeln benötigt, dann ist Dresden wieder einmal anders als die anderen.

In Erklärungsnot hatte sich unser Hauptgeschäftsführer selbst manövriert. Nach einem guten Saisonstart mit drei Siegen aus den ersten vier Spielen wurden wir nach unserem historischen Triumph bei den Sechzigern von deren Trainer flugs auf einen der Favoritenplätze für einen möglichen Aufstieg gesetzt. Worte, die beim Anhang natürlich gern gehört wurden.

Doch nach diesem Sieg setzte eine lang anhaltende Blockade ein. Im folgenden Saisonspiel wurde eine Führung des Aufsteigers aus Braunschweig noch kurz vor dem Abpfiff egalisiert, dennoch war dieses Spiel der Beginn einer traurigen Serie. In den folgenden sieben Punktspielen konnten noch kümmerliche zwei Punkte auf unser Punktekonto gutgeschrieben werden. Der salopp geäußerte Aufstiegstipp des Rainer Maurer wich der gefürchteten Realität und die sah trostlos aus. Nach einer deutlichen 1:4-Heimklatsche gegen Erzgebirge Aue fanden wir uns schließlich auf einem Abstiegsplatz wieder.

In dieser Situation sah die Vereinsführung den Zeitpunkt, die Zügel anzuziehen. Christoph Franke, der Trainer, der Dynamo reanimiert hatte, bekam ein Ultimatum gestellt. Aus den folgenden beiden Partien in Karlsruhe und gegen Unterhaching mussten weitere drei Punkte aufs dynamische Guthabenkonto gelangen.

Christoph Franke besetzte gegen die Badener eine Spielposition, die sich nach der Einführung der Rückpassregel nahezu aufgelöst hatte. Statt Viererkette spielten wir plötzlich mit Ansgar Brinkmann als klassischem Libero. Der Überraschungseffekt saß, und bereits nach drei Minuten erzielten wir ein Tor. Doch meist hat es einen Grund, wenn sich nach und nach Spielsysteme verändern. Am Ende kehrte die Mannschaft ohne Punkte nach Dresden zurück. Nun fehlte ein Sieg gegen Unterhaching, damit sich das köstersche Ultimatum lösen und dem Trainer die Arbeitsstelle sichern würde. Dessen vermeintlich letzte Partie hatte es in sich.

Wenige Minuten, nachdem das Spiel angepfiffen wurde, liefen wir wieder den Ereignissen hinterher. Ein von Dynamo erzwungenes Eigentor brachte die Spannung zurück und nach nicht einmal einer halben Stunde hatte ein Treffer von Joshua Kennedy das Spiel gedreht. Doch dem Ausgleich kurz vor der Pause folgte ein weiterer Treffer der Randmünchener in Halbzeit zwei. Dynamo konnte keine Antwort mehr geben, verlor das Spiel und hatte den Abstand auf die Nichtabstiegsplätze während des Ultimatums von einem auf drei Zähler anwachsen lassen.

Die Folgen schienen klar. Christoph Franke machte sich ein letztes Mal auf in die Fankurve, um sich zu verabschieden, und wurde dort fast eine Stunde gefeiert, während der, der es ausgesprochen hatte, verbal verdammt wurde. Volkmar Köster hatte die Reaktion der Fans so nicht erwartet und so ruderte er noch am Abend leise und nach dem Wochenende auf besagter Pressekonferenz deutlicher zurück.

Dresden war also anders und so durfte Christoph Franke vorerst weiter an der Seitenlinie die Mannschaft betreuen. Nachdem das Spiel in Saarbrücken der winterlichen Witterung wegen verschoben wurde, erreichte die Mannschaft in den kommenden beiden Spielen jeweils ein Unentschieden. Das folgende Nachholspiel im Saarland war dann wirklich der finale Abgesang. Nach einem 1:5 gab es kein Ultimatum mehr, sondern mit Peter Pacult einen neuen Trainer. Ob die Entscheidung, nach dem verstrichenen Ultimatum an Christoph Franke festzuhalten, die falsche war, ist hypothetisch. Sie zeigte aber eine menschliche Seite im Profifußball, die nicht alltäglich ist.

70. GRUND

Weil uns Dynamo elektrisiert

Bei Dynamo Dresden gibt es nicht eine Nullachtfünfzehn-Saison. Das Ende des Spieljahres entschädigt zumeist für eine mäßige Hinrunde oder zeigt durch gute Serien Möglichkeiten auf, die im Winter unerreichbar schienen. Der sowieso herrschende Optimismus vor Saisonbeginn steigt jedes Mal auf Neue in ungeahnte Höhen und muss anfangs mit schlechten Leistungen erst einmal wieder geerdet werden.

Es gibt Jahre, da kämpfen wir mit dem letzten Aufgebot einsatzfähiger Spieler, um einen unerwarteten Aufstiegsrang zu halten. Mit einem von Anfang an kleinen Kader und drei langzeitverletzten Spielern waren im Frühjahr 2004 die sportlichen Alternativen so überschaubar geworden, dass sogar angedacht wurde, den damals 38-jährigen Fußballrentner Ulf Kirsten noch einmal seine Runden durchs Dynamo-Stadion drehen zu lassen. Das klappte leider nicht, da der DFB aufgrund der geltenden Rechtslage ablehnte. Der Aufstieg gelang am Ende trotzdem.

Da die Rückrunde in Dresden traditionell punktemäßig ertragreicher verläuft (die Saison 2013/14 bestätigt als Ausnahme die Regel!), kommt es auch vor, dass wir im letzten Moment auf einen bereits enteilten Aufstiegszug aufspringen wie 2011.

Gibt es keine Möglichkeiten, vorn anzugreifen, dann kämpfen wir garantiert intensiv ums sportliche Überleben. In der Saison 2007/08, als am Ende des Spieljahres zwei Regionalligen zur neuen Dritten Liga verschmolzen wurden, reichte Platz zehn zur Qualifikation. Durchschnittlich haben wir in dieser Saison den neunten Platz eingenommen. In dieser Dritten Liga taten wir uns anfangs überaus schwer. Wir überwinterten auf Augenhöhe zu den Abstiegsrängen, ehe wir uns im folgenden Frühjahr ein wenig stabilisieren konnten.

Das anschließende Spieljahr war eine Schablone der ersten Drittligasaison. Manchmal wird man in Dresden das Gefühl nicht los, dass unser durchaus dynamisches Pferd trotz allem oft nur so hoch springt, wie es erwartet wird. Dies führt immer wieder zu Unruhezuständen und Ängsten, die historisch begründet sind. Im Jahr 2000 hatten wir zur letzten Reform der Regionalligen bereits einmal wertvolle Erfahrungen sammeln dürfen, wie man es sportlich vermurkst. Wir fielen durchs Qualifikationssieb und waren danach zwei Jahre viertklassig.

Diese Anspannung überträgt sich auf die Stadt. Es gibt immer wieder Momente, wo man die Spannung, die unser Dynamo erzeugt, spüren kann. Sie elektrisiert sich zumeist im Vorfeld auf große Spiele. Waren es in den 70er- und 80er-Jahren Europapokalspiele und Meisterschaftsentscheidungen, so ist die Definition »großer Spiele« heutzutage größer zu fassen. Es klingt eher nach »Sein oder Nichtsein«, fasziniert aber außer ganz Dresden auch noch ein großes Umland sowie gleichermaßen die zahlreichen Fans im Exil.

Es zeigen sich im Mai, wenn die letzten finalen Entscheidungen anstehen, plötzlich Menschen am schwarz-gelben Leben und Leiden interessiert, die den Rest der Saison nicht einmal ein Ergebnis wissen wollen. Im Herbst abschätzig getroffene Aussagen wandeln sich im Frühjahr scheinbar zu echtem Interesse. Fans, denen Häme oder Unverständnis entgegengebracht werden, wenn sich die Blätter färben, können sechs Monate später, wenn wieder alles erblüht, aus ihrem Kokon schlüpfen. Sie werden dann als Experten zu ihrer Meinung über den Verein befragt. Dynamo Dresden verbindet, ist Religion.

Stehen dann die besonderen Spiele an, so grüßen sich auf der Straße wildfremde Menschen, die einzig ein kleines schwarz-gelbes Erkennungsmerkmal tragen. Trine, die Cousine meiner Frau, wird in der Stadt immer mal wieder ein »Dynamo« entgegengeschleudert, nur weil sie in Kindheitstagen die Tigerente mochte und ihrem schwarzen Fahrrad vor vielen Jahren mehrere gelbe Streifen verpasst hat. Bushaltestellen, Wartezimmer, Kassenschlangen, Dynamo ist überall und manchmal ist auch jeder Dynamo.

71. GRUND

Weil wir auswärts die Blöcke der Einheimischen unterwandern

Es gibt Momente, da muss man sich zwischen Verein und Freunden entscheiden. So im November 2012, als Susi, Michael und ich gemeinsam ein dynamisches Spiel in Cottbus anschauen wollten. Eigentlich kein Ding, wären nicht die beiden neben mir Anhänger der falschen Mannschaft gewesen. So wie das Spiel im Vorfeld angekündigt wurde, war das, was wir vorhatten, nahezu unmöglich. Dutzende Einsatzfahrzeuge der Polizei, Krankenwagen, kreisende Hubschrauber, Absperrgitter und gesperrte Hauptverkehrsadern empfingen uns beim Anmarsch auf das Stadion der Freundschaft. Wir hatten nicht das Gefühl, zu einem Zweitligaspiel unterwegs zu sein, sondern fühlten uns um fünf Jahre zurückversetzt auf dem G8-Gipfel in Heiligendamm. Garantiert waren auch die Gullideckel zugeschweißt worden.

Ein Sicherheitsloch fand sich dennoch beim Ticketerwerb. Ich hatte im Vorfeld von Dresden aus drei gültige Tickets für einen Block der Heimmannschaft erworben. Wer möchte schon mit seinen Freunden zu einem Spiel gehen, sich dort in verschiedene Blöcke aufteilen, um dann nach Abpfiff zu diskutieren, ob die Gelb-Rote Karte für einen überdynamischen Spieler drei Minuten nach seiner Einwechslung gerechtfertigt, zu hart oder einfach nur dämlich war?

Da Susi und Michael auch keine 111 von mir aufgeführten Gründe genügten, Dynamo Dresden ebenso zu lieben, fand ich mich daher inkognito im Block der Cottbuser Fans wieder. Wehmütig schaute ich schräg hinüber auf die schwarz-gelbe Meute im Block. Freundschaften verlangen hin und wieder große Opfer. Eine Frage drängte sich mir im Vorfeld auf: Wie würde ich reagieren, sollten wir ein Tor erzielen? Wäre der pawlowsche Reflex dominant, die

Arme in die Luft zu schleudern, oder der durch den Kopf gesteuerte Überlebenswille?

Das Spiel war genau sieben Minuten alt, als Cottbus das erste Mal traf. Links neben mir sprangen Susi und Michael auf. Meine Tarnung flog auf, da ich zwischen lauter stehenden und feiernden Anhängern sitzen blieb. Nun konnten eins plus eins zusammengezählt werden, und kurze Zeit später fragte mich meine rechte Sitznachbarin auch gleich, ob ich nicht im falschen Block sitzen würde. Es war also nicht nur entscheidend, wie ich mit Dresdner Erfolgen umging, sondern auch, wie ich auf negative Spielereignisse reagierte.

Ich nickte wortlos. Etwas Sinnvolleres fiel mir in diesem Moment nicht ein. Sie nahm mein Eingeständnis kommentarlos zur Kenntnis. Ich wurde im Block der Heimfans weiterhin geduldet. Währenddessen fiel ein Cottbuser im Dresdner Strafraum zu Boden, während reflexartig die Arme der schwarz-gelben Spieler in die Höhe schnellten. Ein Pfiff ertönte trotzdem. Alles sprang auf und freute sich über den Elfmeter für Cottbus. Meine Nachbarin blieb ebenso wie ich sitzen. Hatte sie den Pfiff nicht gehört? Plötzlich sprang bei mir der Dynamo an: »Du sitzt aber auch falsch!« Ihre Situation war der meinen ähnlich. Der Freund war ein glühender Verehrer der Heimmannschaft. Notgedrungen hatte sie in den ihr angebotenen Apfel gebissen, um das Spiel irgendwie verfolgen zu können. Troja befand sich in der Niederlausitz und das Pferd der Dresdner stand unerkannt mitten im Block des »Feindes«!

Später schaute ich mich ein wenig genauer um und entdeckte in unserem Block noch einen dritten falschen Fan. Er trug sogar ein sichtbares Dynamo-Trikot und das, obwohl das Tragen der falschen Farben mit dem Nichteinlass geahndet werden sollte. Wir waren nicht allein. Das Spiel plätscherte dahin. Cottbus spielte dezent überlegen. Wir blieben harmlos.

Plötzlich gab es Aufregung im Gästeblock. Ein Strafstoß für Dynamo wurde gefordert. Der Block wiegelte entschlossen ab.

»Das war nie und nimmer Hand!«, rief ein Fan von Energie eine Reihe vor mir in Richtung des Schiedsrichters.

»Ich wäre dafür, dass es einer sein könnte!«, gab ich zurück, ohne zuvor einen Gedanken an mögliche Folgen verschwendet zu haben. Der Cottbuser Fan drehte sich um, musterte mich und grinste: »Alles klar!« Cottbus schaukelte das 2:0 souverän dem sicheren Punktehafen entgegen, während wir die aktuelle Situation beider Mannschaften besprachen und unsere Wünsche mit der aktuellen Realität abglichen. Er fand meinen Verein bereits sympathisch. Dann war irgendwann Schluss. Der Pfiff des Schiedsrichters ertönte ein letztes Mal und ich erhob mich mit dem guten Gefühl, dass der Dynamo-Anhang überall vertreten ist.

72. GRUND

Weil wir Revoluzzer sind

Nach den Verfehlungen beim Pokalspiel gegen Borussia Dortmund kamen wir mit zwei blauen Augen in Form eines Geisterspieles daheim und eines Auftrittes ohne Anhang auswärts davon. Zusätzlich gab es noch eine Geldstrafe von 100.000 Euro zu berappen. Der Auftritt vor und im Stadion von Hannover ein Jahr später war dann der tatsächliche Nagel im Sargdeckel für die Pokalsaison 2013/14. Es wurde quasi nachträglich endvollstreckt, was ein Jahr zuvor vom Verein noch gerade so umgebogen werden konnte. Das Urteil hat viele Emotionen in ganz Deutschland hervorgerufen.

Ich bin Anhänger der SG Dynamo Dresden und verteidige meine Sportgemeinschaft, wo es mir möglich ist. Ich weiß jedoch, dass ihr dargestelltes Bild nicht positiv ist und das nur zu einem geringen Teil an der verkaufsträchtigen Schlagzeile am Morgen danach liegt. Vom Spiel in Dortmund habe ich fassungslos Ausschnitte von Arbeit aus gesehen. Das Ergebnis war relativ schnell abgehakt, das Drumherum nicht. Das Ausmaß an den beschlossenen Folgen fand ich persönlich ungerecht. Vor allem da die Konsequenzen auch mich, der zu dieser Zeit auf Arbeit war, betrafen.

Ziemlich genau ein Jahr später spielten wir in derselben Pokalrunde in Hannover. Zu dieser Zeit waren wir in Italien. Am späteren Abend schaute ich nach dem Ergebnis, und der eigentliche Stolz, als kleiner Zweitligist auswärts gegen einen Europapokalteilnehmer bis ins Elfmeterschießen gelangt zu sein, wurde wieder völlig von den Ereignissen neben dem Spielfeld verdrängt. Man lernt als Fan, sich nur selten ohne Hintergedanken an der sportlichen Leistung der Mannschaft erfreuen zu können.

Diesmal waren die Folgen von vornherein klar. Zweimal den Kopf aus der Schlinge zu ziehen würde uns nicht gelingen. Das erwartete Urteil nahm ich daher relativ regungslos hin. Richtig fand ich es nicht. Dass unserem Verein jedoch zugestanden wurde, alles Mögliche, was in seiner Macht stand, unternommen zu haben, verblüffte mich und stachelte auch meinen Widerstand an. Dynamo konnte kein Versäumnis in puncto getroffener Sicherheitsmaßnahmen nachgewiesen werden. Wofür um alles in der Welt wurden wir dann bestraft?[69] Dass einzelne Stadionbesucher, welche dem Verein zugeordnet wurden, sich nicht benehmen können? Schon befinden wir uns in der »verschuldensunabhängigen Haftung«. Fans, Vereinsangestellte und Spieler müssen ausbaden, was Einzelne angerichtet haben.

Der Hebel, auf dessen deutlich längerer Seite sich DFB und Sportgerichtsbarkeit befanden, schien gegenüber unserem kleinen Vereinsstummel übermächtig. Dennoch begann der Verein, mit seinem Einspruch die Hebelgesetze auszuprobieren. Es kam, wie es erwartet wurde. Dynamos Weg durch die sportrechtlichen Instanzen scheiterte. Auch über einen Antrag auf eine einstweilige Verfügung, um in die Auslosung des DFB-Pokals wieder aufgenommen zu werden, wurde vom Oberlandesgericht in Frankfurt am Main abschlägig entschieden. Dabei war das Urteil noch gar nicht final gesprochen. Es blieb uns noch der Gang vor ein ziviles Gericht, um die Fragestellung zu klären, ob ein Verein, dem bestätigt wurde, keine Fehler begangen zu haben, trotz allem für die Verfehlungen einzelner bestraft werden darf.

Allein die Möglichkeit, dass wir vor ein ziviles Gericht ziehen könnten, ließ die ergrauten Würdenträger beim DFB endlich hellhörig werden. Könnte es sein, dass das umstellte kleine gallische Dorf Dresden wirklich stur bleiben würde und damit die bestehende Sportgerichtsbarkeit in einem Umfang wie Jean-Marc Bosman verändern könnte? Dresdner können stur sein und geben nicht so schnell auf. Allein dadurch wurde letztendlich doch noch eine Diskussion angestoßen. Dies ist ein Grund, Dynamo zu lieben. Wie es ausging, ist ein anderer.

73. GRUND

Weil wir letztendlich doch keine Revoluzzer waren

Am 16. November 2013 sollte es bei uns eine richtungweisende Mitgliederversammlung geben. Der Pokalausschluss war inzwischen vor einem Jahr ausgesprochen worden. Wie sollte weiter damit umgegangen werden? Im Vorfeld an das richtungweisende Treffen fand eine Informationsveranstaltung für alle Mitglieder statt. Dieser Abend zeigte einmal mehr die Zerrissenheit des Anhangs, die den Verein immer wieder lähmt und zu spalten droht.

Es gab die Gruppe, die den anfangs von allen anvisierten Klageweg bis zum Ende durchkämpfen wollte. Das Urteil um Jean-Marc Bosman wurde immer häufiger aufgegriffen. Es war das Synonym dafür, zu kämpfen, um eine gefühlte Ungerechtigkeit ein für alle Mal zu klären.

Das gesprochene Recht hatte dem ehemaligen belgischen Fußballprofi jedoch wenig genutzt, war das Argument derer, die den gemäßigten Weg der gemeinsamen Kommunikation präferierten. Parallel hatte der DFB Dynamo ein erstaunliches Angebot unterbreitet. Wenn der Verein auf weitere Rechtswege verzichten würde und das Urteil in seiner Finalität akzeptierte, würden 13 offene Verfahren mit einer Zahlung von 30.000 Euro eingestellt werden.

Man war sich also auch beim Deutschen Fußballbund keineswegs sicher, was nach einem langen Prozessweg letztendlich das Ergebnis sein würde. Und aus Frankfurt fügte man noch eine weitere Gefälligkeit hinzu. Das angeschwollene Dresdner Vorstrafenregister, welches Dynamo die Luft zum Atmen nahm, würde genullt werden. Zurück auf Anfang war die Losung des DFB, wenn der Verein einlenken würde. Und das war die Krux. Das Ganze klang nicht nur durch die Blume nach einer Erpressung.

Der Abend war lang und am Ende gab es keinen übergreifenden Konsens. Beide Varianten hatten ihr Für und Wider. Der Ausgang war keineswegs absehbar. Dann kam der Tag der Abstimmung. Sogar Ministerpräsident Stanislaw Tillich schickte ein Grußwort, in dem er den Vereinsmitgliedern »… interessante Gespräche, konstruktive Diskussionen und die richtigen Entscheidungen für die Zukunft des Vereins« wünschte.[70] Die vereinsinterne Zerreißprobe wurde sicherlich auch in Frankfurt auf der Otto-Fleck-Schneise 6 mit Interesse verfolgt.

Die Diskussion war geprägt von beiden Pendelenden. Am Ende wurde ein Kompromiss gesucht und auch gefunden. Neben dem Klageverzicht und der damit verbundenen Angebotsannahme des DFB wurde dieser noch beauftragt, sich beratend bei der Lösung der undurchsichtigen Stadionverträge einzuschalten.

Ein Umdenken beim DFB war auch in der Hinsicht zu bemerken, als dass Vizepräsident Rainer Milkoreit betonte, in Zukunft »… weg von Kollektivstrafen …« gehen zu wollen. »Denn für den Verein ist dieses Urteil auch ökonomisch starker Tobak.«[71] Ein wenig überhöht, könnte man schlussfolgern, dass die SG Dynamo Dresden mit der Beibehaltung ihrer Position in Konsequenz den

DFB ein wenig vorgeführt hat. Zum Schluss haben wir dennoch eingelenkt.

Der Klageweg wäre lang geworden, und ob es den Verein SG Dynamo Dresden in seiner Form danach noch gegeben hätte, ist sehr fraglich. Also gibt es keine Revolution, die von Dresden ausgeht. Es sind selten Probleme gelöst worden, wenn beide Seiten immer weiter hochgerüstet haben. Also wurden von beiden Seiten die Waffen gesenkt. Der Pfad der erhofften Kommunikation wirkt aber ein halbes Jahr später nahezu verwaist.

Ob es in diesem Falle wirklich der richtige Weg war, wird eventuell die Zeit zeigen, vielleicht nicht einmal das. Wir haben manchmal den Sturkopf eines kleinen umstellten gallischen Dorfes, im Gegensatz zu Asterix und seinen Freunden aber keinen Zaubertrank, um uns zu verteidigen.

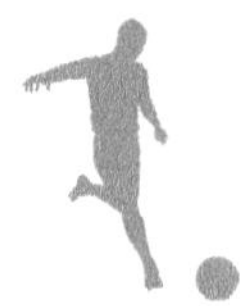

74. GRUND

Weil Dynamo und der DFB sich eigentlich doch mögen

Wie zuletzt beschrieben, ist das Verhältnis zwischen dem Deutschen Fußball-Bund und Dynamo, euphemistisch ausgedrückt, seit Jahren unterkühlt. Die Ursachen sind auch außerhalb des Pokalausschlusses vielfältig und würden ein Buch namens *111 dynamische Gründe, den DFB (nicht) zu lieben* füllen. Einige werden in diesem folgenden Grundbenannt.

Wir sind keinesfalls Engel, aber auch nicht der teuflische Gegenspieler des Deutschen Fußball-Bundes. Hin und wieder trifft der DFB merkwürdige Entscheidungen, die für Unmut unter vielen Fans sorgen, mit unserem Verein jedoch nichts zu tun haben.

Im kleinen Rahmen geführte Gespräche über eine mögliche zukünftige Legalisierung pyrotechnischer Erzeugnisse in den Stadien schienen kurzzeitig eine Annäherung zwischen Verband und organisierten Fans zu ermöglichen. Als alles erwartungsfroh in die Zukunft blickte, wurden die begonnenen Gespräche einseitig abgebrochen und gleichzeitig ein für alle Mal beendet. Die Fanseele in ganz Deutschland fühlte sich brüskiert.

Darauf folgte ein deutschlandweit abgesprochener Aufstand der Fans. In den Fußballstadien verschiedenster Ligen wurden kleine und große Plakate mit den immer gleichen Aussagen aufgehängt. »F**k Dich, DFB!«, »Fußballmafia DFB«, »Hurensöhne DFB« und so weiter und so weiter. Die Fußballfankultur ist manchmal wie die Musik in den Stadien. Man einigt sich auf den wirklich kleinsten gemeinsamen Nenner, damit es am Ende auch alle verstehen.

Aus Plakaten wurden Sprechchöre, welche von Tor zu Tor hallten. Dresden befand sich natürlich immer feste mittendrin. Das »Feindbild« entfernte sich auf längere Zeit wahrnehmbar vom Spielgegner hin zum Verband mit den drei großen Buchstaben. In den Farben getrennt, in der Sache vereint. Noch nie stand ein nicht zu unterschätzender Teil der Anhänger verschiedenster Vereine so eng zusammen.

Der DFB reagierte verschnupft und begann zu ermitteln. Neben den Ausschreitungen der bekannten Art ging man nun von Frankfurt aus zusätzlich noch auf Plakatjagd, um Vereine zu bestrafen, deren Anhänger den größten Verband der Welt öffentlich diffamierten.

Als das Unverständnis für die Provokation und die ebenso kleinkarierten Geldstrafen wuchs, zeigte der Anhang Dynamos am 15. September 2012 beim Gastspiel in Sandhausen ein neues und ganz anderes Plakat, das wie weißer Reis die sich aufsummierte Schärfe ein wenig abmilderte.

Es richtete sich, wie in den Wochen zuvor, direkt an den DFB. Statt der erwarteten Pubertätsrhetorik machte der Anhang Dynamos dem DFB »schöne Augen«. Es waren mehrere rote Herzen und ein Kussmund abgebildet. In der Mitte befand sich der Spruch »*Mag dich DFB*«.[72] Diese Bemerkung war vielleicht nicht ganz ernst gemeint, für Dynamo war sie zum Glück kostenfrei. Kritik kann man liebenswerterweise auch verschlüsseln und sie trotzdem anbringen.

75. GRUND

Weil Dynamo wiederholt ein dankbares Versuchsobjekt für alle möglichen Erstversuche ist

Wir in Dresden fühlen uns chronisch benachteiligt. Dies ist tief in uns eingebrannt und manchmal für Außenstehende schwer nachzuvollziehen. Bereits wenige Monate nach Vereinsgründung wurde unsere ganze Mannschaft im November 1954 nach Berlin delegiert und der Verein von jetzt auf gleich aus der Oberliga in die zweitklassige Liga eingegliedert. Als ob das nicht reichen würde, bekamen wir, als die sportlich aufgerissenen Wunden so langsam zu verblassen schienen, genau zwei Jahre später verbandspolitisch noch einmal das Standbein weggegrätscht. Die Mannschaft, welche sich gerade gefunden hatte und zusammenwuchs, bekam zehn Tage nach dem Saisonende neun Punkte abgezogen. Grund war die Verpflichtung von Joachim Vogel, der zuvor für wenige Stunden dem SC Dynamo Berlin angehörte und damit für acht Wochen statt zehn Tagen gesperrt war.[73]

Jahre später kehrten wir zurück. Dynamo etablierte sich, behielt aber die Willkür manch getroffener Entscheidung in Erinnerung. Dann hofften wir, mit dem politischen Ende einen dicken Strich unter diese ganzen Eigenartigkeiten zu ziehen. Spannend waren die folgenden Jahre. Dynamo wurde ins System Bundesliga geworfen. Unter dem Motto »Behaupte dich oder gehe unter« behaupteten wir uns anfangs, um dann doch mit einem gewaltigem Rums unterzugehen.

Mit der ungewöhnlichen Geschichte unseres Vereins entwickelte sich ein besonderes Verhältnis zum DFB. Wiederholt kam in den Fangruppen die Frage auf, inwieweit wir die interne Versuchsplattform des DFB darstellen könnten. Mehrere tief greifende und weitreichende Entscheidungen wurden an unserem Verein erstvollstreckt und die sich ergebenden Folgen dann aus sicherer Entfernung beobachtet.

Da war der geplante Lizenzentzug von 1993, welcher nachträglich in einen Abzug von vier Punkten umgewandelt wurde. Wir waren die erste Mannschaft in der Geschichte der Bundesliga, welche im Vorfeld mit Bleischuhen beschwert wurde und sich dann in der Saison freischwimmen musste. Wenigstens wussten wir vorher, dass die Punkte fehlen würden und nicht nachträglich wie im Jahr 1956. Nachdem das Experiment unerwarteterweise erfolgreich beendet wurde, folgten später Eintracht Frankfurt und der 1. FC Kaiserslautern mit einem Minus von zwei beziehungsweise drei Punkten. Zu unserer Zeit gab es noch zwei Punkte für einen Sieg, zu Zeiten der Hessen und Rheinland-Pfälzer jedoch bereits drei.

Zwei Jahre später waren wir dann der erste Bundesligist, der endgültig keine Lizenz für die Erste und Zweite Bundesliga erhielt. Unsere Mannschaft wurde diesmal nicht nach Berlin versetzt, sondern verstreute sich in alle Winde. Als Absteiger übersprangen wir das Unterhaus und landeten unsanft in der Regionalliga. Rechnet man unsere Schulden auf das heutige Zahlungsmittel um, so betrug unser damaliger Schuldenberg neun Millionen Euro. Mit unserer damaligen Führungskompetenz wäre er wohl auch niemals gesunken und war ganz sicher kein Pappenstiel, bei den heutzutage herrschenden zehnfachen Miesen einiger Vereine klingen unsere damaligen Verbindlichkeiten jedoch beinahe banal. Was sich in den Köpfen der Fans festsetzte, war, dass wir einfach nicht erwünscht waren.

Zuletzt folgte das DFB-Pokaldrama. Ähnlich wie damals mit der Lizenz, wurde sie in zwei Akten uraufgeführt. Das erste Urteil wurde noch einmal aufgehoben, um mit einer kurzen Verzögerung doch vollstreckt zu werden. Wieder einmal waren wir die erste Mannschaft, welche ausgeschlossen wurde.

Sicherlich können die erstmalige Vollstreckung eines Punktabzuges, eines Lizenzverlustes und eines Pokalausschlusses begründet werden. Man kann es aber mit den geschichtlichen Erfahrungen auch anders deuten. Nach und nach hat sich in der Fanszene ein Bild verfestigt, dass Entscheidungen willkürlich nach dem Gießkannenprinzip getroffen werden und wir ein gern genommenes Versuchskaninchen darstellen. Wenn es um unseren Verein geht, dann können wir Sachsen, die wir sowieso als störrisch gelten, ziemlich nachtragend sein. Aber wir lieben unseren Verein, und was man liebt, verteidigt man verbal.

76. GRUND

Weil Dynamo auch im Stillen sozial engagiert ist

Der Verein stellte sich in der Vorweihnachtszeit 2011 einer ganz besonderen Aufgabe. Die Initiative kam aus dem direkten Umfang des Vereins. Der Gedanke war, dass die, denen es sehr gut geht, etwas an jene zurückgeben könnten, die weniger Glück im Leben haben. Eine der Spielerfrauen kannte diese Art des sozialen Engagements bereits aus den Karlsruher Zeiten ihres Mannes.

Sie stieß mit ihrer Idee auf offene Ohren und so bekamen alle Spieler und das Team rund um die Mannschaft eine leere Weihnachtstüte in die Hand. Ihr Auftrag war, diese individuell zu befüllen. Außer dem Alter und Geschlecht des zu überraschenden Kindes gab es keine Vorgaben. Die Spieler und das Betreuerteam besorgten die kleinen und größeren Geschenke für die Kinder und verpackten sie liebevoll. Mit einer Vielzahl an unterschiedlichen Aufmerksamkeiten machte sich dann eine kleine Vertretung der Mannschaft auf den Weg zum Verein Mundwerk Freital e.V.[74] Unter ihnen waren die Initiatoren sowie unsere Vizepräsidentin.

Mundwerk Freital ist ein gemeinnütziger Verein, welcher Kindern und Jugendlichen einen gemeinsamen Treffpunkt anbietet sowie individuelle Gesprächstermine für Mädchen, Jungen oder Eltern anbietet. Die Spieler stellten sich bei Plätzchen und Kakao knapp zwei Wochen vor dem Weihnachtsfest den vielen Fragen der Kinder. Nebenbei verteilten sie die persönlich gestalteten Geschenke. Die im Stillen vorbereitete Überraschung war ein Volltreffer und hinterließ viele glückliche Kinder. In den folgenden Jahren wurde diese Aktion von Vereinsseite fortgeführt und inzwischen sogar erweitert, Nachdem Martin Stoll im darauffolgenden Sommer Dynamo verließ, wurde diese Aktion in der Hand von Diana Schantin fortgeführt und inzwischen sogar erweitert. Im Dezember 2012 beschenkte der Verein die Kinder der Dresdner Tafel.

Ein Jahr später konnte man dann bereits von einer traditionellen Veranstaltung sprechen, als kleine und größere Kinder im »Kinder- und Jugendhaus Mareicke« einem spannenden und abwechslungsreichen Nachmittag entgegenfieberten. Die traditionelle Bescherung war sicherlich ein Höhepunkt, für die allermeisten Kinder war es aber mindestens genauso aufregend, zwischen ihren sportlichen Idolen zu sitzen. Und die bestanden nicht nur aus Fußballspielern der SGD. Dynamo hatte angefragt und die anderen großen Dresdner Vereine beteiligten sich gern. So waren eine Abordnung der Volleyballdamen des Dresdner SC, Eishockeyspieler der Eislöwen und die harten Jungs der Monarchs anwesend. Gemeinsam wurden Weihnachtslieder gesungen, die einige besser als andere beherrschten, aber allesamt von Herzen kamen. Es herrschte eine entspannte und unbeschwerte vorweihnachtliche Atmosphäre. Die vier Stunden, die sich die Sportlerinnen und Sportler der Vereine nahmen, vergingen für die Kinder dennoch zu schnell.

Dynamo plant auch in diesem Jahr eine ähnliche Weihnachtsaktion. Wie bereits in den letzten Jahren ist dies eher eine kleinere und damit eher private Aktion, über die nicht groß berichtet werden wird. Unseren Organisatoren ist es wichtig, dass Dynamo seiner sozialen Verantwortung gegenüber der Stadt nachkommt. Manchmal sind es die ganz kleinen Dinge, die Großes bewirken können.

77. GRUND

Weil rund um Dynamo alles zu einer Schlagzeile wird und die Sommerpause ein Fremdwort ist

Dynamo Dresden ist ein Faszinosum. Meine Frau fragt manchmal, ob ich irgendwann vielleicht mal etwas weniger nach den Mitteilungen der Sportgemeinschaft schiele. Ich versuche dann immer, mit der kommenden Zeit des Jahresurlaubes zu argumentieren, aber eigentlich weiß ich genau, dass es kaum Momente ohne eine dynamische Dauerbeschallung geben wird. Es gibt immer Gründe, nachzuschauen, ob es etwas Neues vom Herzensverein gibt. Dieses »nach dem Spiel ist vor dem Spiel« hat schon seine Existenzberechtigung. Es muss nicht einmal unbedingt etwas Wichtiges sein, was es über Dynamo zu schreiben gibt, wichtig wird es spätestens durch die sich gegenseitig überbietende Medienlandschaft gemacht. Alles, was irgendwie den Verein betrifft, ist eine Nachricht wert.

Dynamo besitzt inzwischen in und um Dresden nahezu ein Alleinstellungsmerkmal. Der Dresdner SC? Siebtklassig, gemeinsam mit Borea Dresden, dem Radebeuler BC und dem FV Dresden 06 Laubegast. Der Bischofswerdaer FC und der Heidenauer SV spielen eine Liga höher. Der höchstklassige Verein aus Dresden und Umgebung neben der SGD ist Dynamos Zweite, die in der fünftklassigen Oberliga antreten. Eine gesunde Mischung an Vereinen und damit wirkliche Perspektiven für die Presse, andere Reizpunkte zu setzen, sehen sicherlich anders aus.

Auch in der Winter- oder Sommerpause nimmt das Interesse rund um den Verein nicht ab. Welche Spieler verlassen Dynamo, wer wurde bereits in der Geschäftsstelle gesichtet und könnte zukünftig die Mannschaft voranbringen? Gibt es einen neuen Hauptsponsor oder Neuigkeiten rund um den Stadionnamen? Stimmt es wirklich, dass unser Stadion originalgetreu im fernen Japan gebaut werden soll?[75] Es wird alles mitgeteilt und vom Anhang, mich eingeschlossen, gierig aufgesogen. Dynamo selbst ist eine Schlagzeile. Diskretion? Mitteilungen, die erst öffentlich bekannt gegeben werden, wenn die Tinte unter dem Vertrag getrocknet ist? Das gab es die letzten Jahre nicht in Dresden.

Intensiv war dies zuletzt rund um eine mögliche Verpflichtung von Ralf Minge als neuen Trainer im Herbst 2013 zu spüren, als die Verhandlungen, die geheim ablaufen sollten, in den sozialen Netzwerken, Zeitungen und dem lokalen Radio bereits besprochen wurden. Reporter gaben Interviews über Inhalte, die letztendlich gar nicht umgesetzt wurden. Ralf Minge wurde fast in den Trainervertrag hineingeschrieben, der seine finale Unterschrift nie erhielt.

Auch die unschönen Ausschreitungen vom Hinrundenfinale in Bielefeld wurden überhöht. Ein schwarz-gelber Mob zog plündernd vom Bielefelder Bahnhof zum Stadion und überfiel dabei einen Supermarkt. Ein möglicher Ausschluss Dynamos aus dem Spielbetrieb wurde erstmals angedacht. Nach einer Woche, in der Informationen gestreut wurden, ohne sie zu prüfen, blieb »Ein Überfall, der keiner war«[76]. So stand es auf der Onlinepräsenz von Eurosport.

Das Fanprojekt Dresden, welches die dynamischen Auswärtsspiele begleitet und im Anschluss auswertet, hatte den geplünderten Supermarkt über die Erlebnisse mit dem Dresdner Anhang befragt. Es gab keine aufregenden Geschehnisse zu berichten, geschweige denn einen Überfall. Dynamo ist halt ein gebranntes Kind, die Schublade, in der wir uns befinden, öffnet sich immer wieder, wenn sie benötigt wird.

Wer irgendwann Dynamo Dresden lieben gelernt hat, weiß, einem Verein mit Ecken und Kanten und einem schlechten Leumund zu folgen. Der Verein ist quasi der Raufbold aus einem der Nachbarhäuser, vor dem uns Mutti früher immer gewarnt hat. Wir glauben zum Glück inzwischen nicht mehr alles und wissen auch gute Meldungen einzuordnen. Als Dynamo in der Sommerpause sonntags den FC Schalke 04 im DFB-Pokal zugelost bekam, Celtic Glasgow als letzten Härtetest der Sommerpause bekannt gab, ein Freundschaftsspiel gegen den FC Bayern München für 2015 vertraglich fixierte, die Drittligalizenz erhielt und mehrere junge Spieler mit Potenzial verpflichtete, wussten wir, dass das zu viel des Guten für eine einzige Woche war. Am Freitag wechselte Torsten Schulz, der vom Anhang schon als der neue Kapitän auserkoren war, ins Erzgebirge und unser Aufsichtsratsvorsitzender legte sein Amt nieder.

Dynamo war endlich wieder geerdet. Da muss meine Frau wirklich nicht hinzufügen, dass doch gerade Sommerpause sei. Die gibt es in Dresden einfach nicht.

78. GRUND

Weil uns fast egal ist, wo Dynamo spielt – wir gehen trotzdem hin

Unser Abstieg 2014 ist besiegelt und die darbenden Jahre rücken langsam in Vergessenheit. Die alte Mannschaft hat sich verabschiedet, einige erfahrene Haudegen und junge Hoffnungsträger sind geblieben und einige neue dazugekommen. Im sportlichen Bereich hat Dynamo den Besen geschwungen und aussortiert.

Zu lang anhaltenden Depressionen ist es im Vereinsumfeld nicht gekommen. Es ist nach gutem Saisonstart eher wieder latent eine Dynamo-typische Euphorie entstanden, die gefährlich sein könnte. Schuld waren einige Entscheidungen, die auf ein durchdachtes Konzept schließen ließen. Dazu herrscht eine ungewohnte Ruhe im Verein. Erstmals seit gefühlten Ewigkeiten sind zwar die gerade beschriebenen Schlagzeilen weiterhin vorhanden, doch stochern die Medien intensiver im Nebel, als wir es gewohnt sind. Der Verein behält neue Informationen länger für sich, kommentiert Gerüchte nicht und gibt durchdachte Äußerungen von sich. Wir scheinen auf den ersten Blick eine Mannschaft zu haben, die eigentlich voraussetzbare Grundtugenden wie Einsatz und Engagement zeigt.

Als ich gegen Ende der vergangenen Saison mit Falk und Sebastian in der Torwirtschaft saß und wir über die aktuell schwierige Situation fachsimpelten, hatten wir zwar eigentlich die Relegation fest im Blick, die wir wenige Stunden später verspielen sollten. Nebenbei sagte Sebastian in einem Satz, der sich bei mir festgesetzt hat: »Eigentlich ist es doch egal, wo wir spielen. Wir gehen dennoch ins Stadion und fiebern mit unserem Verein!«

Damals war diese Vorstellung, was nach der Sommerpause sein würde, noch weit entfernt und die Dritte Liga keine Überlegung wert. Aus heutiger Sicht kann ich Sebastian nur zustimmen. Die Einzigartigkeit beim Sport ist, dass egal, wie das letzte Jahr geendet hat, wir wieder jede Chance haben, die neue Saison erfolgreich zu bestreiten. Noch ist keine Mannschaft vorgeprescht. Vor jedem Spiel besteht die Hoffnung, es gut zu gestalten. Wir müssen auf kein Ergebnis auf einem anderen Sportplatz hoffen und haben es selbst in der Hand. Letztendlich ist es doch fast egal, ob wir gegen den SV Sandhausen, den VfR Aalen oder FSV Frankfurt spielen oder die Zweitvertretung des VfB Stuttgart.

Im Dresdner Umfeld sehen das viele so. Die Anzahl der Mitglieder ist nicht gesunken, sondern steigt weiter. Der Dauerkartenverkauf hat fünfstellige Werte erreicht. Zum ersten Spiel kamen 20.653 Zuschauer, trotz Stuttgarter Zweitmannschaft als Gegner, trotz Ferienzeit und trotz der Vorkommnisse im letzten Heimspiel.

Die neu zusammengewürfelte Mannschaft zeigt erste Parallelen zu unseren elf Freunden von 2002. Klein, aber fein. Es hat sich mal wieder ein sächsisch trotziges »Jetzt erst recht« entwickelt. Wir gehen niemals unter, wir nehmen nur immer wieder einen neuen Anlauf, um über aufgestellte Hürden hinwegzukommen.

KAPITEL 8

GROSSE SPIELE

WEISST DU NOCH, ALS WIR DAMALS …?

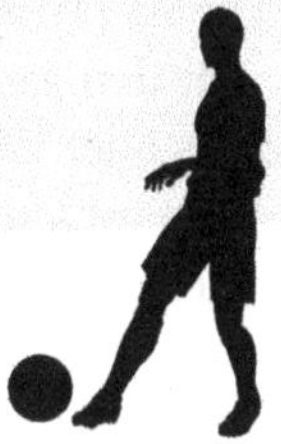

79. GRUND

Weil Dynamo die meisten Europapokalpartien der Oberligamannschaften bestritten hat

»Wir begrüßen unsere Gäste aus Porto.« – »Aus Madrid, Turin, Liverpool, Rom, Amsterdam, Malmö, München«, und so weiter und so weiter. Aus heutiger Sicht klingt es schon irgendwie wie aus einem Märchen, wenn man zurückblickt und sich auf der Zunge zergehen lässt, welch internationale Spitzenmannschaften in Dresden zu Gast waren. 49 Heimspiele gab es in unseren internationalen Jahren zwischen 1967 und 1991. Das letzte Spiel gegen Roter Stern Belgrad endete bereits nach 78 Minuten, um diese Partie soll es aber hier nicht gehen, die wurde schon besprochen.

Die SG Dynamo Dresden war mal ein bekannter Name in Europa. Für den ganz großen Wurf reichte es nie. Das Erreichen eines Finales oder gar den Gewinn eines Europapokals überließen wir anderen ostdeutschen Mannschaften. Nach fünf verheißungsvollen Versuchen, als jedes Mal im Viertelfinale Endstation war, erreichte Dynamo im Frühjahr 1989 einmalig ein europäisches Halbfinale. Bis heute ist dies unser größter internationaler Erfolg. Wahrscheinlich wird er es wohl auch bleiben.

Das Schwelgen in Erinnerungen, wissen zu wollen, was in der Kindheit, der Jugend und den Jahren vor der gemeinsamen Zeit passiert ist, ist ein wichtiger Bestandteil in einer Beziehung. Außerdem ist es eine beliebte Beschäftigung eines erfolgsentwöhnten Fußballfans. Liebe lebt nicht nur im Jetzt und Hier, sondern auch von der Geschichte. »Wir begrüßen Sonnenhof-Großaspach.« – »Die zweite Mannschaft aus Mainz, Kiel«, und so weiter und so weiter. Wer kann uns diese Rückbesinnung verübeln?

Dynamische Triumphe tanzten immer eng umschlungen mit Dresdner Tragödien, manchmal gar in einer Spielrunde. Rapid Wien oder Bayer Uerdingen seien stellvertretend genannt, es gab immer wieder unglückselige Momente, welche den Anhang mit der Mannschaft und dem Verein fester zusammenschweißten.

In dem Vierteljahrhundert, in dem wir international spielen durften, sind wir in sieben Jahren am späteren Gewinner des Pokals gescheitert. Leeds United, Ajax Amsterdam, danach erwies sich gleich dreimal der FC Liverpool als unüberwindliche Mauer. Dazu folgten nach zwei unglaublichen Spielen noch Bayern München und zuletzt Roter Stern Belgrad.

Die andere Seite lernten internationale Spitzenmannschaften wie der FC Porto, Juventus Turin, Dynamo und Torpedo Moskau, Benfica Lissabon, Atlético Madrid oder auch der AS Rom kennen. Sie spielten gegen Dynamo und haben für immer in ihrer Visitenkarte stehen, gegen die kleine Regionalauswahl Dynamo ausgeschieden zu sein.

Gegen Dynamo Moskau, Partizan Belgrad und Malmö FF bewiesen wir Nervenstärke, als es nach insgesamt jeweils 210 Spielminuten in diesen Begegnungen zur Lotterie des Elfmeterschießens kam. Wir konnten alle Duelle für uns entscheiden.

Am Ende kamen 98 Europapokalpartien zusammen[77], ehe diese Karteikarte aus heutiger Sicht vermutlich für immer im Archiv eingelagert wurde. Keine andere ostdeutsche Mannschaft hat sich öfter in internationalen Vergleichen gemessen.

80. GRUND

Weil wir vom Besuch der alten Dame gestärkt hervorgegangen sind

Im Herbst des Jahres 1973 hatte Dynamo »Besuch der alten Dame«. Ihre 76 Jahre sah man ihr nicht an und müde war sie noch kein bisschen. Eher im Gegenteil, sie hatte in diesem Spieljahr wahrlich Großes vor und das nahezu unbekannte Dresden sollte nur eine Zwischenstation auf ihrem Weg ins belgische Brüssel sein.

Knappe vier Monate zuvor war besagte alte Dame Juventus Turin als Finalist im Europapokal der Landesmeister nur knapp Ajax Amsterdam unterlegen. Diesmal wollten sie den letzten Schritt gehen. Nach einem Scheitern unter den letzten acht Mannschaften 1962, einem Erreichen des Halbfinales 1968, einem verlorenen Finale 1973 galt es nun, die angefangene Reihe erfolgreich zu krönen. Da kamen die Jungspunde der SG Dynamo Dresden gerade recht. Jung gegen Alt, ungestüme Kreisel-Offensive gegen Betonabwehr aus dem Land des Catenaccio, Regionalauswahl gegen Weltstars … es gibt noch zahlreiche weitere Varianten, dem Duell Klein gegen Groß einen Namen zu geben.

Das Dresdner Selbstbewusstsein musste sich mit dem Spielverlauf erst einmal entwickeln. Mäßig war die Mannschaft in die Saison gestartet. Bis zum Europapokalabend hatte es nach sechs Oberligaspielen erst einen Dresdner Sieg zu bejubeln gegeben. Mit bereits 13 Gegentreffern war das mannschaftliche Verhindern gegnerischer Tormöglichkeiten durchaus noch ausbaufähig. Und nun kam der mehrfache italienische Meister mit einem aktuellen und einem kommenden Nationalstürmer. Mit José Altafini hatten sie außerdem einen inzwischen reiferen Angreifer in der Hinterhand, dessen Name noch heute auf dem dritten Platz der erfolgreichsten Torschützen in der höchsten Spielklasse Italiens zu finden ist.

Dynamo entpuppte sich nicht als die kleine Nebenmahlzeit, welche die alte Dame auf ihrem Weg durch Europa zu verspeisen gedachte. Es ist eher so, dass sie sich bereits im Hinspiel in Dresden kräftig verschluckte. Fintenreiche Dresdner, die zwar alle eine Spielposition hatten, diese aber immer wieder wechselten und dabei über sich hinauswuchsen, traten gegen pomadige Weltstars an. Ehe Juventus realisiert hatte, dass dieser Gegner auch das Ballspielen beherrscht, stand es schon 0:2. Acht Spielern, die Ende Mai im Finale in der Startelf gegen Ajax angetreten waren, und ihren Mannschaftskameraden gelang es in den zweiten 45 Minuten nicht, an diesem Spielstand etwas zu ändern.

Zwei Wochen später gab es nun in Turin die Möglichkeit, den Betriebsunfall Dresden gerade zu rücken. Die Vorzeichen waren unverändert. Der Favorit war unverändert der Gastgeber, welcher einen ungebändigten Wilden zu zähmen hatte. Unsere defensiven Abstimmungsprobleme waren beständig. In der Zwischenzeit hatten wir den DDR-Ligisten BSG Wismut Gera aus dem FDGB-Pokal entfernt, jedoch wieder zwei Gegentreffer erhalten. In Italien blieb das nicht unbemerkt. So wurde diesmal der kommende italienische Nationalspieler im Gegensatz zum Hinspiel geschont, während es der treffsichere Altstar richten sollte.

Das Spiel begann »Im ›Hexenkessel‹ der 70000 …«[78]. Andere Quellen sprechen von »sage und schreibe 86000 verrückten Tifosi …«.[79] Völlig egal, wie viele es wirklich waren, es war definitiv eine Zuschauermenge, wie sie Dynamo Dresden bisher noch nicht erlebt hatte. Und die wollten das Spiel umdrehen und dazu viele Tore sehen.

Die Tore bekamen sie, auch mehr für Juventus als für Dynamo, dennoch sank nach dem Abpfiff der Underdog glücklich zu Boden, während die Fans der Heimmannschaft ihr Ausscheiden nicht fassen konnten und sich mit Essensnaturalien den Frust von der Seele warfen.

Der zwei Wochen zuvor als Kaffeefahrt angedachte Ausflug nach Dresden hatte sich schon als Fiasko herausgestellt, war aber noch folgenlos geblieben. Doch auch im Rückspiel hatte es der große Favorit nicht vermocht, eine aufopferungsvoll kämpfende Dresdner Mannschaft in ihre Schranken zu verweisen.

Juventus Turin hatte in ihren beiden Spielen gegen Dynamo Dresden genau so viele Tore erhalten wie auf ihrem kompletten Weg ins Finale einige Monate zuvor. Dynamo gehörte zu den großen Mannschaften dieses Jahrzehnts und würde nun wahrscheinlich nicht mehr so schnell unterschätzt werden. Außer, aber das ist ein anderer Grund.

81. GRUND

Weil Dynamo Bayern in Angst und Schrecken versetzte

Als Anfang Oktober 1973 die Achtelfinalpartie des FC Bayern München gegen die SG Dynamo Dresden in Zürich ausgelost wurde, war den anwesenden Offiziellen und Journalisten bewusst, einen besonderen Moment zu erleben. Seit dem Beginn der Austragung des Europapokals der Landesmeister 1955 war dies nach mehr als 17 Jahren das erste Duell, welches die amtierenden Meister beider deutschen Staaten gegeneinander antreten ließ.

Eigentlich schienen die Rollen klar verteilt zu sein, doch ganz so klar war die Ausgangssituation dann doch nicht. Während sich die Bayern in der ersten Runde gegen die schwedische Mannschaft von Åtvidabergs FF über die Lotterie des Elfmeterschießens in die nächste Runde zittern konnten, setzte Dynamo ein großes Ausrufezeichen, als nach 180 Minuten mit Juventus Turin der italienische Meister der beiden vergangenen Jahre eliminiert wurde.

Nun würde das Spiel um die gefühlte gesamtdeutsche Meisterschaft offiziell stattfinden. Die Vorbereitungen verliefen von beiden Seiten geradezu generalstabsmäßig. Der Trainer der Bayern, Udo Latteck, sah als Augenzeuge ein wenig überzeugendes schwarzgelbes 0:3 bei Sachsenring Zwickau. Auch Walter Fritzsch wusste nach einem müden bayrischen 4:2 gegen den Tabellenletzten aus Duisburg und einer deftigen 4:7-Klatsche in Kaiserslautern auch nicht so recht, was er über den kommenden Gegner denken sollte. Mit seiner eigenen Kamera hatte er so viel es möglich war von den Spielen der Münchner aufgenommen und mündlich eigene Beobachtungen und Pläne hinzugefügt. Um sicherzustellen, dass diese auch persönlich blieben, sprach er dabei in einer kaum verständlichen erzgebirgischen Mundart.

Nicht einmal drei Wochen nach der Auslosung kam es dann zum ersten Aufeinandertreffen in München. Statt des stimmgewaltigen Anhangs begleiteten 1.000 handverlesene und zuverlässige Bürger der DDR die Dresdner Mannschaft. Der Unterschied zu gewöhnlichen Spielen auf den Rängen blieb nicht lang unbemerkt. Mittelfeldstratege Reinhard Häfner sah es allein daran, wie die schwarz-gelben Fahnen geschwenkt wurden, wie er gegenüber dem MDR sagte.[80] Doch die Mannschaft ließ sich davon nicht abhalten, ein gutes Spiel mit einem verheißungsvollen Ergebnis abzuliefern. Am Ende freuten sich die Münchner über ein knappes 4:3, welches Gerd Müller in der 83. Minute erzielte.

Für das Rückspiel wurden gerade einmal 8.000 Karten in den nach drei Stunden bereits wieder beendeten freien Verkauf gegeben. Der Rest wurde wie bereits im Hinspiel verteilt. Um eventuell eine minimale Chance nutzen zu können, das Spiel im Stadion zu erleben, stellten sich viele Dresdner Anhänger bereits am Abend zuvor an eine der offiziellen Vorverkaufsstellen.[81] Nur einige wenige hatten Glück und hielten nach vielen Stunden eine Karte für das Rückspiel am 7. November 1973 in der Hand. Dann würde die Deutsch-Deutsche Meisterschaft entschieden werden.

Unglücklich waren am Vorabend des Spieles viele Dresdner vor dem Hotel »Newa«. Sie warteten vergeblich auf das Eintreffen der Stars um Franz Beckenbauer und Sepp Maier. Die Münchener hatten aus Angst vor einer möglichen Vergiftung lieber noch einmal einen nächtlichen Halt in Hof eingelegt und reisten erst am Spieltag an. Eine mögliche Vergiftung konnte aber nicht als offizielle Begründung der verspäteten Anreise herangezogen werden und so entstand die Geschichte des Höhenunterschiedes von 406 Metern zwischen München und Dresden. Dieser war zu gewaltig, um an einem Tag überwunden zu werden, wie Bayerns Präsident Wilhelm Neudecker ernsthaft zu erklären versuchte.[82]

Die Münchner hatten Muffensausen, während Dresden ein klein wenig träumte. Doch bereits eine Viertelstunde nach Spielbeginn schien er sich in ein albtraumhaftes Geschehen zu wandeln. Zweimal war Uli Hoeneß, welcher statt des erwarteten Gerd Müller in vorderster Front agierte, der Dresdner Hintermannschaft entwischt. Damit war aus einem knappen 4:3-Hinspielerfolg auf einmal ein komfortables Polster für die europäische Spitzenmannschaft geworden.

Doch nicht nur heute ist ein Spiel mit Dresdner Beteiligung erst zu Ende, wenn abgepfiffen wird, auch an diesem Tage schüttelte sich die Mannschaft kurz und dann ging es los. Kurz vor der Pause erzielte Außenverteidiger Siegmar Wätzlich sein erstes und einziges Europapokaltor. Kurz nach dem Seitenwechsel legten Hartmut Schade, der seinen an der Latte gelandeten Kopfball im zweiten Versuch im Tor unterbrachte, und Reinhard Häfner innerhalb von nur drei Minuten nach. Plötzlich stand statt der Millionentruppe die kleine Regionalauswahl der DDR im Viertelfinale.

Was dann passierte, hat sich im Gedächtnis der Dresdner Fans eingebrannt. Am 10. September 2012 fand anlässlich des nahenden 60. Vereinsgeburtstages der zweite Themenabend zur großen dynamischen Geschichte statt. Es ging um die Jahre 1968–83. Das deutsch-deutsche Duell nahm erwartungsgemäß einen zentralen Teil der Veranstaltung ein. Es war nicht nur ein Fan, der exakt die Minute nennen konnte, in der Gerd Müller, wie bereits im Hinspiel, mit seinem Tor der Dresdner Mannschaft und seinen vielen Fans die Zunge herausstreckte. Über dieses Spiel wird noch heute geredet und deshalb sollte es hier natürlich auch nicht fehlen.

82. GRUND

Weil wir von Zwickau düpiert wurden und damit dem BFC Dynamo eins auswischten

Das Finale des FDGB-Pokals wurde in der Anfangszeit der DDR jedes Jahr in einer anderen Stadt ausgespielt. Neben den großen Stadien in Berlin oder Leipzig war das Finalspiel um den zweiten zu vergebenden Titel neben der Meisterschaft auch in kleineren Städten wie Dessau, Altenburg oder Bautzen zu Gast. Ab 1975 sollte das Finale dann dauerhaft im Stadion der Weltjugend in Berlin beheimatet sein.

Dies entpuppte sich als eine gute Wahl, denn sofort stiegen die Zuschauerzahlen von kleinen fünfstelligen Bereichen, wie im 1971er-Finale zwischen Dynamo und dem BFC in Halle an der Saale auf bis zu 55.000 Fans an. Als es erstmalig in Berlin stattfand, standen sich die BSG Sachsenring Zwickau und die SG Dynamo Dresden gegenüber.

Die Rollenverteilung schien eindeutig zu sein. Da war zum einen der beständige Oberligist und erste Meister der DDR, welcher es als kleine Betriebssportgemeinschaft naturgemäß etwas schwerer hatte, mit den Vereinen der großen Trägerbetriebe mitzuhalten. In der Saisonabrechnung hielten sie sich dennoch zumeist im Mittelfeld der Oberliga auf. Der größte Star der Zwickauer Elf stand hinter den zehn Feldspielern, hieß Jürgen Croy und war Nationalspieler der DDR. Dynamo konnte es sich im Gegenzug leisten, Croys Auswahlkollegen Hans-Jürgen Kreische über die gesamte Spielzeit auf der Bank schmoren zu lassen.

Dynamo hatte sich in den letzten Jahren als Spitzenmannschaft in der DDR-Oberliga etablieren können. Zwei Jahre nach dem Aufstieg war es uns 1971 als erster Mannschaft der DDR gelungen, das Double aus Meisterschaft und dem Gewinn des FDGB-Pokals zu feiern. Doch auf den zweiten Blick relativierte sich die Rollenverteilung ein wenig, denn eine nicht unwichtige Rolle erhält in wichtigen Spielen bekanntlich der Kopf. Während Zwickau in den letzten drei Finalteilnahmen zweimal erfolgreich blieb, waren wir nach den Pokaltriumphen 1952 und 1971 in den Jahren 1972 und 1974 jeweils im Finale dem FC Carl Zeiss Jena unterlegen.

Zwickau ist nicht Jena, dachte sich die dennoch favorisierte Dresdner Mannschaft und bekam an diesem Tage keinen Fuß auf den Boden beziehungsweise in die Nähe des Gegners. Zwickau überstand die berüchtigte erste halbe Stunde, in der Dynamo schon manches Spiel in die gewünschte Richtung lenken konnte. Nach 65. Minuten schien das Spiel dann dennoch die Vorerwartungen zu erfüllen, als es Gert Heidler gelang, einen von Peter Kotte abgefälschten Ball im Zwickauer Tor zu versenken.

Doch dann kamen die Minuten der Gebrüder Schykowski. Acht Minuten nach der glücklichen Dresdner Führung glich Joachim Schykowski aus, wodurch das Spiel die erste Stufe der Dramatik nahm und in die Verlängerung einbog. Nachdem wir durch Frank Richter noch einmal dem Titelgewinn nahe kamen, servierte Hans Schykowski eine Minute vor dem von Dynamo erhofften letzten Pfiff den Ball passgenau zu einem Mitspieler, der dadurch das erste Elfmeterschießen im Finale des FDGB-Pokals festzurrte.[83]

Rundfunkmoderator Heinz-Florian Oertel, der kurz zuvor die Anhänger Dynamos schon aufgefordert hatte, den Sekt kaltzustellen,[84] wurde vom Spielverlauf ebenso überrascht wie Dynamo. Es folgte das Elfmeterschießen, in welchem die kleine Mannschaft alles gewinnen kann während die Schmach des möglichen Verlierens beim Favoriten liegt.

Nachdem Claus Boden den Fehlschuss von Gerd Weber noch egalisieren konnte, indem er seinerseits den Ball des Zwickauers Ludwig Blank entschärfte, stand ihm nach einem nicht verwandelten Elfmeter von Hans-Jürgen Dörner als fünfter Schütze plötzlich der Zwickauer Schlussmann Jürgen Croy gegenüber. Die Zeit der zum Strafstoß antretenden letzten Männer war noch 20 Jahre entfernt, und so war es etwas ganz Besonderes, ein Finale auf diese Art und Weise zu verlieren und damit die dritte Pokalfinalniederlage in vier Jahren zu betrauern.

Doch wie sollte es anders sein, auch in dieser Niederlage gab es einen Grund, Dynamo nahe zu sein. Durch die Niederlage traten wir statt im Europapokal der Pokalsieger im UEFA-Pokal an und unser Namensvetter aus Berlin, der hinter uns auf dem vierten Rang der Abschlusstabelle stand, guckte in die Röhre.

83. GRUND

Weil 1978/79 Tricks gegen Partizan Belgrad, eine Grasnarbe und ein stürmender Torwart unvergessen bleiben

Im Sommer 1978 war die Zeit für eine kleine Veränderung bei Dynamo gekommen. Nach neun Jahren war Müdigkeit in Dresden ausgebrochen. Walter Fritzsch, der bereits den ersten Putschversuch vor seiner Inthronisierung überstanden hatte, wurde durch seinen getreuen Assistenten Walter Prautzsch ersetzt. Der hatte schon fünf Jahre an der Seite »des kleinen Generals«[85] verbracht und war nun der neue starke Mann an der Dresdner Seitenlinie. Es war ein nahezu reibungsloser Übergang, denn außer dem Namen änderte sich an der Spielweise zuerst einmal gar nichts.

In der Oberliga pendelte sich die Mannschaft nach einem guten Saisonstart hinter dem BFC Dynamo ein, auf internationalem Terrain gab es eine sehr spannende Auseinandersetzung im für lange Zeit letzten Auftritt im Europapokal der Landesmeister. In der ersten Runde gab es das zweite Aufeinandertreffen mit dem jugoslawischen Meister von Partizan Belgrad. Ziemlich genau acht Jahre zuvor war man sich im Messepokal schon einmal begegnet. Nach einem unspektakulären Hinspiel gab es im Rückspiel mit 6:0 den höchsten Dresdner Europapokalsieg. Mit Frank Richter und

Dieter Riedel liefen noch zwei Akteure auf, welche an jenem Fußballfest teilgenommen hatten.

Während im September 1970 20.000 Belgrader Sympathisanten ihre Mannschaft nach vorn peitschten, waren es diesmal dreimal so viele Enthusiasten. Dynamo war beeindruckt und bereits nach sechs Minuten liefen sie einem Rückstand hinterher. Kurz nach der Halbzeitpause fiel zuerst der zweite Treffer für die jugoslawische Mannschaft und dann im Stadion das Flutlicht aus. Die unfreiwillige Pause nutzte zuallererst unsere SGD, da sie das aggressive Gemüt der Gastgeber abkühlte. Nachdem man sich in der Dunkelheit die Bälle gegenseitig zugespielt hatte, konnten die restlichen Spielminuten fast als »Testspiel« bezeichnet werden.

Zwei Wochen später galt es dann, das Ergebnis der Erstrundenpartie irgendwie auszugleichen. Die gegenseitigen Mätzchen begannen bereits vor Spielbeginn. Partizan hielt sich nicht an vorherige Vereinbarungen und entschied, in weißen Trikots und schwarzen Hosen aufzulaufen. Da es zu Zeiten der Schwarz-Weiß-Übertragungen im Fernsehen ein Unding war, dass beide Mannschaften in hellen Leibchen aufliefen, kam es in Dresden zu einem optischen Hingucker. Unsere Mannschaft lief oben in Weinrot auf und kombinierte dies mit einer weißen Hose sowie gelben Stutzen.

Das Spiel begann. Vor allem der Belgrader Torhüter schien von den Dresdner Kanarienvögeln irritiert zu sein. Eine Schlafeinlage des eigentlichen Toreverhinderers nutzte Dixie Dörner bereits in den Anfangsminuten aus, spitzelte ihm den Ball vom Fuß und schob ihn ins leere Tor. Nun war alles wieder offen. Gerd Weber stellte Mitte der zweiten Hälfte alle Weichen in Richtung Verlängerung und letztendlich auf Elfmeterschießen.

Der für Unbeteiligte spannendste Moment eines Ausscheidungsspieles begann denkbar schlecht. Einen ersten Fehlschuss der Belgrader konnten wir in der Disziplin »Nicht-Versenken« gleich ausgleichen. Dann traf mal jemand, dann wieder nicht. Nach jeweils drei Schützen stand es 1:2 für die Falschen. Doch in einem Drama ist die Dramaturgie immer für noch eine Wendung gut. In den Mittelpunkt rückte Claus Boden, welcher mit seiner Größe von 1,74 Meter zeigte, dass man als Torwart auch klein ganz groß sein kann. Er entschärfte zwei der folgenden vier jugoslawischen Elfmeter und nach jeweils sieben Schützen stand das Dynamo-Stadion kopf und außerdem endgültig fest, dass wir Partizan Belgrad zum zweiten Mal bezwungen hatten.

Die folgende Reise ging nach Irland zu Bohemians Dublin. Ein denkbar schlechtes Pflaster für die Genießer des gepflegten Fußballs. Der Austragungsort des Achtelfinals war 50 Meilen entfernt vom eigentlichen Dalymount-Park gelegen. Stadionsperren sind nachweisbar keine Erfindung der letzten Jahre. Europapokalstimmung kam vor den mitgereisten 3.000 Zuschauern keine auf. Auf dem Rasen war durch das minimal erhellende Flutlicht kaum das ganze Spielfeld zu erkennen, jedoch waren die Spuren eines kurz zuvor stattgefundenen irischen Großereignisses noch gut auszumachen.

Der dynamische Kreisel stockte an diesem Abend merklich. Viele flache Pässe beschrieben merkwürdige Bahnen, wenn sie in den Bodenrinnen entlangrollten. Entstanden waren diese durch die groben Stollen starker Männer bei den irischen Meisterschaften im Tauziehen. Der Ball wurde also in eine der vielen Rinnen gespielt, holperte in ihr etwas entlang, und wenn man Glück hatte, stand ein Mitspieler in der Nähe, um diesen aufzunehmen. Spielfreude kam keine auf und so war das Ergebnis ein trauriges 0:0. Im Rückspiel schloss sich dann ein wenig der Kreis zum Gegner der ersten Runde. Bohemians Dublin wurde kreiselig gespielt und mit 6:0 nach Hause geschickt.

Nachdem Dynamo im Viertelfinale mit 1:3 bei Austria Wien unterlegen war, wurde alles versucht, im vierten Anlauf die mögliche Hürde zum Halbfinale zu überwinden. Die Wiener wollten ihre Führung nicht nur durch Mauern verteidigen, sondern spielten ebenso immer wieder nach vorn. Trotz des Dresdner Offensivfeuerwerks fiel bis kurz vor Schluss nur ein einziges Tor, welches den Wienern gerade noch genügen würde.

Nachdem unsere Mannschaft mehrere Möglichkeiten ungenutzt ließ, setzte Gerhard Prautzsch alles auf eine Karte. Er wechselte Ersatztorhüter Bernd Jakubowski als stürmenden Rammbock ein. Das Ziel war, durch ihn eine Schneise in die Wiener Verteidigung zu schlagen oder wenigstens die Hintermannschaft etwas in Verlegenheit zu bringen. Mit seiner Statur und Größe war er für diesen Spezialeinsatz bestens geeignet. Würde zusätzlich noch ein gezielter Kopfball herausspringen, umso besser. Bernd Jakubowski erhielt seine Chance, zum Helden zu werden, nur leider nicht mit dem Kopf, sondern einem Fuß. Sein Schuss strich mehr oder weniger knapp über die Latte und am Spielende waren die Wiener und nicht wir unter den letzten acht Mannschaften.

84. GRUND

Weil Dynamo es auch zweistellig kann

Nicht jeder der 19.000 Zuschauer wird den Überblick über alle Dresdner Torschützen behalten haben, als das Spiel zwischen der SG Dynamo Dresden und Chemie Buna Schkopau am 5. September 1981 abgepfiffen wurde. Es trafen der fünfmalige Meister und ein absoluter Neuling in der höchsten Spielklasse der DDR aufeinander. David gegen Goliath, nur blieb dieses Zusammentreffen ohne glückliches Ende für den Underdog. Euphorisiert gingen nur unsere Anhänger nach Hause. Die Ausgangsbedingungen für den kleinen Verein waren gar nicht so schlecht. Die SGD befand sich nach dem Eklat um Matthias Müller, Gerd Weber und Peter Kotte in einer Findungsphase. Neue Spieler mussten integriert werden, ohne die drei Dresdner Nationalspieler sofort ersetzen zu können.

Während Schkopau mit einem Sieg und einer Niederlage achtbar gestartet war, hatten die Dresdner zuvor eine derbe 0:4-Klatsche gegen den FC Rot-Weiß Erfurt erlitten. Bereits zur Saisoneröffnung hatte sich Dynamo ohne Glanz durchgewurschtelt. Wahrscheinlich war genau das der Genickschuss für die Spieler des Neulings. Dynamo stand in der Bringschuld und musste seine Fans versöhnen.

Chemie Buna Schkopau spielte mit einer extrem unerfahrenen Mannschaft. Die allermeisten Spieler hatten in den Jahren zuvor zweit- oder gar drittklassig gespielt. Kapitän war Roland Nowotny, der seine Oberligakarriere drei Jahre zuvor beendet hatte und nun unerwartet wieder mittendrin war.

Die Fans hatten kaum ihre Plätze eingenommen, als Hartmut Schade nach zwei Minuten das erste Tor des Tages erzielte. Da brandete für unseren Mittelfeldspieler bereits das zweite Mal Applaus auf. Nach einer Verletzungspause von ziemlich genau 18 Monaten gab er sein Comeback in der Dresdner Elf und fügte sich in die Elf ein, als wäre er nie weg gewesen. Als er nach 73 Minuten ausgewechselt wurde, erhielt er dann für dieses Spiel letztmalig Beifall.

Ralf Minge legte nach dem frühen 1:0 nach, und spätestens, als es nach 20 Minuten 4:0 stand, wusste der Gast, was für eine Lehrstunde es an diesem Nachmittag würde geben können. Hans-Jürgen Dörner vergab gleich noch einen Foulstrafstoß, was aufgrund des gebotenen Fußballfestes keinem Fußballfan wirklich die Freude schmälerte.[86]

Roland Nowotny war in seinem 200. Oberligaspiel garantiert nicht zum Feiern zumute. Er erinnerte sich in einem Gespräch mit der *Mitteldeutschen Zeitung*: »Beim 1:10 gegen Dynamo Dresden rannte mich Reinhard Radsch um und sagte: »›Entschuldige bitte, der Trainer hat gesagt, ich muss dem Trautmann folgen.‹«[87]

Der SGD gelang in diesem Spiel einfach alles. Zufrieden wurde die Mannschaft beim Halbzeitstand von 6:0 in die Pause verabschiedet. Die Fans schwelgten in Erinnerungen. Mit 0:7 aus Sicht der Gäste gab es für Aktivist Brieske-Senftenberg und gegen die

BSG Energie Cottbus bereits hohe Schlappen. Würde es für den Dresdner Anhang an diesem Nachmittag einen noch höheren Sieg zu feiern geben?

Als nach 50 Minuten Hans-Jürgen Dörner zum 7:0 traf, war klar, dass es an diesem Nachmittag wohl einen neuen höchsten Heimsieg geben würde. Zwei Tore durch Andreas Trautmann, dem Reinhard Radsch an diesem Nachmittag wohl vergeblich hinterherlief, und außerdem Andreas Mittag sorgten letztendlich dafür, dass die SG Dynamo Dresden sagenhafte zehn Tore in einem einzigen Spiel erzielte. Trainer Gerhard Prautzsch erklärte nach dem Spiel die Pleite des Liganeulings: »Wer schon in der Anfangsphase so hart getroffen wird, der kann schon mal unter Wert verlieren.«[88]

Als nach dem Spiel Trainer Jurij Morosow vom kommenden Dresdner Europapokalgegner Zenit Leningrad zu seinen Eindrücken befragt wurde, hob dieser Hans-Jürgen Dörner, Andreas Trautmann und Ralf Minge hervor, konnte es sich jedoch nicht verkneifen, anzumerken, dass es in der höchsten Spielklasse der UdSSR solche Leistungsunterschiede nicht gäbe.[89]

Der SGD war das egal, denn mit dem höchsten Sieg in der Vereinsgeschichte war der Dynamo der Dresdner endlich angelaufen. Zenit Leningrad bekam das deutlich gezeigt. Deren ersten beiden Europapokalspiele waren für besagtes Jahr gleichzeitig die letzten. Mit dem Vizemeistertitel am Ende der Saison und dem Gewinn des FDGB-Pokals blieb die Saison 1981/82 in guter Erinnerung.

Ein einziges Pflichtspiel gab es noch, in dem Dynamo zehn Tore erzielen konnte. In der ersten Pokalrunde der Saison 1985/86 bekamen es die Dresdner mit der BSG Motor Werdau zu tun. Gegen den damaligen Bezirksligisten gab es ein 10:0.

85. GRUND

Weil wir im FDGB-Pokalfinale mehrere legendäre Schlachten gegen den BFC Dynamo gewonnen haben

Bereits das erste Aufeinandertreffen beider Dynamo-Mannschaften in einem Pokalfinale war etwas für die Geschichtsbücher. Das Spiel vom 20. Juni 1971 war noch nicht geprägt von der großen Rivalität der später 70er- oder vor allem der 80er-Jahre. Nachdem wir vier Tage zuvor am letzten Spieltag offiziell die erste Meisterschaft nach 18 Jahren mit einem 4:2 gegen Sachsenring Zwickau gefeiert hatten, konnten wir nun im Kurt-Wabbel-Stadion noch einen obendrauf setzen. Noch nie zuvor war es einer Mannschaft gelungen, im selben Jahr beide Titel vereinen zu können.

Nachdem wir bereits in der Oberliga beide Spiele für uns entscheiden konnten, gingen wir mit dem Hochgefühl der soeben gewonnenen Meisterschaft in dieses Endspiel. Die Berliner überließen uns auf regennassem Rasen das Spiel und konterten hin und wieder gefährlich. Nebenbei erhielt unser Mittelfeld eine enge Bewachung und war dadurch als kreativer Unruhepol nahezu ausgeschaltet. Ein verkrampftes und nicht schön anzusehendes Finale war für die 10.000 Zuschauer in Halle an der Saale die Quittung.

Schließlich waren es zwei Standardsituationen, die etwas Schwung in die Partie brachten. Zuerst war es ein Freistoß von Rainer Sachse, den Klaus Sammer einschob, und wenige Minuten später stellte ein verwandelter Foulelfmeter der Berliner alle Spielfiguren wieder auf den Anfang. Auch beim »Nachsitzen« neutralisierten sich beide Finalisten. Als sich die Zuschauer langsam auf ein Elfmeterschießen einstellten, entschied Klaus Sammer mit Köpfchen nach einer Ecke von Eduard Geyer doch noch die Partie. In der 119. Minute netzte er ein und machte damit das erste Double in der Geschichte des DDR-Fußballs offiziell. Es ist für immer mit der SG Dynamo Dresden besetzt.[90] Dies war die Vorgeschichte. Aus den folgenden Zeilen entsteht der erste Streich.

Auf der offiziellen Meisterschaftsfeier anlässlich des sechsten Titelgewinnes 1978 erschien auch Erich Mielke, bekannt als Minister für Staatssicherheit und Vorsitzender der Sportvereinigung Dynamo. In seiner offiziellen Rede fiel ein Nebensatz, welcher den feierwütigen Dresdnern in diesem Moment noch nebensächlich erschien. Seine Tragweite entfaltete er jedoch in den folgenden Jahren: »Jetzt war ich oft genug in Dresden. Jetzt ist mal der BFC dran.«[91]

Und wie der Zufall will, musste Erich Mielke im darauffolgenden Jahr wirklich nicht nach Dresden reisen. Er hätte sogar die Straßenbahn zur Meisterfeier nehmen können. Die Berliner Mannschaft, seine Jungs, wurden erstmals Fußballmeister der DDR und dann immer wieder. Eine ganze Dekade lang grüßten sie von ganz oben und verwiesen sechsmal Dynamo auf den zweiten Rang.

Unsere dynamische »Freundschaft zum Hauptstadtverein« war bereits ein Vierteljahrhundert zuvor infolge der angeordneten Umsiedlung der gesamten Dresdner Mannschaft durch eine ganz spezielle Zuneigung geprägt. Nun wurde es das übergeordnete Ziel, das anvisierte Berliner Double aus Meisterschaft und Pokalsieg zu verhindern und damit Erich Mielke und auch irgendwie dem Staatsapparat im sportlichen Zweikampf vors Schienbein zu treten.

In über 26 Saisonspielen den BFC Dynamo auf Distanz zu halten, war, begünstigt durch manch seltsamen Pfiff aus den Pfeifen einiger Schiedsrichter, nahezu aussichtslos. In einem einzelnen oder auch zwei Pokalspielen die Oberhand zu behalten, vor allem, wenn zuletzt das ganze Land zuschaute, lag da eher im Bereich des Möglichen. So kam es, dass der BFC teilweise gegen die gesamte Republik antrat. Vor allem in den Pokalspielen freuten sich die Gegner über viele zusätzliche Anhänger.

Am dramatischsten waren dabei die Finalspiele des FDGB-Pokals, in denen der BFC während seiner zehn Meisterjahre fünfmal vertreten war. Dreimal war ihr Kontrahent der Dresdner Namensvetter. 1982 standen sich beide Dynamo-Mannschaften erstmals seit 1971 wieder im Finale des FDGB-Pokals gegenüber. Am Wochenende zuvor gab es in der Oberliga bereits die kleine Generalprobe. Wir gewannen sie mit 2:1. Durch die vierte Gelbe Karte für Matthias Döschner und eine glatte Rote für »Dixie Dörner« hatten wir unseren Sieg jedoch teuer bezahlt.[92] Während der BFC in Bestbesetzung antreten durfte, fehlten uns zwei Nationalspieler.

Die Fakten sprachen also den Berlinern die Favoritenrolle zu. Die DDR hielt ihre Daumen für Dynamo hoch, natürlich für die aus Dresden. Durch den Ausfall der beiden wichtigen Dresdner Stützen und mehrerer angeschlagener Mannschaftskameraden musste Trainer Gerhard Prautzsch seine Elf notgedrungen etwas umstellen. So kam der damals 34-jährige Gert Heidler, der in der Rückrunde der Oberliga keine tragende Rolle mehr im Dresdner Mannschaftssystem spielte, zu seinem letzten Finale.

Rein optisch waren die Berliner überlegen. In den Zahlen des Finales wurden 24:9-Torschüsse und 13:1-Eckbälle für die Mannschaft aus der Hauptstadt notiert.[93] Doch dies alles war eine trügerische Überlegenheit ohne greifbares Resultat. Fast hätten wir das Spiel bereits in der regulären Spielzeit für uns entschieden, doch unseren Führungstreffer durch Andreas Trautmann egalisierten die Berliner kurz vor Spielende. In der Verlängerung neutralisierten sich die Dynamos wie 18 Jahre zuvor und anders als durch das damalige Tor in der vorletzten Spielminute passierte diesmal nichts mehr.

Es kam zum zweiten Elfmeterschießen in der Geschichte dieses Pokals. Nachdem sich fast sieben Jahre zuvor der Zwickauer Jürgen Croy zum Helden des finalen Spieles machte, war es diesmal unser Torwart Bernd Jakubowski, welcher als entscheidender Spieler galt. Er musste dazu gar nicht den letzten Elfmeter selbst verwandeln, es genügte, dass er den dritten Elfmeter des Berliners Christian Backs abwehrte.[94]

So feierte fast die gesamte DDR den vierten Titelgewinn der SG Dynamo Dresden, während der BFC Dynamo nach der Niederlage 1979 gegen den 1. FC Magdeburg zum zweiten Mal knapp das Double verpasste.

86. GRUND

Weil wir auch 1984 dafür sorgten, dass die bisher einzigen Double unsere waren.

Zwei Jahre nach dem gewonnenen Elfmeterschießen von Berlin standen sich im Spiel der Spiele erneut beide Dynamo-Mannschaften gegenüber. Die Vorzeichen konnten 1:1 von 1982 übernommen werden. Favorit war der alte und neue Meister aus Berlin, Herausforderer wir Dresdner. Es war ein wenig, als »grüßt das Murmeltier« nicht täglich, aber nach zwei Jahren. Sogar die Aufstellungen beider Mannschaften enthielten im Stamm die Akteure vom letzten gemeinsamen Finale. Diesmal durften auf unserer Seite auch Hans-Jürgen Dörner und Matthias Döschner mit dabei sein, gemeinsam mit neun Dresdner Aktiven, die bereits wussten, wie man den BFC in einem Finale des FDGB-Pokals bezwingt. Der BFC wiederum versuchte, das erhofft letzte Spiel vor einem möglichen Double mit vier frischen Kräften anzugehen, alle anderen waren »niederlagengeschädigt«.

Eine wichtige Änderung gab es auf unserer Trainerbank. Statt Gerhard Prautzsch hatte auf ihr inzwischen mit Klaus Sammer ein altbekannter »Berliner Schreck« Platz genommen. Er war derjenige, welcher 1971 einen maßgeblichen Anteil am ersten Gewinn beider Titel hatte. Es gab also die besten Voraussetzungen für unsere Sportgemeinschaft, aus der Position des Herausforderers auch dieses Spiel erfolgreich zu bestreiten, vor allem da uns die Berliner zwei Wochen zuvor mit ihrem Sieg die bis dahin noch erhoffte Meisterschaft verhagelt hatten.

So richtete Dynamo Dresden alles auf dieses Endspiel aus. Klaus Sammer drückte in einem Gespräch mit dem Onlinemagazin *Ost-Derby* klar aus: »In den Wochen zuvor habe ich intensiver trainieren lassen und alle Kräfte auf das Pokalfinale gelenkt. Dem galt unsere Konzentration, auf die laufenden Punktspiele nahm ich dabei keine Rücksicht. Der BFC wollte doch endlich das Double und wir wollten ... das verhindern.«[95]

Es gab also genügend Gründe dafür, dass Pfeffer in der Partie steckte. Diesmal gab es kein Abtasten. Mit Torsten Gütschow, Ralf Minge und Frank Lippmann standen gleich drei Angreifer in unserer Anfangself. Mit Matthias Döschner verteidigte ein weiterer gelernter Stürmer im Abwehrverbund und Libero Hans-Jürgen Dörner war sowieso immer mal wieder vorn zu finden. Zahlreiche Ecken, Latten- und Pfostentreffer, zwei stets gut reagierende Torhüter, es war ein offensives Finale, auch wenn lange Zeit die Tore fehlten.

Die gab es dann noch, gleich drei in den letzten zehn Spielminuten. Zuerst revanchierte sich Hans-Jürgen Dörner für sein Fehlen zwei Jahre zuvor mit einem direkt verwandelten Freistoß, welchen er mit all seiner großartigen Technik als Strich an der Mauer vorbei direkt ins Tor der Berliner drosch. Der BFC hatte noch nicht einmal durchgeschnauft, da entwischte ihnen Frank Lippmann.

Es folgte durch die Berliner ein genauer Test der Stabilität ostdeutscher Obertrikotagen. Die gute Torchance war durch das Ziehen und Zerren und den folgenden Sturz dahin und vor den Augen der ganzen Nation erhielt Dynamo in der 82. Minute einen Strafstoß. Reinhard Häfner legte sich den Ball zurecht und verwandelte ins linke untere Eck. Der lange Bodo Rudwaleit im Tor der Berliner hatte zwar die Ecke geahnt, aber zwischen dem Pfosten und ihm passte genau noch ein Ball dazwischen.

Die Entscheidung schien gefallen zu sein, da verwandelte Rainer Troppa im Stile Hans-Jürgen Dörners vier Minuten zuvor ebenfalls einen Freistoß auf die direkte Art und Weise. Das linke Becken eines in der Mauer stehenden Dresdners hatte dem Ball noch eine für Bernd Jakubowski unerwartete Richtungsänderung verpasst, und so sah dieser unbewegt zu, wie der Ball neben ihm in die Maschen rauschte.[96]

Was folgte, war noch etwas Zittern auf dem Feld, den Rängen und vor den Fernsehern, während die Zeit für uns lief. Dann ertönte der letzte Pfiff und wieder einmal war es so, dass die Spieler in den roten Trikots noch ein wenig länger auf das anvisierte Double warten mussten, während wir einen Haken hinter eine doch erfolgreiche Saison setzen konnten. Vizemeister, Pokalsieger und damit gleichzeitig dem BFC eins ausgewischt, mehr ging in diesen Jahren wirklich nicht.

87. GRUND

Weil uns nichts und niemand im FDGB-Pokal 1984/85 aufhalten konnte

Gibt es einen Fußballgott, so hat er in der Pokalsaison 1984/85 wohl seine Hand schützend über die SGD gehalten. Wahrscheinlich versuchte er auszugleichen, was dem Verein in der Meisterschaft seit mehreren Jahren verwehrt blieb. Gibt es den Fußballgott nicht, dann hatte Dynamo fast mehr Dusel, als zu vertreten ist, oder einfach ein wahnsinniges Selbstvertrauen in den entscheidenden Spielen.

Der Pokal, egal ob zu Zeiten des FDGB oder heute beim DFB, schreibt seine eigenen Geschichten. Dynamo befand sich mittendrin. Zwar ist erneut in mehreren Nebenrollen der BFC Dynamo vertreten, doch unser Weg ins große Finale an sich war bereits einzigartig. Nach einem Sieg in der ersten Runde in Weimar war Dynamo in Schkopau zu Gast. Ziemlich genau drei Jahre zuvor feierten wir gegen die Betriebssportler unseren höchsten Oberligasieg. Diesmal benötigte die Mannschaft die Verlängerung, und als der Gegner endlich müde wurde, knockten ihn zwei Gegentore zum 4:2-Endstand endgültig aus.

Ab dem Achtelfinale wurde im Europapokalmodus gespielt. Nach einem 2:2 beim FC Hansa Rostock war die Ausgangslage vor dem Rückspiel zwar vielversprechend, die Ausführung jedoch nicht. Mit einem 1:1 zitterten wir uns gerade so ins Viertelfinale. Dort wollten wir das knappe Ausscheiden der zweiten Mannschaft sühnen, welche durch die Reservemannschaft des BFC Dynamo das finale Stoppschild erhalten hatte. Doch nach einem 1:2 im Hinspiel mussten wir eher aufpassen, es ihr nicht gleichzutun. Im Rückspiel neutralisierten wir das Hinspielresultat. Dafür gab es 30 Minuten extra. Letztendlich benötigten wir das Elfmeterschießen, um im Halbfinale auf den FC Frankfurt (Oder) treffen zu dürfen. Die Frankfurter waren zu der Zeit eine sehr gute Mannschaft der Oberliga. Zwei Jahre zuvor konnten sie sogar den inoffiziellen Meistertitel der Mannschaft hinter der mit dem Dauerabo gewinnen.

Im Hinspiel war die SGD gedanklich noch in Wien. Eine halbe Woche zuvor hatten wir es fertiggebracht, bei Rapid eine eigentlich beruhigende 3:0-Führung aus dem Hinspiel noch zu versemmeln. Nach einem 0:5 war mal wieder im Viertelfinale Schluss gewesen. Im Pokalhalbfinalhinspiel setzte es mit 0:2 gleich noch eine Klatsche hinterher.

»Damit hat Dynamo keines seiner Pokal-Heimspiele gewinnen können …, jedes Mal in den Rückspielen den Bock aber noch umzustoßen vermocht. Wie wird es am 1. Mai ausgehen?«, fragte der Sportredakteur Günter Hamann im Spielbericht der *Sächsischen Zeitung*.[97]

Doch vorher war Zeit genug, sich den Mund abzuputzen und wieder aufzustehen, denn bis zum Anpfiff war noch mehr als fünf Wochen Zeit. Die Frage des Sportjournalisten konnte beantwortet werden. Erneut gelang es uns, die Hinspielpleite auszugleichen. Was eine Runde zuvor bereits gut funktioniert hatte, klappte auch diesmal. Mit 4:2 behielten wir vom Punkt die Oberhand.

Das Finale war die Neuauflage des Vorjahres sowie von 1982. Erneut trat Dynamo gegen Dynamo an, mehr Spannung konnte es wirklich nicht geben, doch drei Tage vor dem Traumendspiel gab es, wie bereits drei Jahre zuvor, die Generalprobe. Die Meisterschaft war zwar offiziell entschieden, die Frage nach der besten Fußballmannschaft der DDR jedoch nicht. Dadurch, dass die Berliner im eigenen Stadion mit 1:2 den Kürzeren zogen, war nun richtig Feuer entfacht worden. Der siebenfache Meister aus Berlin traf auf die Mannschaft aus Dresden, welche bereits zweimal in den letzten drei Jahren dem Berliner Titelgewinn im Wege stand. Die DDR wartete sehnsüchtig auf den Anpfiff.

Der erfolgte dann endlich am 8. Juni 1985 im Stadion der Weltjugend. Unser Glück hatten wir auf unserem Weg ins Finale bereits aufgebraucht. Jetzt kam es aufs Können an. Wir gingen durch Matthias Döschner in Führung und auch der zwischenzeitliche Ausgleich der Berliner brachte uns nicht durcheinander. Jörg Stübner mit einem knallharten Schuss, für den selbst der lange Berliner Torwart zu kurz war, und Ralf Minge mit einem Kopfball ins linke obere Eck sorgten schließlich für klare Verhältnisse. Das 2:3 kurz vor dem Ende war nur noch Ergebniskosmetik. Dynamo hatte die Berliner das vierte Mal ausgebremst, davon dreimal zwischen 1982 und 1985.

Nicht einmal Schiedsrichter Manfred Roßner konnte dies verhindern. Ihm wurde eine wahrhaft außergewöhnliche Regelauslegung nachgewiesen. Er pfiff 17 grobe Fehler in diesem Finale, von denen er 14 zuungunsten der SG Dynamo Dresden traf. Darunter war auch ein regelkonformes Tor von Ralf Minge. Dies ließ dem Verband keine andere Wahl, als Roßner vorerst für die kommende Oberligasaison zu sperren.[98] Solche Verschiebungen sportlicher Leistungen waren ärgerlich, doch setzten sie in Dresden auch einen hohen Grad an Kreativität frei.

»Beim BFC geht's gut voran,
mit Prokop, Stumpf und Habermann.
Auch Roßner, Scheurell sorgen prompt,
daß der BFC nach vorne kommt.«

88. GRUND

Weil sich bei Dynamo Abstiegskampf und schöne Tore nicht ausschließen

Die erste Bundesligasaison neigte sich dem Ende zu. Durch die Integration der Ostmannschaften dauerte sie so lang wie nie zuvor. Eine Zeit, die für den FC Hansa Rostock zu lang zu werden schien. Bis zum 7. Spieltag konnten sie sich auf dem ersten Rang halten. Anschließend waren sie in gefährdetere Regionen abgerutscht, in denen sich Dynamo schon die gesamte Saison befand und reichhaltig Erfahrungen gesammelt hatte. Am 33. Spieltag gewannen wir das Spiel der Ostmannschaften mit 2:1. Platz 17 bedeutete zwar noch immer Abstieg, er war jedoch nur noch durch das Torverhältnis begründet. Der FC Schalke 04 lag als Elfter ganze zwei Punkte voraus. Die letzten Spiele versprachen, spannend zu werden.

Auch die Fortuna aus Düsseldorf stand seit Saisonbeginn unten drin und lief den anderen Mannschaften hinterher. Sie war, im Gegensatz zu uns, abgeschlagener Tabellenletzter. Ihre Chance, den Klassenerhalt noch zu erreichen, war einzig theoretischer Natur. Wir hatten in der Fremde zu selten etwas Zählbares mitgenommen. Ein einziger Sieg konnte in den vorherigen 16 Auswärtsspielen bejubelt werden. Dass der ausgerechnet bei Bayern München gelang, klingt aus heutiger Sicht fantastisch, spiegelt jedoch zuallererst die »Grottensaison« der Bayern wider. Es gibt zwei Endtabellen in der Bundesliga mit einem negativen Punktverhältnis der Bayern. Dieses Jahr war eine davon.

Zurück nach Düsseldorf. Das Spiel bot für Dynamo die Chance, erstmalig seit acht Spieltagen wieder die Abstiegsränge zu verlassen. Wer erwartet hatte, Abstiegskampf im Stadion zu erleben, staunte an diesem Abend. Die Dresdner kombinierten nicht wie ein Abstiegskandidat und steckten auch das frühe 0:1 nach drei Minuten folgenlos weg. Vor allem Hans-Uwe Pilz, der an diesem Tage wohl beste Spieler auf dem Feld, hatte für sich die spielerische Problemlösung im Tabellenkeller entdeckt. Mitte der ersten Halbzeit zog er bis zur Grundlinie des gegnerischen Strafraums vor, tunnelte dort einen Gegenspieler und passte genau auf den Kopf von Torsten Gütschow. Der hechtete zum Ball, traf ihn gut und verpasste nur durch einen Wahnsinnsreflex vom Düsseldorfer Torhüter Jörg Schmadtke den Ausgleich. Kurze Zeit später gelang er ihm dann doch.

Trainer Helmut Schulte wollte gewinnen, statt mit einer Punkteteilung den Rückweg anzutreten. Eine halbe Stunde vor Spielende wurde mit Uwe Rösler ein weiterer Stürmer eingewechselt. Er war in diesen Wochen eher Joker als Stammspieler. Seine drei Saisontore sprachen auch nicht für eine Änderung dieses Zustandes.

Zwölf Minuten später war der ehemalige Magdeburger dann an der Szene des Monats direkt beteiligt. Einen langen Pass von Hans-Uwe Pilz, die Internetpräsenz der *ARD-Sportschau*[99] spricht von 50 Metern, versenkte er aus der Luft heraus volley von weit außerhalb des Strafraumes. Jörg Schmadtke hatte keine Chance, daran irgendetwas zu ändern. Es war die wichtige Führung und das Zeichen, dass genügend Selbstbewusstsein für diesen Abstiegskampf besaßen.

Das Spiel endete mit 3:1. Der Treffer von Uwe Rösler wurde kurze Zeit später zum Tor des Monats gewählt. Seitdem haben es nur zwei Dresdner Spieler Uwe Rösler nachgemacht, obwohl immer mal wieder einer auf der Nominierungsliste stand. Auffällig ist, dass alle Dresdner »Torschützen des Monats« ihre Tore erzielten, als Dynamo sich im unteren Drittel der Tabelle befand. Zwei Jahre nach der Premiere war es Thomas Rath, der Gegenspieler

Peter Wynhoff narrte und dann mit einer Bogenlampe ins Tor von Borussia Mönchengladbach traf.

Der letzte Torschütze des Monats war Klemen Lavrič zu unseren Zweitligazeiten. Seinen Fallrückzieher im Dezember 2004 bestaunten sämtliche Dresdner und Erfurter Spieler auf dem Feld. Wenige Wochen später wurde er sogar zum Tor des Jahres gekürt. Abstiegskampf und tolle Tore schließen sich bei Dynamo nicht unbedingt aus. Hinschauen lohnt sich, um die Perlen einzufangen.

89. GRUND

Weil Dynamo die erste Mannschaft war, die in der neuen Münchner Arena gewinnen konnte

Die ersten Jahre des neuen Jahrtausends waren für die Fußballfans in Deutschland aufregend. Die Weltmeisterschaft 2006 streckte ihre umsatzstarken Finger nach denen aus, die gern investieren wollten. Für diese Großveranstaltung wurden in vielen Städten neue Stadien gebaut. Einzelne Arenen standen danach erst einmal jahrelang leer, weitere trieben ihre Bewohner in den Ruin und andere wiederum verrotteten, weil man sich nicht einigen konnte, ob man ... oder ob man eher nicht investieren sollte.

Ganz anders lief es in München ab. Da wurde zuerst in einem Bürgerentscheid im Oktober 2001 dafür gesorgt, dass die, die was dagegen hatten, redeten und dann für immer schwiegen. Die Grundsteinlegung war genau ein Jahr später, und im Frühjahr 2005 war der Koloss zu München-Fröttmaning fertig, in welchen sich sowohl die Roten als auch die Blauen heimisch fühlen wollten.

Pünktlich zur neuen Saison begann am 5. August 2005 der reguläre Spielbetrieb. Der FC Bayern München eröffnete die neue Saison und gewann mit 3:0 gegen Borussia Mönchengladbach. Erst im Oktober gelang es Juventus Turin, den Bayern den ersten Gegentreffer in der neuen Arena einzuschenken. Erst sieben Monate später war es mit dem Hamburger SV der Bundesligadinosaurier, der sich nicht mehr an die gültige Regel, bitteschön die Punkte bei den Bayern abzuliefern, hielt. Sie spuckten den Bayern einmal kräftig auf den heimischen Rasen.

Es war wie mit der ersten Beule an einem neuen Auto. Ist sie erst einmal dran, dann ist das neue Gefährt eingeweiht. Bayern München hatte nun endlich sein neues Stadion. Die blauen Untermieter benötigten nicht so lang, um es für sich selbst einzuweihen. Zwar wurde im ersten Heimspiel der Absteiger aus Rostock mit 4:1 aus der Arena gefegt, den ersten Gegentreffer gab es jedoch schon. Und dann kamen wir zu Besuch.

Im Internet kann man alles über die Münchner Arena erfahren. Das erste offizielle Spiel, die ersten Torschützen beider Mannschaften, Bauzeit, Besucherzahl, und so weiter. Irgendwie scheint alles gelistet worden zu sein.

Eine wichtige Sache findet man leider gar nicht: den Titel, der nur einmal vergeben wird und den wir für alle Zeiten für uns beanspruchen können. Wir bleiben für immer die Mannschaft, die zuerst in der neuen Münchener Heimspielstätte einen Sieg feiern durfte. Der 9. September 2005 sollte daher in einer vollständigen Stadionchronik nicht fehlen.

Schon vor dem Spiel demonstrierte die überfüllte Autobahn, dass dieses Spiel ein Heimspiel für uns werden würde. Die Löwen stellten sich auf viele auswärtige Fans ein und öffneten den Oberrang des Stadions, der sich auch gut in Schwarz und Gelb füllte. Schon die Anfahrtswege waren mit schwarz-gelben Wimpeln und dynamischen Fanutensilien an Autos, die aus allen Ecken Deutschlands kamen, übersät.

Sebastian, der sich mit dem Fanclub »Dylirium« auf den Weg in die bayrische Landeshauptstadt begab, sprach von mehr als 100 Reisebussen, welche sich mit Dresdner Fans auf den Weg zu einem historischen Spiel befanden. Der durch den reisewütigen

Dresdner Anhang produzierte Stau war gewaltig. Unser zahlenmäßiger Überhang sorgte dafür, dass die sich in Minderheit befindenden einheimischen Schlachtenbummler vorsichtshalber die blau-weißen Schals ihres Herzensvereins außer Sichtweite der sie umlagernden Dresdner Reisebusse brachten und gleich noch die Cabriodächer schlossen.

Im Stadion angekommen, waren wohl auch die Spieler der TSV 1860 München beeindruckt von der schwarz-gelben Wand, welche den gegnerischen Verein so wahnsinnig unterstützte. Es war laut in München-Fröttmaning. Die Dresdner Mannschaft rannte, kämpfte und kombinierte. Unser halbes Heimspiel gewannen wir durch zwei Treffer von Marco Vorbeck. Wir hatten das Stadion eingeweiht.

Es war der Beginn einer kleinen Serie. Obwohl wir die letzten Jahre zumeist ein gern gesehener Gast in den Stadien unserer Spieltagesgegner waren, hat es bisher in München immer für mindestens einen Punkt gereicht. Wir haben noch nie in diesem Stadion verloren. Das wird vorerst auch so bleiben. Es ist die traurige Realität, mit keiner der beiden Münchener Mannschaften mehr in einer gemeinsamen Liga zu spielen.

90. GRUND

Weil Dynamo für die größte Sensation im DFB-Pokal sorgte

Mein Verein kann alles. Spiele, die durch sind, doch noch in den Sand setzen und Begegnungen, die verloren erscheinen, mit einem einzigartigen Kraftakt umbiegen. Dynamo ist niemals vorhersehbar. Beide Seiten der Medaille haben wir in der Zweitligasaison 2012/13 gegen den FC St. Pauli gezeigt. Im Hinspiel führten wir in Hamburg bereits 2:0, um am Ende mit 2:3 wie begossene Pudel dazustehen. Im Rückspiel lief es genau andersherum. Unser Gast ging zu Beginn der zweiten Halbzeit mit 2:0 in Führung, um dann auf den letzten Metern drei Tore zu empfangen. Schöne, spannende und in Erinnerung bleibende Spiele waren das.

Doch das wahnsinnigste Spiel, das es in den vergangenen Jahren in Dresden zu bestaunen gab, war sicherlich unser Auftritt in der ersten Runde des DFB-Pokals 2011. Mit seiner zeitlichen Dramaturgie hätte es in jedem Spielfilm unglaubwürdig gemacht und für Kopfschütteln gesorgt.

Es spielte ein auf den letzten Pfiff frisch aufgestiegener Zweitligist gegen den amtierenden Vizemeister der vorangegangenen Saison. Ein Team von Nobodys forderte eine Mannschaft, die mit Nationalspielern gespickt war. Die Rollen schienen klar verteilt. Ich war nicht anwesend, jedoch nicht aus Glaubens-, sondern aus arbeitstechnischen Gründen. Mein Körper befand sich zu Zeiten des famosen Auftritts der Dresdner Mannschaft drei Kilometer vom Stadion entfernt. Meine Verbindung zum Spiel war ein Liveticker.

Das Duell David gegen Goliath begann. Der Beginn ließ vermuten, dass die Spannung schnell verschwunden sein könnte. Nach nicht einmal einer Viertelstunde stand es bereits 0:2. Da ich ja auf Arbeit war, bemerkte ich dies erst verzögert. Als zu Beginn der zweiten Halbzeit das 0:3 fiel, war das Spiel für mich entschieden. Es war eingetreten, was zu erwarten war, aber irgendwie verspürte ich einen Stich. Ganz tief im Verborgenen hoffe ich wie jeder andere immer wieder aufs Neue, einmal ein ganz besonderes Spiel miterleben zu können, und wenn es notgedrungen von Arbeit aus ist.

Ein heftiger Regenguss ließ bereits die ersten Zuschauer nach Hause eilen. Nach der nächsten Aktualisierung las ich vom Kopfballtreffer Sebastian Schuppans. Wenigstens lassen wir uns nicht abschlachten, dachte ich und drückte noch einmal auf die Aktualisierung des Tickers, ehe wieder andere Tätigkeiten anstanden. 2:3 durch Robert Koch. Was war denn im Stadion auf einmal los? Auch in einigen Zimmern hatte sich der Zwischenstand herumgesprochen. Dynamo war auf einmal überall auf Station Gesprächsthema.

Die Uhr lief hartnäckig dem Ende entgegen, aber auch Michael Ballack, der beim Stand von 3:0 eingewechselt worden war, konnte nicht mehr verhindern, dass erneut Robert Koch in der 86. Minute den Ausgleich erzielte und uns die Verlängerung ermöglichte.

Manchmal passiert es, der ein oder andere Fußballfan wird das kennen, dass man plötzlich die Gewissheit erhält, dass dieses Spiel nur noch mit einem Sieg beendet werden kann. Es ist, als ob man kurzzeitig der Zeit vorauseilen würde. So war es auf Station. Wir waren vom Sieg überzeugt. Dieses Spiel konnte nur schwarz-gelb ausgehen. Nicht nur der dramatische Wandel sprach für uns, auch die Geschichte. Bereits 18 Jahre zuvor endete ein DFB-Pokalviertelfinale gegen die Leverkusener mit einem Dresdner Sieg. Der wurde damals im Elfmeterschießen besiegelt, aber wie wir gewinnen würden, interessierte danach niemanden.

Die Partie war endgültig zu unseren Gunsten gekippt. Das schienen auch die Leverkusener Spieler so zu sehen. Für sie regnete es kontinuierlich, während wir die Sonne mit uns hatten. Und dann kam in der 117. Spielminute der Spielzug des gesamten Spiels. Ich habe mir später die Zusammenfassung des Spieles angeschaut und dieser Konter hat sich in meine Festplatte ein für alle Mal eingebrannt.

Dynamo erkämpft nach einem Eckball der Leverkusener den Ball, der sogleich zu Sascha Pfeffer weitergeleitet wird. Der schlägt ihn auf die linke Seite in den Lauf des losstürmenden Alexander Schnetzler. Dieser sprintet auf den Leverkusener Torwart zu, als ob er nicht 32, sondern mindestens zehn Jahre jünger wäre. Sie nähern sich einander, und ich weiß, dass unser Senior gleich treffen wird. Trotzdem fiebere ich jedes Mal, wenn ich den Spielzug sehe, aufs Neue mit ihm mit. Ich hoffe, dass er den Ball behaupten kann und nicht ausrutscht.

Inzwischen bin ich schon wieder froh, dass er wirklich schon Anfang 30 ist und nicht im jugendlichen Eifer versucht, den Ball samt dem gegnerischen Torwart ins Tor zu treten. Alexander

Schnetzler nutzt seine ganze Erfahrung und mit einer wahnsinnigen Kaltschnäuzigkeit bugsiert er den Ball über David Yelldell hinweg ins Tor des Vizemeisters hinein. Es ist der 4:3-Endstand. Noch nie zuvor hatte ein Zweitligist im DFB-Pokal einen 0:3-Rückstand gedreht. Es war ein Spiel für die Geschichtsbücher. Es war *das Spiel* der SG Dynamo Dresden!

KAPITEL 9

DYNAMISCHE FANS

JENE, DIE DEN VEREIN IMMER IM GESPRÄCH HALTEN

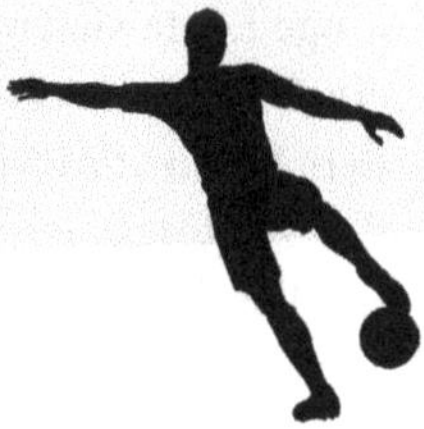

91. GRUND

Weil wir immer die Wahl hatten und uns glücklicherweise für Dynamo entschieden haben

Wohin die Liebe fällt, ist manchmal schwer zu erklären. Warum verfällt man den scheinbar größten Chaoten, während uns die immer lieben, artigen und braven Zeitgenossen überhaupt nicht auffallen? Es ist Sommer, irgendwann am frühen Abend. Der Park ist gut gefüllt mit Menschen und noch stehst du etwas unschlüssig am Rande und schaust dich um. Du bist auf eine Feier mit vielen Unbekannten eingeladen worden und weißt noch nicht, worauf genau du dich da eingelassen hast.

Hinter mehreren Bäumen liegen einige Decken verstreut und junge Leute sitzen, stehen und feiern zusammen. Am Rande setzt ein Grill noch etwas unbeholfen erste Rauchzeichen ab. Das mit dem Essen wird wohl noch etwas dauern. Noch scheint es niemanden zu stören, wird halt vorerst noch Trennkost betrieben und die Bierflaschen und Salate werden etwas eher verputzt.

Langsam gehst du ihnen entgegen, da hörst du im Biergarten in Sichtweite das dezente Anstoßen vieler Sektgläser und ein Prosit auf eine junge Jubilarin. Es gibt auch hier einen Anlass zu feiern. Gleich wird das rote Band durchschnitten und das Buffet eröffnet. Es ist von allem eine Spur zu viel da und niemand muss auf Leckereien verzichten.

Das sieht am Grill inzwischen etwas anders aus. Verzicht ist auch hier nicht unbedingt ein Thema, nur muss man schnell sein, um aus den verschiedensten Mitbringseln der Gäste das zu finden, was letztendlich zusammenpassen könnte. Außerdem muss man schnell sein, wenn der Grillmeister oder eher der, der sich dafür ein wenig verantwortlich fühlt, eine Bratwurst freigibt. Da wird auch mal was genommen, was nicht sofort eindeutig zuzuordnen ist, weil jeder hungrige Bauch irgendwann Kompromisse eingeht …

… welche im Biergarten, der dem Anlass entsprechend hergerichtet wurde, nicht eingegangen werden müssen. Geht dennoch mal etwas zur Neige, wird es umgehend von den umsichtigen Angestellten nachgefüllt. Die Geschenke, welche aufmerksam, aber nicht unbedingt originell oder passend waren, sind inzwischen übergeben worden.

Währenddessen hat gegenüber der Grill seinen Dienst eingestellt und wird für ein kleines Lagerfeuer genutzt. Eine durch Unaufmerksamkeit mit Bier getränkte Decke wurde provisorisch in die Nähe des Wärme- und inzwischen auch Lichtspenders gehängt, um ihren Zustand von nass und stinkend auf feucht und müffelnd zu regulieren. Irgendwie wissen alle Anwesenden, dass eine nicht zu kleine Chance besteht, dass diese Decke im Verlauf des Abends noch Feuer fangen könnte.

Im Biergarten verschwinden währenddessen die ersten Gäste. Der ausgesprochenen Einladung wurde selbstverständlich gefolgt. Das Essen war ausgezeichnet. War auch mal wieder schön, die anderen zu sehen. Nach zwei Stunden reicht es dann aber auch. Irgendwie hat man sich nicht mehr so viel zu sagen, wenn man sich so lang kennt. Aber egal, los jetzt, denn die Müdigkeit kommt immer in der Dämmerung. Was ist denn da drüben zwischen den Bäumen los?

Da hat die Decke wirklich Feuer gefangen, es musste ja so kommen. Der Feier tat dies jedoch keinen Abbruch. Einige Freunde der Beschenkten haben sich ein Herz gefasst und einen improvisierten mehrstimmigen Kanon angestimmt. Schön schief und einzigartig. Der Rest der Gruppe stimmt nach und nach ein. Die Feier neigt sich dem Ende zu, als die ersten Gäste, die in der Dämmerung den Biergarten verlassen haben, ausgeruht und frisch ihre Frühstücksbrötchen holen. Was sagt uns das? Wer Gefallen an der Feier im aufgehübschten Biergarten hat, sollte nicht *111 Gründe, Dynamo Dresden zu lieben* lesen, sondern eher das Pendant eines anderen Vereins.

In Dresden ist nichts perfekt, es wird viel improvisiert, und glaubt man, sich nach mehreren Jahren im Vereinsleben ein wenig auszukennen, so hat man eventuell manchmal eine Vorahnung, was schiefgehen könnte. Verhindern kann man es nur selten. Auch wenn man die nasse Decke zur Seite gelegt hätte, ehe sie übermäßig erhitzt, dann würde es zwar gelingen, dass sie diesmal nicht brennt, sicher wäre sie dennoch nicht, da sich garantiert ein anderer unbeobachtet darauf erbricht. Dresden ist anders. Nicht perfekt, nicht immer gut vorbereitet und oft schusselig. Aber man weiß, man bekommt immer etwas geboten.

92. GRUND

Weil Dynamo alle zusammenbringt

Wenn ein Spieltag im heimischen Stadion ansteht, gibt es verschiedenste Rituale, die Zeit vor dem Spiel sinnvoll zu vertrödeln. In Großschönau nahe dem Zittauer Gebirge wird vor jedem Spiel eine schwarz-gelbe Fahne gehisst, ehe die dynamischen Spiele in vertrauter Gemeinsamkeit genossen werden. Manch Fan schläft in einem Spielertrikot, andere gar nicht, ich trinke am Morgen eines Spieltages aus meiner übergroßen Dynamo-Tasse mit Vereinswappen die doppelte Menge an Cappuccino wie gewöhnlich. Es gibt Fans, die stellen sich bereits vor den Stadiontoren auf, wenn die noch gar nicht geöffnet haben. Einfach um da zu sein und nichts zu verpassen. Pünktlich zwei Stunden vor dem Spiel schwärmen sie dann ins Innere und zeitnah werden auch hier die ersten Fahnen aufgehängt.

Der überwiegende Teil des Anhangs jedoch macht vor dem Spiel noch eine erste Pause. Entweder vor Ackis Sportbar, welche sich an einem großen Verkehrsknotenpunkt etwa 500 Meter vom Stadion entfernt befindet, oder in der Torwirtschaft, direkt gegenüber unserer Heimspielstätte am Rande des Großen Gartens.

Die Torwirtschaft ist so etwas wie das Chamäleon der Dresdner Kneipenkultur. Ich habe dort bereits nach der Trauung von Freunden edel gespeist, aber an Spieltagen ist sie ganz auf Fanbedürfnisse ausgerichtet. Der angeschlossene Biergarten füllt sich bereits kurz nach seiner Öffnung mit Menschen aller Altersstufen und sozialen Schichten. Wie eine Schuluniform tragen die meisten unser Trikot aus neuen oder historischen Tagen und es vermischen sich Kind bis Rentner, Anwalt und Verkäuferin, der Ultra mit dem Erstbesucher. Und das, was woanders nie funktioniert, gelingt wenigstens kurzzeitig beim Fußball.

Dynamo Dresden ist der uns alle verbindende Kitt, der Gemeinsamkeiten schafft und vorhandene Unterschiede übersieht. Wo man auf der Straße wahrscheinlich wortlos aneinander vorbeieilen würde, bietet uns die Torwirtschaft Unterschlupf für die notwendigen Taktikbesprechungen, während die Luft geschwängert ist vom Duft der Bratwürste, von Bier und stetiger Geschwätzigkeit.

Eigentlich passen wohl 900 Personen hinein, aber da wir es auch im Stadion gern etwas enger mögen, ist diese Zahl auch nur ein unterer Richtwert. Auf Twitter wurde es einmal gut zusammengefasst: »Verschwitzte Menschenmassen hasse ich. Aber beim Fußball ist das was anderes. Da liebe ich diese Massen.«

Hier in der Torwirtschaft treffen alle aufeinander. Mittendrin befindet sich meist unsere Vizepräsidentin. Sie hat in der männerdominierten Fußballwelt seit fast sechs Jahren ihren verbindenden Platz im Verein gefunden. Hat man ein Problem, besteht vor Beginn des Spiels die beste Möglichkeit, auf kleinem und spontanem Weg Gehör bei ihr zu finden. Vor dem Stadion finden wir Fans oftmals den gleichen gemeinsamen Nenner, während es sich in den 90 Minuten des Spieles bereits wieder teilt. Während die einen den Austausch genießen, bin auch ich lieber der stille Beobachter, den ständiges Reingequatsche vom Spiel ablenkt.

Das ist Dynamo. Mein Verein bietet allen Altersgruppen und jeder sozialen Schicht eine Heimat. Wo es in Berlin einen Arbeiterverein gibt, in Hamburg einen linksalternativen Stadtteilclub, im Pott Vereine für jede Gesinnung, wird in Dresden alles von Dynamo abgedeckt. Dynamo ist für alle da, und manchmal hat man den Eindruck, dass Dynamo auch von allen vereinnahmt wird. An meinem Verein wird gezerrt und gezogen, jeder Block und jedes Mitglied möchte seinen Einfluss und sein Mitspracherecht ausweiten oder zumindest gern behalten, und so steht die SGD dazwischen, wird manchmal zerrieben, und dann gibt es wieder Momente, wo Dynamo Position bezieht und alle mal kurz ein wenig zusammenrücken. Das ist mein Verein und das wird Dynamo auch immer bleiben.

93. GRUND

Weil aktive Fans auch nachts alles für Dynamo geben

Der Termin war seit Monaten bekannt, aber unser Verein hatte ausgerechnet an jenem Tag, als sich die Gründungsfeier in der Dresdner Schauburg zum 60. Mal jährte, bei den Eisernen von Union ein wichtiges Punktspiel. Daher sollte es direkt am Geburtstag keine große Feier, sondern eine intensive Unterstützung der Mannschaft in Berlin geben. Doch so richtig wach werden nicht alle der mitgereisten Dresdner Schlachtenbummler gewesen sein. Frank, der seit Jahren das Leben der SGD bebildert[100], sicherlich nicht, denn seine vorherige Nacht war kurz ausgefallen.

In Vorbereitung auf die Vereinsfeierlichkeiten hatte er von der aktiven Fanszene die Information erhalten, dass unserem Verein um Mitternacht standesgemäß gratuliert werden sollte. Wo bei anderen Jubilaren, welche die 60 anreißen, die Sturm-und-Drang-Phase vorbei ist, ist eine Nullachtfünfzehn-Feier bei Dynamo einfach nicht vorstellbar. Zu Dynamo Dresden passen viele Adjektive, aber garantiert nicht »alt« und »spießig«. Neben den offiziellen Feierlichkeiten gibt es noch eine der aktiven Fanszene.

Kurz vor Mitternacht begann das Spektakel. Vom Straßburger Platz aus strömten vorwiegend junge Gratulanten herbei. Zwischen der Carola- und der Augustusbrücke sammelten sie sich auf beiden Elbseiten und im improvisierten Stadionrund war rasch der typische »Dynamo«-Wechselgesang aus inzwischen etwa 1.000 Kehlen bis nach Dresden-Striesen zu vernehmen. Dafür war kein Stadiondach als Resonanzkörper nötig.

Dass bei uns ein Teil der Anhänger bengalische Lichtquellen bevorzugt, ist bekannt. In dieser Nacht erleuchteten Hunderte von ihnen und diverse Feuerwerke den Nachthimmel. Die Stimmung erlebte Frank als ausgelassen, wie es nachvollziehbar ist, wenn in den Ehrentag der großen Liebe hineingefeiert wird. Für etwa 20 Minuten war der benannte Innenstadtbereich in rotes Licht getaucht. Danach fand die inoffizielle Feier ihr Ende, ins Bett gingen die Feierwütigen jedoch noch nicht.

Am nächsten Morgen, als die Stadt erwachte, waren bereits verschiedene Bereiche Dresdens mit dynamischen Symbolen geschmückt. So trug das Reiterstandbild von König Johann vor der Semperoper eine schwarz-gelbe Fahne und der Trümmerfrau vor dem Dresdner Rathaus wurde in der nächtlichen Kälte vorsorglich ein langes Tuch in den Farben der Sportgemeinschaft umgehängt. Am Wiener Platz hing an einem Baugerüst ein großes Plakat mit einer Gratulation an das Geburtstagskind. Wer genau schaute, konnte überall im Stadtgebiet Banner, Aufkleber oder Flatterbänder mit Gratulationen finden.

Frank fotografierte einige davon, es ist sein Job. Am Abend machte er sich dann noch auf den Weg nach Berlin, um die Mannschaft in ihren einmaligen Jubiläumstrikots festzuhalten. Es gab keine Klatsche wie im Vorjahr und die Mannschaft konnte beim 0:0 einen wichtigen Punkt festhalten. Zurück in Dresden, endete der lange Tag von Frank, wobei er sicherlich erschöpfter war als unser jung gebliebenes Geburtstagskind. Im Rückblick ist es die kleine private Gratulation der aktiven Fanszene, die vom Geburtstag in Erinnerung geblieben ist. Klein, privat und im engen Kreis, Dynamo hat es gefallen.

94. GRUND

Weil Dynamo, auch ohne groß zu suchen, überall in der Stadt gefunden werden kann

Zuletzt war die Rede von der nächtlich vorbereiteten Huldigung des Geburtstagskindes Dynamo. Am folgenden Morgen waren die Symbole vielleicht etwas intensiver verbreitet, aber auch an allen anderen Tagen stolpert man immer und überall über unseren Verein. Ich habe vor Jahren immer mal wieder versucht, Dynamo-freie Tage einzulegen. Was mir im Frühjahr 2011 in unseren drei Monaten in Neuseeland recht gut gelungen ist, stellt daheim in Dresden schon eine weitaus größere Überwindung dar.

Vor allen in den spielfreien Zeiten, also Sommer- oder Winterpause, bin ich mehr mit der Beschaffung von Informationen beschäftigt als während der Spielzeit. Dieses Munkeln und Weitertragen von Gerüchten über mögliche Neuverpflichtungen oder kurzfristige Abgänge steigert meinen Internetkonsum enorm, vor allem da wir in den letzten 14 Spielzeiten im Zwei- bis Dreijahresrhythmus die Ligenzugehörigkeit wechselten und dementsprechend den Kader immer wieder anpassen mussten. Inzwischen habe ich mir mein eigenes Netzwerk aufgebaut, das zumeist bedeutend schneller ist als die offizielle Bestätigung von Neuigkeiten auf der Vereinshomepage. Was fast ein wenig nach einem suchtnahen Verhalten klingt, bedarf hin und wieder der persönlichen Überprüfung außerhalb von Urlaubszeiten.

Daher die Dynamo-freien Tage. Ich zeige mir selbst, auch ohne meine täglichen Routineabläufe klarzukommen, und versuche, es auch in der Folgezeit ein wenig einzuschränken. Das Internet ist selbstverständlich tabu, auch von jedem Zeitungskiosk halte ich mich fern. Es gibt nur an wenigen Tagen nicht wenigstens eine kleine Vereinsbotschaft auf der ersten Seite in einer der vier Dresdner Tageszeitungen zu finden.

Bisher habe ich jeden Test bestanden, am generellen Einschränken arbeite ich noch. Wie dem auch sei, es ist nicht einfach, in Dresden nichts vom Verein mitzubekommen. An jedem Tag werden meine Augen in Dresden auch ungewollt mit Hinweisen zum Verein gefüttert. Auch wenn sie nicht einmal besonders offen sind, finden sie Dynamo an allen Ecken der Stadt. Das herrschende Alleinstellungsmerkmal drückt alles andere an die Wand oder überdeckt es völlig. Sich neben Dynamo zu entfalten und Aufmerksamkeit zu erhalten, ist nicht einfach.

Kunstvolle Graffiti mit dem weinroten Vereinslogo, Aufkleber, schnell hingeschmierte Botschaften wie »1953« oder »SGD«, einzeln oder in Verbindung als Twitter-Hashtag »#sgd1953«. Getragene Vereinsschals und Mützen im Winter, im Sommer dann der auf die Wade gestochene K-Block oder das Wappen auf dem Oberarm. Der Verein ist überall und geht nicht wenigen für ewig unter die Haut. Dresden ist Dynamo und Dynamo ist Dresden.

Ich finde meinen Verein immer wieder an neuen Orten der Stadt verewigt. Es ist wie eine große Schnitzeljagd quer durch die Stadt, ein wabernder, aber nicht immer ästhetisch schöner Liebesbeweis an den großartigsten Verein der Welt. Doch dann gibt es Momente, da erwischt es auch mich völlig unvorbereitet. Da sucht man in einer Buchhandlung nach einem passenden Geschenk für den zweiten Geburtstag eines Kindes und denkt in dieser Ecke nun wirklich einmal nicht an Dynamo.

Die allseits bekannten Wimmelbücher haben meinen Kindern auch gefallen, also geht meine Kauftendenz nach der Sichtung der vielen unterschiedlichen Quietsch- und Schiebebücher in Richtung der Stadtausgabe Dresdens[101]. Gedankenverloren blättere ich durch die einzelnen Seiten, auf denen es immer so viel zu entdecken gibt.

Ich finde es ganz schön und bunt, aber so richtig ploppt es bei mir noch nicht, bis ich auf das Bild mit meinem Dresdner Wahrzeichen schaue.

Unsere schwarz-gelbe Vereinsfahne mit einem leicht erkennbaren Wappen ist da deutlich an einem Fenster einer Häuserfront zu sehen. Es ist für das Bild vielleicht etwas klein geraten, fällt mir aber dennoch gleich ins Auge. Die große, rechts abgebildete Frauenkirche entdecke ich etwas später, doch da ist meine Kaufentscheidung bereits gefallen. Dynamo peppt auch Kinderbücher entscheidend auf.

95. GRUND

Weil das letzte Hemd keine Taschen hat und Fans dafür sorgen, dass der Verein nie wird anziehen müssen …

Unser Verein ist in den 90ern wie viele andere ostdeutsche Mannschaften mit einem Portemonnaie unterwegs gewesen, das immer wieder seinen Inhalt verloren hat. Aus etwas Besitz, der aus Spielerverkäufen entsprang, wurde wenig, aus wenig Nichts und aus Nichts die ersten Schulden. Kurze Zeit später wuchsen diese dem Verein über den Kopf, letztendlich war er handlungsunfähig und erste Heuschrecken waren bereits in Sichtweite.

Zuerst klammerte sich Dynamo an eine Marketing-Firma aus Saarbrücken mit Namen Sorad. Sie war der dringend benötigte Strohhalm, nachdem Werbepartner »Boards and Sports« Konkurs anmeldete. Später warf Bauunternehmer Rolf Jürgen Otto einen weiteren Rettungsanker, während sich die roten Zahlen verselbstständigten wie ein Virus, der außer Kontrolle geraten ist. Den Sargnagel hat glücklicherweise noch niemand in den Verein geschlagen, er ist jedoch noch immer eine Option. Im Mai 1995 bezifferte der DFB den Schuldenstand Dynamos auf 18 Millionen DM und entzog uns die Lizenz. Auf heutige Verhältnisse umgerechnet wären das 9,2 Millionen Euro. Besser klingt das definitiv nicht.[102]

Um die Jahrtausendwende rettete der Filmrechtehändler Michael Kölmel mit einem Darlehen unseren klammen Verein. Er erhielt im Gegenzug Anteile an den eingenommenen Fernsehgeldern des Vereins. Eine erste anvisierte Rückzahlung scheiterte an den leeren Taschen Dynamos. Die neue Frist nach inzwischen zehn verzinsten Jahren endet im Sommer 2015.

Unerbittlich läuft die Uhr gegen Dynamo. Während sie bei anderen Vereinen die Zugehörigkeit zu einer Liga zeigt und sich Stunde um Stunde aufsummiert, läuft unsere ähnlich wie ein Countdown rückwärts. Es ist kein Grund, einen Verein zu lieben, der sich seit mehr als einem Jahrzehnt bewusst sein müsste, dass die Rückzahlung ansteht, jedoch zu keinem tragfähigen Ergebnis findet.

Bewundernswert ist vielmehr der Anhang, der nach der Brustsponsorenaktion oder den Geistertickets wieder mit einer ausgefallenen Idee und viel Kreativität dem Verein unter die Arme greift. Es sind Fans wie Robby Nitzsche, der die »Initiative Schuldentilgung« ins Leben gerufen hat. Ein Jahr hat er täglich (Frei-) Zeit investiert, um sein Projekt rechtlich abzusichern, Bedenken zu minimieren und viele bürokratische, juristische und steuerrechtliche Fragen zu klären. Im Dezember 2013 konnte das Projekt dann endlich starten.

Die »Initiative Schuldentilgung« lebt von privaten Schenkungen. Robby Nitzsche selbst fungiert dabei als Verwalter des Geldes, bis es zweckgebunden bei Dynamo Dresden eingegangen ist. Unzählige Privatpersonen und Firmen haben sich inzwischen mit kleinen und größeren Summen beteiligt. Fast zu allen Heimspielen stehen Robby und seine Unterstützer vor den einzelnen Blöcken des Stadions und werben für ihre Aktion.

Der Mannschaft, die den Verein in die Dritte Liga beförderte, wurde immer wieder nachgesagt, keine gewesen zu sein. Ob das so war, wird ungeklärt bleiben. Dass sie aber zumindest ein Herz für den Verein hatte, wird dadurch bewiesen, dass ein Teil der internen

Mannschaftskasse auf dem Treuhandkonto von Robby Nitzsche gelandet ist.

Die bisher größte Schenkung gab es im Testspiel gegen Celtic Glasgow vom Dynamo-Fanclub »Die treuen Löwen«. Sie übergaben eine unglaubliche Einzelschenkungssumme von 1.953 Euro. Die komplett benötigte Summe vollständig zu ersammeln, ist sicherlich sehr optimistisch gedacht. Nach der Übergabe an den Verein am 30. Juni 2015 wird sie vom Verein definitiv zweckgebunden zur Ablösung der Kölmel-Millionen verwendet werden. Es zeigt sich, dass unser Verein lebt und außergewöhnliche Fans hat. Ein Spiel dauert 90 Minuten, die Liebe zum Verein ein ganzes Leben. Dies ist ein wichtiger Grund, Zeit, Energie und Kreativität in diese Liebe zu stecken. Es ist für jeden ganz einfach, sich zu beteiligen. Bis zum 30. Juni 2015 gehen die Hälfte meiner persönlichen Einnahmen für dieses Buch als Schenkung an die »Initiative Schuldentilgung«.

96. GRUND

Weil Dynamo Fans hat, die Brustsponsor des Vereins waren

Dynamo spielte mit leisen Aufstiegsambitionen in der Regionalliga. Einen Trikotsponsor zu finden war nach unserem Höllenritt durch die vorherige Viertklassigkeit und die bestehenden hohen finanziellen Belastungen nicht möglich. Als Dankeschön für die große Hilfe der Stadt, vor allem durch seinen Bürgermeister Ingolf Rosberg, lief Dynamo mit »Dresden« statt nackter Brust auf. Für die Stadt war das natürlich ein Werbeeffekt, für den Verein das wichtige Dankeschön, doch die Einnahmen fehlten und waren auch nicht in Sicht. Dynamo Dresden war kein großes Zugpferd mehr, sondern eine von vielen Mannschaften, die nach finanzieller Unterstützung durch Sponsoren suchten.

Im Verein setzten sich die kreativen Köpfe zusammen und Ende November 2003 ging dann eine Initiative mit dem Namen »Brustsponsor« erstmals an die Öffentlichkeit. Sie war eine Gruppe von zehn aktiven Anhängern. Jens Genschmar, Begründer des Dresdner Fußballmuseums und Aufsichtsratsmitglied, war ihr Sprecher. Es war geplant, eine limitierte Menge an Trikots mit einer Nummerierung von 0001 bis 2.003 zum Preis von jeweils 99 Euro zu verkaufen. Nach Abzug aller Herstellungskosten würde dem Verein eine Summe von etwa 150.000 Euro einen neuen Investitionsrahmen ermöglichen. Als Schirmherr konnte das Dynamo-Idol Ralf Minge gewonnen werden.

»Bei so einer Aktion gibt es überhaupt keine Überlegung: Da muss man mitmachen«[103], ermunterte er zu reger Beteiligung. Gemeinsam mit Ulf Kirsten ging er mit gutem Beispiel voran. Beide ehemaligen Spieler orderten gleich einmal fünf Trikots. Außerdem überzeugten sie zahlreiche Spieler von Bayer Leverkusen, es ihnen gleichzutun. So wurde die Aktion ein voller Erfolg. Dynamo war mal wieder überregional im Gespräch. Bereits zum nächsten Heimspiel gegen Eintracht Braunschweig konnten mehr als 100 verkauft werden.

Besondere Nummern wurden nicht verkauft, sondern versteigert. So brachte die Nummer 2.003 mit den Unterschriften der aktuellen Mannschaft mehr als 2.300 Euro ein, die mit dem Gründungsjahr und dem Signum auserwählter Recken Dynamos sogar mehr als 3.500 Euro.

Marketingleiter Markus Hendel freute sich ebenfalls über das große mediale Interesse und hoffte, eventuell darüber einen zahlungskräftigen Sponsor zu finden. In diesem Fall, so war es im Vorfeld besprochen worden, würde das Geld den lange Zeit übersehenen Nachwuchsspielern zugutekommen. Bis zum Ende der Winterpause konnten nahezu alle Trikots verkauft werden. Zuletzt erwarben die Mercedes Benz Niederlassung aus Dresden und eine Betonfirma aus Dohna insgesamt 100 Trikots, um ihre Kunden zu überraschen.

Nicht nur deren Kunden waren überrascht, auch der Verein und die Organisatoren selbst konnten am Ende ein zufriedenes Fazit ziehen. Mit »Cleanaway« konnte zum Rückrundenstart ein neuer Sponsor begrüßt werden. Er war laut den *Dresdner Neuesten Nachrichten* nicht der einzige potenzielle Partner. Der letztendlich neue auserwählte Partner war vom bundesweiten Interesse der Brustsponsoraktion beeindruckt, wie sie in einer Pressemitteilung kundtaten.[104]

Zum Rückrundenstart verzichtete »Cleanaway« auf die ihnen zustehende Werbefläche, wodurch Dynamo im ersten Heimspiel gegen den FC St. Pauli einmalig mit dem Schriftzug »Brustsponsor« antreten konnte. So konnte das Trikot endgültig einmalig werden und unvergessen bleiben. Der FC St. Pauli wurde durch ein Tor von Ranisav Jovanović in der 90. Minute mit 1:0 bezwungen und Dynamo stand damit erstmalig auf einem Aufstiegsplatz. Es war ein gutes Omen für die restliche Saison.

97. GRUND

Weil wir den FDGB-Pokal reaktivierten

Wer über Dynamo Dresden schreibt, darf die Mannschaft der Neckarsulmer Sport-Union nicht vergessen. Der Verein aus Baden-Württemberg entstand durch eine Fusion am Neujahrstag 2009 und kam zu seinem Erstrundenspiel im DFB-Pokal 2013/14 wie die Jungfrau zum Kinde. Spätestens jetzt müsste jeder etwas mit diesem Verein anfangen können. Als Landesligist war das Erreichen des Pokalfinales gegen den Drittligisten FC Heidenheim sicherlich bereits ein Highlight in der noch jungen Vereinsgeschichte. Das Endergebnis von 1:3 am Abend des 7. Mai 2013 war bei einem Klassenunterschied von vier Ligen ehrenvoll. Nebenbei stieg der Verein in die sechsthöchste Spielklasse auf.

Doch eine Woche später knallten garantiert einige Sektkorken im Ländle, denn das jungfräuliche Kind schrie gesund und kräftig auf, nachdem der Einspruch Dynamos auf Teilnahme am DFB-Pokal vor dem ständigen neutralen Schiedsgericht abgelehnt wurde. Als ob dieses Glück nicht reichen würde, wurde mit dem 1. FC Kaiserslautern außerdem noch ein großer Name aus Fußballdeutschland zugelost.

Dynamo Dresden war endgültig draußen. Erneut fehlte eine wichtige Summe in unserem Jahresbudget. Dafür gab es gratis einen neuen Imageschaden. Herzlich willkommen im Dresdner Dynamo-Alltag. Aber wie zu anderen Anlässen, finanzielle Engpässe gibt es in Dresden nicht so selten, begannen die Fans, in diversen Foren und sozialen Netzen ihre Gedanken preiszugeben. Einen eigenen Dynamo-Cup auszurufen, in der Mannschaften, die ebenfalls ein »Dynamo« im Vereinsnamen stehen hatten, eingeladen werden sollten, stand im Raum. Dynamo Moskau, Houston Dynamo, Dynamo Kiew, Dynamo Tiflis, Dynamo České Budějovice und natürlich der verhasste Bruder vom BFC Dynamo. Es gab genügend Möglichkeiten für mehrere Pokalrunden. Letztendlich wurde durch uns der FDGB-Pokal reaktiviert. Wo die vier Buchstaben bis 1989 für den »Freien Deutschen Gewerkschaftsbund« standen, nahm Dynamo sich selbst ein wenig aufs Korn und deutete das Kürzel in »Für Dynamo gemeinsam blechen« um[105].

Während die Neckarsulmer Sport-Union am 3. August 2013 stellvertretend für Dynamo gegen den 1. FC Kaiserslautern spielte und mit 0:7 verlor, traten wir zu Hause im Achtelfinale gegen den Premier-League-Aufsteiger Hull City an. Eigentlich war nach diesem Spiel mit dem Endergebnis 0:1 der FDGB-Pokal nach allgemein gültigen Regeln auch schon wieder beendet. Verloren ist raus, doch in diesem Pokal wurde nach unseren eigenen Turnierregeln gespielt. Wo wir noch Monate zuvor mit unseren Einsprüchen an einer Teilnahme im DFB-Pokal scheiterten, kamen wir diesmal, ohne etwas getan zu haben, durch die Hintertür ins Viertelfinale.

Hull City wurde kurzerhand nach einer Vereinsumbenennung ausgeschlossen.

Wir waren also wieder mittendrin und mit Borussia Mönchengladbach stand der Viertelfinalgegner fest. Der Anhang fragte sich bereits im Vorfeld, aus welchem Grunde diese Mannschaft wohl nachträglich disqualifiziert werden würde. Eine Beantwortung dieser Frage blieb durch ein unerwartetes 2:0 von Dynamo reine Theorie.

Die Zuschauerzahlen hielten in beiden Spielen nicht den Erwartungen und Hoffnungen der Organisatoren stand. Gegen die Engländer waren etwas mehr als 6.000 Zuschauer im Stadion, eine Runde später war die Besucherzahl zwar knapp doppelt so hoch, war jedoch dem ersten Spiel des neuen Trainers Olaf Janßen geschuldet.

Aus diesem Grunde wurde das Halbfinale ausgesetzt und ein Finale in der Saisonvorbereitung für die Saison 2014 anvisiert. Das fand jedoch leider ohne Begründung gar nicht statt. Auch wenn nicht jede Idee supererfolgreich zündet, kann man sagen, dass Dynamo und sein Anhang wenigstens welche hat.

Die neue Spielzeit verspricht pokaltechnisch spannend zu werden. Wo wir 2013/14 gar nicht teilgenommen haben, gibt es diesmal mit DFB-Pokal und dem sächsischen Pendant des Sachsenpokals gleich zwei Hochzeiten, auf denen wir tanzen werden. Und dann hat die Mannschaft gegen Schalke 04 und den VfL Bochum dafür gesorgt, dass die dynamischen Festspiele bis ins Jahr 2015 verlängert wurden. Vielen Dank!

98. GRUND

Weil es bei Dynamo Geister gibt

Wie viele andere stand ich einige Zeit im Fanshop des Vereins an, um eine besondere Eintrittskarte zu erwerben. Nachher hielt ich gleich zwei in meinen Händen. Meine Frau würde glücklich sein, denn es war eine Karte, welche sie nicht verpflichtete, ein Heimspiel von Dynamo Dresden zu besuchen. Vielleicht würde sie sich ja einverstanden erklären, nicht mitzukommen? Ganz sicher!

Es waren zwei in Braunschwarz und Weiß gehaltene feste Eintrittskarten, auf denen einzig das Logo von Dynamo, seines realen Gegners, des FC Ingolstadt 04, sowie das offizielle rote Geistersiegel etwas Farbe hauchten.

Diese Karte berechtigte mich,
nicht das Heimspiel zu besuchen,
nicht mit dem Kombi-Ticket anzureisen,
nicht das Stadiongelände zu betreten,
nicht Bier und Bratwurst im Stadion zu konsumieren.

Diese Karten waren, so stand es ebenfalls in kleinen weißen Buchstaben geschrieben, ein limitierter Fanartikel, und trotzdem war dieses »Nichts« ein besonderes Zeichen des Vereins, seiner Fans und aller Unterstützer an die, die vorher dafür sorgten, dass es dieses Ticket überhaupt erst geben musste. DFB-Pokal 2011/12, zweite Runde Dortmund, chaotisches Verhalten, Pokalauschluss, doch kein Ausschluss, stattdessen ein Geisterspiel, so liest sich die kurze Zusammenfassung der Vorgeschichte.

Nachdem die Idee des Verkaufs von Geistertickets in der Fanszene entstand, um den finanziellen Schaden für den Verein aufzufangen, wurde sie sehr erfolgreich umgesetzt. Es gab für dieses Geisterspiel Steh-, Sitz- und VIP-Karten, um verschiedene Größen der Geldbörsen anzusprechen. Bereits in den ersten Stunden nach Verkaufsbeginn wurden mehr als 1.000 Tickets veräußert. Durch die sozialen Netzwerke konnte das Ansteigen der Besucherzahlen verfolgt werden. Das Stadion füllte sich gut und rasch. Es entwickelte sich ein besonderes Miteinander zwischen dem Verein und seinen Anhängern. Fans, welche die Zahlen der verkauften Tickets fleißig verbreiteten, sorgten dafür, dass die Botschaft bald auch überregional wahrgenommen wurde.

Dann überraschte die SGD mit einer neuen wichtigen Botschaft. Die Stehplatzbereiche würden am Wochenende wohl überfüllt sein. Die Geister wurden daher gebeten, doch bitte etwas näher zusammenzurücken. So wurde enger und noch etwas enger neben-, an- und übereinander gerückt, und kurz darauf waren die eigentlichen Kapazitäten eines ausverkauften Dresdner Stadions nicht nur erreicht, der Besucherbereich quoll quasi über. Währenddessen hatte sich auch der virtuelle Gästeblock zu füllen begonnen. Aus Europa und sogar Australien gab es Bestellungen für ein Ereignis, an dem man nicht teilnehmen würde. Die Welle der Sympathiebekundungen riss nicht ab.[106]

Als das Spiel am 11. März 2011 angepfiffen wurde, saßen 41.738 Fans nicht im Stadion, nur eine Masse an Geistern balgte sich um die besten Plätze. Es herrschte eine unheimliche Stimmung. Nichts war, wie man es sonst gewohnt war. Einzig die Fahnen im Stehplatzbereich hingen an ihrem gewohnten Platz. Um so voller war der Bereich vor dem Stadion. Die Unterstützung der Mannschaft fand ohne Sichtkontakt, jedoch lautstark auf der gesanglichen Ebene statt. Tore gab es keine zu bejubeln. Nicht nur für die zahlreichen Fans, die keinen Einlass erhalten hatten, auch nicht für die etwa 20 offiziellen Vertreter beider Mannschaften, die das Spiel in einem leeren Stadion erlebten. Anke Kattner war eine von ihnen. Sie saß zu dieser Zeit als Vertreterin der Dresdner Fangemeinschaft im Aufsichtsrat unseres Vereins. Auf der einen Seite sah sie ein Spiel, in dem es um etwas ging, was aber einem Testspiel in der Türkei ohne Anhang gleichkam. Obwohl, auch dahin verschlägt es immer wieder dynamische Enthusiasten.

Die bekannten Gesänge des Anhangs waren klar und deutlich zu hören. Anke Kattner beschrieb ihre Eindrücke. Das Klatschen einiger Offizieller, was sie eher peinlich berührte. Geräusche auf dem grünen Rasen, die gewöhnlich nicht zu vernehmen sind. Gesänge, die von außen hereinschwappten und nach einem gefüllten Stadion klangen.[107] Es war ein Spiel, welches so niemand braucht. Eine Kollektivbestrafung aus Frankfurt für einen Verein und seinen Anhang, die nun gemeinsam auslöffelten, was eine Minderheit allen eingebrockt hatte. Selten hatte ich mich meinem Verein näher gefühlt. Vielleicht war dies die einzig positive Nebenwirkung?

99. GRUND

Weil bei Dynamo aus Schlechtem Gutes entstehen kann

Am 12. März 2006 zeigten die Anhänger Dynamos mal wieder zwei Gesichter. Am Vormittag wurde mit viel Engagement gemeinsam das Stadion vom Schnee befreit, damit das Spiel am Nachmittag überhaupt stattfinden konnte. Unter schwierigen Bedingungen gewann Dynamo durch ein direktes Freistoßtor von Maik Wagefeld die kampfbetonte Partie und konnte das erste Mal nach dem zehnten Spieltag die Abstiegsränge verlassen.

Eigentlich ein Grund zum Feiern, wenn nicht einigen Fans im Stadion die wiederholt rassistischen Ausfälle einiger Anhänger aus der eigenen Fankurve gegenüber dunkelhäutigen Spielern aus Siegen bitter aufgestoßen wären. Im Forum der Dynamo-Homepage entsteht in der Folgezeit eine rege Auseinandersetzung innerhalb der Fanszene und mit Unterstützung des Fanprojektes Dresden kurz darauf 1953international, eine antirassistische Faninitiative.

Im Oktober 2006 positionieren sich der Verein und die Spieler anlässlich der internationalen FARE (Football Against Racism in Europe) im Spiel gegen die Zweitvertretung von Werder Bremen mit einem deutlichen Transparent. Es trägt die Botschaft »Rassismus ist kein Fangesang«. Außerdem werden antirassistische Statements der Spieler im Stadion abgespielt.

Im ersten Zweitligaheimspiel gegen den FC Hansa Rostock läuft Dynamo mit dem Slogan »Love Dynamo – Hate Racism« auf. Auch ein Jahr später trägt die Mannschaft gegen Eintracht Braunschweig ein Sondertrikot mit gleicher Botschaft. Aus dem Erlös der verkauften versteigerten Trikots finanziert 1953internationl eine neue und besondere Aktion. Gemeinsam mit der AG Asylsuchende aus Pirna wird für Menschen, die Zuflucht in Deutschland suchen, wie Paul aus Syrien oder Neamaat aus dem Libanon, ein Besuch des Stadions ermöglicht. Erstmalig wird dieses Vorhaben im Heimspiel gegen den VfL Bochum umgesetzt und ist seitdem ein fester Bestandteil eines Spieltages in Dresden.

Diese Zusammenarbeit wird ausgeweitet. Asylsuchende werden ins Erleben der schwarz-gelben Massen mit einbezogen. So wird Kindern aus Flüchtlingsheimen die Teilnahme an einem Dynamo-Fußballcamp zu Ostern ermöglicht. Elf Kinder dürfen bei einem Heimspiel einmal Einlaufkind sein. Ein besonderes Erlebnis, auf welches die Kinder längere Zeit glücklich zurückblicken. Ihnen wird ein unbeschwerter Moment Alltag gegönnt, wo ansonsten vor allem Ungewissheit herrscht, wie es weitergehen wird.

1953international, welche nun bereits seit mehr als sieben Jahren den Blick der Fans vom Spielfeld aufs Leben erweitern, wird Ende November 2013 endlich einmal die Aufmerksamkeit zuteil, die ihnen schon lang zusteht. Das gemeinsame Projekt mit der AG Asylsuchende wird in der Öffentlichkeit gewürdigt, indem es verdient den Sächsischen Integrationspreis 2013 erhält. Der Slogan »Rassismus ist kein Fangesang« ist zum ständigen Begleiter bei jedem Heimspiel geworden. Er ist sowohl auf den Jahres- und Tageskarten als auch auf den Mitgliedsausweisen des Vereins präsent.

Einst trat die antirassistische Faninitiative mit dem Ziel an, Verein und Anhang dafür zu sensibilisieren, dass die in der Gesellschaft und den Blöcken des Stadions auftretenden rassistischen Ausfälle nicht schweigend hingenommen werden dürfen. Inzwischen ist die Fanszene laut Aussage von 1953international vielfältiger und bunter geworden, jedoch noch immer nicht frei von solchen Ausfällen.[108]

Das einminütige Anti-Rassismus-Video »Der Mensch«, welches in der vergangenen Saison vor jedem Spiel zu sehen war, ist ein weiterer wichtiger Baustein von 1953international, darzustellen, dass Rassismus, Fremdenfeindlichkeit und Diskriminierung niemals ein Normalzustand im Stadion oder Alltag sein dürfen! Love Dynamo – Hate Racism!

100. GRUND

Weil wir ehrlich sind, auch wenn es im ersten Moment schmerzen mag …

Kurz nach dem Jahrtausendwechsel gab es für uns Anhänger im Fanshop offiziell einen wahrlich besonderen Freundschaftsschal zu erwerben. Auf einer Hälfte trug er die schwarze und gelbe Farbe unseres Vereins, auf der anderen war er mit einem glatten weißen Nichts versehen. Dieser Schal schien mal wieder eine typische Dresdner Provokation darzustellen, doch eigentlich war er doch nur ein ehrliches Statement.

Neben meinem Herzensverein ist kein Platz für langfristige tief gehende Empfindungen zu anderen Vereinen und deren Fans. Als Dresdner Fan bin ich mit Euphorie und depressiven Verstimmungen völlig ausgelastet. Da ist keine Zeit, Herzblut in Liebe, Lust oder Laster der anderen zu stecken.

Ich interessiere mich für die Ergebnisse oder den Saisonverlauf anderer Mannschaften. Vor Jahren verspürte ich gewisse Sympathien für den Hamburger SV. In der letzten Saison hätte ich nichts dagegen gehabt, wenn sie ihre Grottensaison mit ihrem ersten

Bundesliga-Abstieg »veredelt hätten«. Als Ulf Kirsten bei Bayer 04 Leverkusen angestellt war, war mir Bayer, egal, ob ihrer werksnahen Tradition, näher als beispielsweise der 1. FC Nürnberg. Zu den badischen Zeiten eines Maik Wagefeld oder Joshua Kennedy war dies selbstverständlich anders. Aber mehr als ein kurzzeitiges Interesse war da definitiv nicht. Kein Kuscheln oder Knutschen, nichts. Ehrlich!

Meiner Meinung nach funktionieren Fanfreundschaften fast ausschließlich nur zwischen kleinen Gruppierungen oder einigen Teilen der Fanszene verschiedener Vereine. In den 80ern gab es die wohl zum FC Hansa Rostock, doch sie ist wieder eingeschlafen, anstatt auf andere Gruppen überzuspringen. Ähnliches gilt für historisch überlieferte Anbandelungen zwischen der SGD und Teilen des Eisernen Anhangs.

Da sitzen einige Fans im Sommer gemeinsam am Strand oder Lagerfeuer und finden sich sympathisch. Michael, ein Arbeitsfreund von mir, hegt, für mich unverständlicherweise, eine große Nähe zum FC Energie Cottbus. Seine Erzählungen über die Brandenburger und meine über den großartigsten Verein der Welt haben dazu geführt, dass ich mehr über den Werdegang von Energie weiß und er, nachdem wir seinem Verein doch noch in die Drittklassigkeit gefolgt sind, überzeugend traurig zu sein schien. Oder er ist halt nur ein verdammt guter Schauspieler. Wir konnten uns sogar gemeinsam zum Ende der Saison das Abstiegsspiel beider Vereine in Cottbus anschauen. Haben wir jetzt etwa eine Fanfreundschaft mit dem FC Energie Cottbus?

Die Ultras Dynamo hegten nach dem Jahrtausendwechsel eine Nähe zum GKS Katowice aus Polen. Dieser Austausch entstand über die Kontakte nach Zwickau, ist aber inzwischen wieder Geschichte. Anders ist das mit der Horde Zla, den Horden des Übels vom FK Sarajevo. Doch das ist die Freundschaft der Ultras, nicht die des gesamten Vereins. Nach unserem Abstieg hissten die Anhänger der Mannschaft aus Bosnien-Herzegowina ein Transparent mit der

Aussage: »*Die Legende aus Elbflorenz geht niemals unter*«.[109] Eine Geste, die ich wertschätze, es wird aber für mich nichts ändern, keine Fanfreundschaft mit ihnen zu pflegen.

Die berühmte Ausnahme im System ist die durch die Ultras entstandene Nähe zum FSV Zwickau. Ebenso ursprünglich aus einem persönlichen Kontakt entstanden, erweiterte sich die gegenseitige Unterstützung von Red Kaos Zwickau und den Ultras Dynamo bis zu einer schriftlich fixierten Vereinskooperation beider Vereine vor etwas mehr als einem Jahr.

Nachwuchstalente aus Zwickau können in Dresden im Juniorenbereich Bundesliga spielen und Spieler der SGD, die leistungstechnisch zwischen der ersten und zweiten Mannschaft angesiedelt sind, erste Schritte im Männerbereich Zwickaus absolvieren. So konnte der Dresdner Oliver Genausch aus der zweiten Mannschaft, nachdem er keine realistische Chance auf Einsätze in der ersten hatte, in der Rückrunde für Zwickau etwas höherklassiger in der Regionalliga spielen und mit fünf Toren eine erste Duftmarke setzen.

Das ist eine Freundschaft, die unter einzelnen Gruppierungen im Kleinen begonnen hat und aus der etwas für beide Gesamtvereine entstanden ist. Ansonsten fasste es Frank in einem Gespräch passend zusammen: »Alles außer Zwickau ist gekommen und gegangen!« Den Schal mit dem weißen Nichts gibt es nicht mehr zu kaufen. Muss ja auch nicht sein, denn wir haben ja inzwischen einen Freund, den FSV Zwickau.

101. GRUND

Weil Dynamo so überzeugend sein kann, dass Spieler nahezu unentgeltlich für uns auflaufen.

Es gibt Spieler, die nicht des zu verdienenden Geldes wegen für Dynamo auflaufen. Es ist die Idealvorstellung von uns Fans, dass

Sportler einzig der Anziehungskraft Dresdens wegen den Karriereweg zu uns finden und möglichst ihre Karriere gleich noch beenden, weil nichts anderes nach Dresden folgen kann. Leider wird dies nur selten erfüllt, doch hin und wieder gibt es Spieler, deren Engagement im schwarz-gelben Trikot sich gar nicht anders erklären lässt.

Einer dieser außergewöhnlichen Spieler, die für nahezu lau aufliefen, war Abdelaziz Ahanfouf. Als er sich im Sommer 2002 für uns entschied, hatte er sein Talent in Unterhaching und Rostock bereits angedeutet. Mit bereits 83 Spielen und zwölf Toren in beiden Bundesligen schien der 24-jährige Spieler mit seiner bisherigen Vita für einen Regionalliga-Aufsteiger mit permanenten Geldsorgen nicht finanzierbar zu sein, doch am 23. August stand er auf einmal an der Seitenlinie und wartete gegen Holstein Kiel auf seine Einwechslung.

Die Geschichte zu seinem speziellen Vertrag, die unser damaliger Trainer Christoph Franke anlässlich des dritten Legendenstammtisches der Dresdner Fangemeinschaft sieben Jahre später erzählte[110], klingt wie ein amüsantes Märchen aus Tausendundeiner Nacht, aber nicht wie langwierige und schwierige Vertragsverhandlungen im deutschen Profifußball.

Sigmar Menz, Manager in Dresden mit einer besonderen Überzeugungskraft, wollte sich im Sommer 2002 am Dresdner Flughafen mit Abelaziz Ahanfouf bezüglich eines möglichen Vertrages besprechen. Kurz vor dem Treffen telefonierte er über die bereitstehenden Eckdaten mit Christoph Franke. Zur Verfügung hatte er ein finanzielles Salär von ganzen 300 Euro monatlich, welches jedoch komplett für den neuen Spieler, der zuletzt mit dem FSV Mainz 05 nur um einen Punkt am Aufstieg in die Erste Bundesliga gescheitert war, zur Verfügung stehen sollte.

Christoph Franke hatte seine Antwort auf das damalige Vertragsangebot von Sigmar Menz auch Jahre später noch nicht vergessen: »Hast du 'ne Meise? Du kannst doch nicht dahin fahren und dem 300 Euro anbieten?« Doch eigentlich wusste er, dass Sigmar Menz überzeugend sein konnte. Sein Assistent Sven Köhler kannte den Manager noch aus gemeinsamen Chemnitzer Zeiten und hatte ihm gegenüber einmal seine Verhandlungstaktik erklärt. Er sei mit einer klaren Vorstellung, was er gern haben mochte, ins Zimmer des Managers getreten. Im Kopf hatte er eine Summe, die er keinesfalls unterschreiten wollte. Dann kam er heraus, hatte ein gutes Gefühl, aber weniger in der Tasche.

Ähnlich lief es wohl auch bei den Verhandlungen mit Abdelaziz Ahanfouf. Sigmar Menz überzeugte den Spieler mit deutsch-marokkanischen Wurzeln mit einer Gleichung. Dem Grundgehalt von 300 Euro legte er einen »Essensbon« bei, der für zwei Dresdner Gaststätten galt. Außerdem durfte der umworbene Spieler während der Vertragslaufzeit in einem Hotel wohnen. Für beide »Werte« setzte Menz eine virtuelle Summe X und Y ein, rechnete alles mit dem Grundgehalt von 300 Euro zusammen und kam auf eine Gesamtsumme von 3.500 Euro, welche dem Spieler monatlich zur Verfügung stehen würde. Obendrauf erhielt Ahanfouf in Dresden eine Zivildienststelle und konnte damit ganz offiziell seinen Wehrersatzdienst ableisten. Einen Sold als Wehrdienstverweigerer gab es letztendlich auch noch. Dazu noch einmal Christoph Franke: »Ahanfouf ist geblieben. Das war verrückt!« Wahrscheinlich war er ein Fan von Schwarz und Gelb.

102. GRUND

Weil Dynamo Dresden immer ein Gesprächsinhalt sein kann

Ich habe S. auf meiner Arbeit kennengelernt. Sie hätte hier gar nicht liegen dürfen. S. ist eine junge Frau in einem Alter, in dem man mitten im Leben stehen und seinen Kindern beim Aufwachsen zusehen sollte. Doch S. liegt bei uns und wartet auf das, was leider nicht mehr zu vermeiden ist und ihr auch nicht mehr viel Zeit gibt. Ich bin seit Tagen auf der anderen Seite der Station eingeteilt, bei Menschen mit anderen Geschichten und Schicksalen. Von S. habe ich nur in den Übergaben gehört und dabei ein klitzekleines Puzzleteil aus ihrem Leben kennengelernt, das Teilstück, welches ihr Leben in eine Einbahnstraße ohne Wendemöglichkeit gedrängt hat. Umkehren unmöglich, Anhalten und Aussteigen ebenso.

Es klingelt aus ihrem Zimmer. Die Schwester, die zuständig ist, hat sich im Nachbarzimmer eingeklinkt. Also schaue ich bei ihr hinein. Den Grund für das rote Leuchten höre ich schon, als ich mich ihrem Zimmer nähere, eine Infusionspumpe sendet einen Warnton. Ich begrüße S. und stelle mich kurz vor. »Hallo, ich bin Eric. Ich gehöre hier auch dazu.« – »Sie sind der große Dynamo-Fan?«

Dynamo muss hier also schon einmal Thema gewesen sein. Sport kann neben Urlaub oder der Familie anfangs immer wieder ein »Büchsenöffner« sein. Eine Freundin hat mir dies einmal erläutert, wenn sie in ihrer ehrenamtlichen Arbeit als Mediclown im Kinderbereich der Onkologie mit einem doppelten Tabu des Lebens konfrontiert wird. Kinder und Sterben, da werden Eltern und Angehörige oft still, und dann ist sie froh, wenn sie einen Erstkontakt zu den zumeist noch leiseren Vätern manche Male über Dynamo finden kann. Es gelingt oft.

Der Grund des Klingelns von S. ist rasch behoben, aber wir sind bereits mitten in einer Unterhaltung. Dynamo ist nicht nur mein Hobby, es war auch einmal ihres gewesen. S. hat sich irgendwann frustriert vom Verein abgewendet, nachdem sie zuvor bis in seinen inneren Kern vorgedrungen war. Einen Grund, Dynamo zu lieben, findet sie nicht mehr, aber genügend spannende Geschichten über ihn.

Geschichten, die mir zeigen, dass es vielleicht auch ganz gut sein kann, nicht unbedingt bis ganz ins Innere eintreten zu wollen und sich manche Naivität einfach zu erhalten. S. glaubt durch ihre persönlichen Erfahrungen, die sie über mehrere Jahre im Verein gesammelt hat, dass sich die immer wiederholenden Probleme, die dann wiederum Strafgelder für den Verein nach sich ziehen, nicht beheben lassen. Der Verein hat seine Unabhängigkeit verloren und manche Marionette wird genutzt und gemolken, bis sie wertlos geworden ist. Austauschbar ist letztendlich jeder, unabhängig von Einflüssen der Fanszene jedoch kaum.

S. wirkt vielleicht desillusioniert, aber in ihrer entwaffnenden Offenheit ist sie überzeugend. Sie hat keinen Grund, mir ein Märchen zu erzählen. Ich glaube ihr das, was ich sowieso seit Monaten in meinem Innersten ahne und bisher trotzdem immer weggeschoben hatte. Ich möchte es zwar auch jetzt nicht glauben, aber es beginnt auf eine ganz neue Art und Weise in mir zu arbeiten. Ihre Aussagen beschäftigen mich noch lang, nachdem unser Gespräch beendet ist.

Es ist nicht schlimm, dass S. keinen Grund mehr nennen kann, Dynamo zu lieben. Mir zeigt dieses Gespräch schon, dass genau diese 20 Minuten einer sind. Wir unterhalten uns nicht über ihre Erkrankung oder die Zeit, die zu schnell zwischen den Fingern zerrinnt. Es ist kein Thema, was in den kommenden Tagen, vielleicht auch noch Wochen passieren wird, da es nicht mehr abzuwenden ist.

Wir unterhalten uns über ein wichtiges, für S. früheres und für mich aktuelles Hobby. Wir befinden uns nicht in einem Krankenzimmer. Wir sind auch nicht im Stadion, egal, wir befinden uns für 20 Minuten im ganz normalen Leben.

KAPITEL 10

GESCHICHTEN

WAS MAN MIT DER SG DYNAMO DRESDEN ERLEBEN KANN

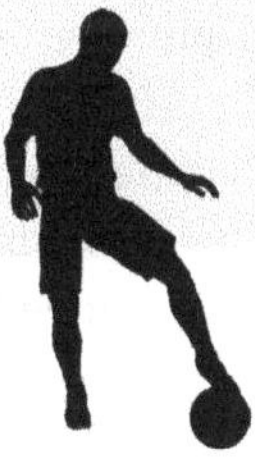

103. GRUND

Weil Dynamo auch Gastgeber sein kann, wenn wahre Liebe im Stadion besiegelt wird

Dieses Büchlein besteht aus 111 einzelnen Puzzleteilen, welche zusammen den Versuch ergeben sollen, die Einzigartigkeit Dynamos einzufangen. Bei dem einen kommt die Liebe zu Dynamo langsam, andere erwischt es völlig unerwartet, hin und wieder setzt sie erst spät ein, und nahezu ausgeschlossen ist es, dass sie vergehen wird. Einmal Dynamo, immer Dynamo!

Die nun folgenden Geschichten sind zumeist persönliche und individuelle Geschichten einzelner langjähriger Dynamo-Fans. Thomas fand auf eher üblichen Wegen zu Dynamo. Vom Papi zu Beginn der 80er-Jahre mit ins Stadion genommen, verfiel er zuerst der Mannschaft auf dem Feld und dann rasch dem ganzen Verein. Yvonne hingegen benötigte etwas länger, um sich ihre Gefühle für Dynamo einzugestehen. Wo zuerst, wie sie es heute sieht, typische Mädchengedanken »22 Männer und ein Ball …« präsent waren, änderte sich das grundlegend, als ihr irgendwann Thomas über den Weg lief.

Er brachte ihr den definitiv großartigsten Verein nahe und ein Jahr später hatte ihre Liebe bereits doppelt Früchte getragen. Yvonne nahm hochschwanger einige Hürden auf sich, um gemeinsam mit Thomas, aber nicht ihm zuliebe, ins Stadion zu gelangen. Weder der durch die Polizei großräumig abgesperrte Große Garten, noch damit verbundene weitläufige Umwege oder zu überspringende Bäche konnten sie auf ihrem Weg zum Stadion abhalten. Dynamo spielte im Abstiegskampf der Zweiten Bundesliga gegen den Karlsruher SC und benötigte jede Unterstützung.

Dass ihr inzwischen neun Jahre alter Sohn Dennis bei seinen Eltern das schwarz-gelbe Virus von Anfang an in sich aufgesogen hat, dürfte sich von selbst verstehen. Irgendwann gibt es Momente im Leben, da möchte eine intensive Bindung auch öffentlich verfestigt werden.

Unser Stadion ist eines von nur fünfen in ganz Deutschland, welche den standesamtlichen Übergang in eine Ehe ermöglichen. Für den Betreiber unserer Heimspielstätte verbinden sich in jenem Moment die intensive Atmosphäre, die an Spieltagen herrscht, mit der des größten Tages im Leben zweier Verliebter. So »gibt es in Dresden wenige Orte, die Emotionen zwischen Menschen so hautnah erleben lassen, daher ist das Stadion eine wunderbare Eheschließungsstätte und perfekt für den »Anpfiff« in den neuen Lebensabschnitt«[111] geeignet. Wer also möchte, kann unseren Herzensverein auch an diesem besonderen Tag bei sich haben.

Für Yvonne und Thomas war schnell klar, dass sie genau das wollten. Mittendrin an dem Ort, der ihnen im Verlauf ihrer langjährigen Beziehung viele gemeinsame emotionale Momente bescherte. Aufstiege, sensationelle Siege, Unentschieden, welche gefühlten Niederlagen glichen, Spiele, die Fragen hinterließen, ohne Antworten zu geben, und auch zwei Jahre, in denen der Verein am Saisonende abstieg.

Knapp zwei Wochen nach dem letzten Tiefpunkt gab es dann den größten Moment in ihrem gemeinsamen Leben. Wer Dynamo gewählt hat, bekommt immer wieder emotionale Achterbahnfahrten hinzu. Anstatt der Mannschaft waren diesmal Yvonne und Thomas die Hauptpersonen. Gut aufgewärmt traten sie, Yvonne komplett in einem gelben Kleid und Thomas in einen schwarzen Anzug mit dynamischer Krawatte gekleidet, vor den Standesbeamten. Der, selbst ein Verehrer unseres Vereins, pfiff an, um die Liebe, welche Yvonne und Thomas bereits seit Jahren verband, standesamtlich zu besiegeln.

Nun laufen die ersten Wochen eurer Ehe. Möge dieses ganz besondere Spiel ohne Verletzungen und Unterbrechungen mit immer ausreichend Unterstützung von Freunden und Familie erst im ganz hohen Alter enden. Eure guten Zeiten habt ihr veredelt, die des Vereins werden wiederkommen. Alles Gute, Yvonne und Thomas!

104. GRUND

Weil wir auch auswärts manchmal Heimvorteil genießen dürfen

Dynamo Dresden und erfolgreiche Auswärtsspiele sind ein Widerspruch an sich. Unsere Punkte, die wir für eine erfolgreiche Saison benötigen, holen wir zu selten in der Fremde. In den drei Zweitligajahren zwischen 2011 und 2014 haben wir ganze sechs Spiele außerhalb des heimischen Rasens für uns entscheiden können. Oftmals sind wir ein sportlich gern gesehener Gast und dankbarer Gegner, um angeschlagene Mannschaften wieder aufzurichten. Wie bekannt, zittert einzig der TSV 1860 München, wenn Dynamo anreist, wenigstens eine Mannschaft.

Manches Auswärtsspiel in Berlin entscheiden wir für uns, doch es sind keine Siege, die den Fans in Dresden und Umgebung bewusst sind, denn unsere genussvollen Triumphe in der Hauptstadt sind nicht die Siege der Mannschaft, sondern die der auswärtig beheimateten Anhängerschaft der SGD. In den letzten drei Jahren gab es die immer mal wieder in der Sportbar des FC Magnet Mitte zu feiern. Ursprünglich war diese als Vereinsheim für eine Mannschaft mit gleichem Namen gedacht, doch ist sie rasch zu einem besonderen Ort für Fußballübertragungen aller Art geworden.[112]

Neben dem Anhang der verschiedensten Berliner Vereine finden sich beim FC Magnet Mitte regelmäßig die Exilfans anderer Mannschaften zusammen. Dynamo mobilisiert selbstverständlich auch in der Hauptstadt eine nicht geringe Zahl an Anhängern, um in den Zweitligazeiten des Vereins die Spiele unserer Mannschaft mit Gleichgesinnten sehen zu können.

Auch Sebastian hat es inzwischen nach Berlin verschlagen. Waren seine ursprünglichen Anfahrtswege aus der Nähe von Bautzen nach Dresden noch gerade so als Heimspiel zu werten, sind es von Berlin aus für ihn alles Auswärtsspiele geworden. So hieß es zuletzt weniger ursprüngliche Heimat, mehr Berlin, weniger Besuche im Stadion, mehr beim FC Magnet Mitte. Spielt Dynamo, so treffen sich da die Dresdner. Mit den Dynamo-Freunden Berlin ist manchmal ein ganzer auswärtiger Fanclub vertreten.

Vor dem Beginn der Übertragungen wird im FC Magnet Mitte nach altbewährtem Demokratieverständnis über die Verteilung der einzelnen Partien in der Sportbar abgestimmt. Jeder Gast gibt vor dem Anpfiff an, welches Spiel zu sehen ihm gefallen würde. Die Partie mit den meisten Stimmen gewinnt und wird dann exklusiv auf der großen Leinwand gezeigt. Die Anhänger der anderen Mannschaften haben nicht unbedingt verloren, nur ist dann deren Spiel im Keller an einem kleinen Fernseher zu sehen.

Eine besondere Genugtuung erlebte die Dresdner Enklave um Sebastian am 4. November 2011. Dynamo spielte beim Tabellenführer Fortuna Düsseldorf und war quasi der Herausforderer um den Platz an der Leinwand. Favoriten waren naturgemäß die Fans des 1. FC Union Berlin, die parallel beim gut gestarteten Aufsteiger aus Braunschweig antraten. Das dritte Spiel vom Karlsruher SC gegen den FC Ingolstadt 04 war von Anfang an der Außenseiter mit nur minimalen Chancen auf eine übersichtliche Übertragung.

Es wurde nach dem Herzensverein gefragt, im richtigen Moment die Hände gehoben, ausgezählt und dann begaben sich die geschlagenen Eisernen Anhänger Unions mit den Braunschweigern einträchtig zu ihrem Spiel in den Keller, während unsere Spieler den zahlreichen Fans der SGD auf der Leinwand eine überzeugende Vorstellung abgaben und erst in der Nachspielzeit ein unglückliches 1:2 durch Ranisav Jovanović kassierten. Wenn es uns gelingt, die Fans einer Berliner Mannschaft in ihrem Revier in den Keller zu verdrängen, ist das ein Grund, diesen Verein zu lieben.

105. GRUND

Weil Dynamo wie ein Virus ist, den man nie wieder loswerden möchte, wenn man ihn eingefangen hat

»Wenn ich an meinen Vater denke, denke ich an Dynamo, und wenn ich an Dynamo denke, denke ich an meinen Vater.« Beides ist für Andree untrennbar miteinander verbunden. Der Vater war es, der den gemeinsamen Besuch des Stadions zusammen mit Andree und seiner älteren Schwester schon in jungen Jahren zu einem samstäglichen Familienritual werden ließ.

Vor dem Anpfiff war es ebenso ein Brauch, dass sie Torhüter Manfred Kallenbach »Alles Gute« wünschten, ehe es in den Block A ging. Dort saßen sie viele Jahre an immer derselben Stelle. Der Vater hatte die Angewohnheit, jedem Zuschauer rechts und links (auch unter oder über ihnen) rhythmisch auf die Schenkel oder den Kopf zu klopfen, wenn Dynamo im Angriff war, und das war Dynamo in den Jahren unter Walter Fritzsch oft. Zusätzlich kündigte der Vater durch lautes Rufen bereits an der Mittellinie schon immer zukünftige Dresdner »*Tooor*«e an.

Nach den Spielen saß die Familie dann im Kasino inmitten der Stars wie Hans-Jürgen Dörner, Klaus Sammer oder auch Walter Fritzsch. Sich zwischen denen zu befinden, die zuvor auf dem Rasen und am Spielfeldrand für Adrenalinschübe gesorgt haben, da wird aus anfangs kindlicher Begeisterung für die Emotionen des Vaters schnell eine dicke Freundschaft.

Der Vater hatte zeitig die Weichen gestellt und rasch verbreitete sich der dynamische Virus endgültig im bereits schwarz-gelb fließenden Blut des Sohnes. Andree wurde größer und begann sich vom Vater abzunabeln. Er wollte das Spiel wie ein »echter Dynamo-Fan« im Stehen sehen und zu den »Verrückten im K-Block« übersiedeln. Der Vater hatte vollstes Verständnis und schenkte ihm zu seinem zwölften Geburtstag eine gigantisch große Dynamo-Fahne.

Sie war im Stil einer alten britischen Fahne mit gelbem Hintergrund und einem schwarzen Kreuz-Streifen gestaltet. In der Mitte befand sich ein schwarz-weißer Ball, der das Dynamo-Emblem enthielt. Der Vater tat das nicht ganz uneigennützig. So war er immer auf dem Laufenden, wo sich der inzwischen Große im Stadion befand.

Ein persönliches Schlüsselspiel war für Andree das Europapokalrückspiel Ende September 1978 gegen Partizan Belgrad, welches er mit seiner älteren Schwester auf der damals recht neuen Sitzplatztribüne auf der Sprecherturmseite verfolgte. In besagtem Spiel konnte Dynamo ein 0:2 aus dem Hinspiel ausgleichen. Das Elfmeterschießen war an sich schon der emotionale Höhepunkt, welcher durch insgesamt fünf Fehlschützen noch zusätzlich erhöht wurde.

Dynamo gewann mit Unterstützung einer unerklärbar gigantischen und emotionalen Stimmung von den Rängen. Dieses immer wieder bemerkbare Überschwappen der Emotionen zwischen den Spielern auf dem Feld und den sie anpeitschenden Massen von den Rängen entschied, dass aus der intensiven Freundschaft für Andree mehr werden würde. Von dieser legalen Droge aus Adrenalin und Endorphinen wollte er regelmäßige Dosen. Andree war Dauergast im Stadion und sah dort die meisten der Dresdner Europapokalpartien live.

Neben dem Duell gegen Partizan Belgrad gab es mit dem AS Rom im November 1988 ein weiteres Spiel, das auch mehr als ein Vierteljahrhundert später so präsent ist, als wäre es vor wenigen Tagen angepfiffen worden. Mag es die Symbiose zwischen den (inoffiziell) mehr als 39.000 Zuschauern und der Dresdner Mannschaft, der anhaltende Schneesturm, der einen kaum das Spielfeld sehen ließ, oder auch Tante Käthe gewesen sein, der in jeder Ecke vom Stadion mit »Rudi, Rudi … Hahaha …«-Rufen motiviert wurde … wahrscheinlich war es einfach das Gesamterlebnis, dass der übermächtige Gegner aus Italien mit 2:0 nach Hause geschickt worden ist, was die Liebe fürs Leben endgültig und für alle Zeiten besiegelte.

Dynamo kann man nicht in vielen einzelnen Episoden erklären, Dynamo muss man (er-)leben. Lässt man sich darauf ein, wird ein starkes Nervenkostüm benötigt. Verzweiflung, drohende Herzinfarkte, Freude, Jubel und Depression sind immer eng beieinander. Die Liebe zum Verein ist wie die des Lebens ... eine wirklich große zerbricht nicht in schlechten Zeiten. Im Gegenteil, bei einer großen Liebe schweißen einen gemeinsam erlebte Tiefpunkte noch enger zusammen.

106. GRUND

Weil unsere Fans dafür sorgten, dass die Gäste aus Berlin manchmal etwas länger blieben

Mario ist zehn Jahre jünger als Dynamo Dresden. Ab 1976 war er bei jedem Heimspiel mit im Stadion, hatte eine Jahreskarte und konnte die einzigartige Atmosphäre hautnah miterleben. Seine Schulfreunde konnten anfangs nicht so recht verstehen, weshalb er ins Stadion ging, wo doch etwas später die Zusammenfassung des Oberligaspiels im Fernsehen zu sehen war. Stimmung, Emotionen und Begeisterung erlebt man aber nur im Stadion, entgegnete Mario. Seine Freunde probierten es aus, erlebten die besondere Faszination Dynamos und irgendwann kamen sie häufiger mit. Auch waren viele Mädchen darunter und laut einer inoffiziellen Statistik war Dynamo bei Heimspielen der Klub mit den meisten weiblichen Fans.

Bayern München ist national heute das, was Dynamo in den 70ern unter Walter Fritzsch war, unersättlich. In seinen Trainerjahren zwischen 1969 und 1978 feierte Dynamo fünf Meisterschaften und zwei Pokalsiege. Jedoch fehlte den Spielern die notwendige Abgebrühtheit in den finalen Pokalendspielen, gleich viermal wurde es verloren.

Am 28. Mai 1977, zur Jugendweihe von Mario, spielte Dynamo Dresden im finalen Pokalspiel gegen den 1. FC Lokomotive Leipzig.

Die Familie feierte und schaute das Spiel zusammen, bestand jedoch, was die private Situation etwas prekär werden ließ, zur Hälfte aus Leipzigern.

Das Spiel bekam nach müden 45 Minuten in der zweiten Hälfte den typischen Endspielcharakter. Nachdem Dynamo direkt nach dem Wiederanpfiff die Führung durch Rainer Sachse erzielen konnte, liefen wir dann ab der 63. Minute einem Rückstand hinterher. Die Spielzeit näherte sich unerbittlich den letzten Minuten und die Jugendweihefeier von Mario drohte ein ungutes Ende zu nehmen. Fast am Verzweifeln beobachtete er das Geschehen, als fünf Minuten vor dem Ende Gerd Weber eine Ecke einköpfte und gleich darauf Rainer Sachse zum Spieler des Spiels aufstieg. Die Jugendweihe war, wie es auch sein sollte, für den an diesem Tage wichtigeren Teil der Familie gerettet. Jugendweihe und zweites Vereinsdouble der Herzensmannschaft, dieser Tag blieb Mario damit in mehrfacher Hinsicht in bleibender Erinnerung.

Dann begannen die Jahre, als Dynamo mit 13 anderen Oberligisten um die Vizemeisterschaft hinter dem BFC Dynamo rang. Während sein Vater zu bestimmten Spielen nicht mehr ins Stadion ging, erlebte Mario erstmals die hässliche Seite des Fußballs. Anfang der 80er waren die Zuschauer in Dresden so erzürnt, dass Tausende nach dem Spiel das Stadion nicht verließen. An diesem Tag erlebte er etwas, was wohl heutzutage als Straßenschlacht bezeichnet werden würde. Er sah Helme, Gummiknüppel, Plastikschilder und Hunde. Das Dresdner Stadion wurde gewaltsam geräumt.

Im folgenden Heimspiel gegen den BFC Dynamo reagierten die Fans unserer Mannschaft kreativ und sorgten dafür, dass die Anhänger der Berliner etwas länger in der Stadt blieben. Im Stadion wurden während des Spieles die Rückfahrverbindungen nach Berlin durchgegeben.

Kurz vor Spielende marschierte eine große Menge an Dynamo-Fans zum Hauptbahnhof und stieg in den zur Abfahrt bereit stehenden Berliner Zug. Für die, die eigentlich mitfahren wollten, war dadurch kein Platz mehr. In Dresden-Neustadt stiegen alle wieder aus und der Zug fuhr nahezu leer nach Berlin. In der schönen Stadt des großartigsten Vereins der Welt etwas länger zu verweilen, ist jedoch sicherlich keine Strafe.

107. GRUND

Weil keine Absperrkette einen Dynamo-Fan abhalten kann

Anfang der 70er-Jahre stellte der FC Carl Zeiss Jena das dar, was später der BFC Dynamo innehaben sollte. Dynamo Dresden und die Thüringer Mannschaft waren sich in herzlicher Abneigung verbunden. Als Jena 1970 bereits die dritte Oberliga-Meisterschaft feierte, erhoben wir als Aufsteiger und Dritter am Saisonende erste zaghafte Ansprüche auf zukünftige Titel.

Ein Jahr später vertauschten sich dann die Rollen. Wir waren der erste Gewinner der Oberliga-Meisterschaft, der gleichzeitig auch noch den FDGB-Pokal in den Himmel von Halle an der Saale stemmen konnte, während Carl Zeiss mit der Vizemeisterschaft kein schlechtes Jahr abschloss. Nur fehlte ihnen im Gegensatz zu uns ein Titel.

Für Christoph war das einschneidende Erlebnis, sich den dynamischen Virus einzufangen, sein erstes im Stadion erlebtes Oberligaheimspiel, welches im März 1972 gegen den großen Rivalen stattfand. Es trafen die Meister der beiden vergangenen Spieljahre aufeinander.

Unser Saisonstart war mit 5:5 Punkten in die Hose gegangen und danach rangierten wir nie besser als auf dem dritten Rang. Dennoch gab es in Dresden einen Sieg nach dem anderen zu bejubeln. Die letzte Heimniederlage war, zweieinhalb Jahr zuvor gegen den FC Carl Zeiss Jena, nicht mehr in den Köpfen aller Anhänger präsent. Dazwischen lagen 27 Spiele mit einzig ein paar Unentschieden. Wir kämpften um das Bestehen einer stolzen Serie, die ausgebaut werden wollte.

Das Stadion war ausverkauft, diesmal vielleicht noch etwas mehr als das. Christoph gelang es, mit einem Freund eine Räuberleiter, die aus seinem Vater bestand, zu bezwingen und somit preisgünstig ins Stadion zu gelangen. Nun staute sich eine rasch zunehmende Menschentraube an der Einfahrt für die Sanitätsfahrzeuge. Eine mickrige Kette, die sich zwischen dem Spielfeld und den Zuschauerblöcken befand, trennte die Fans noch von der Aschenbahn. Als der Druck von hinten größer wurde, gab sie vorn schließlich nach und die drängelnde Masse an Fans ergoss sich direkt auf die das Spielfeld umgebende Laufbahn.

Was heute zu einem nicht angepfiffenen Spiel und für eine Flut auszufüllender Stellungnahmen führen würde, wurde zu jener Zeit als Fakt hingenommen. Das Spiel wurde auch mit den hinter dem Tor stehenden Fans angepfiffen und so befand sich Christoph mit seinem Schulfreund dem Feld so nah wie möglich. Seinen Vater traf er erst nach dem Spiel am Auto wieder.

Das Spiel war die Strapazen zuvor wert gewesen. Dynamo Dresden befand sich in diesem Teil der Saison sowieso in einer sehr guten Verfassung. Der Traum der Titelverteidigung war zwar bereits ausgeträumt, aber nachdem der Hallesche FC Chemie daheim mit 6:1 und der FC Karl-Marx-Stadt auswärts mit 5:1 deprimiert wurden, gab es auch für die Thüringer an diesem Tage nichts zu feiern.

Nach jedem Tor gab es auf der Laufbahn Jubeltänze und Umarmungen zwischen den Fans. Fünfmal gab es Grund dafür. Das Gegentor spielte zum Zeitpunkt seiner Entstehung bereits nur noch eine statistische Rollte. An diesem Tage hat das Virus endgültig Christoph gepackt und nicht mehr losgelassen. Die seitdem vergangenen 42 Jahre hat er genutzt, es an seine Familie zu verteilen. Die Heimspielserie hielt übrigens bis zum 52. Spiel, ehe auch sie riss. Der Gegner war, wie konnte es auch anders sein, der FC Carl Zeiss Jena. Zwischen den Niederlagen lagen mehr als vier Jahre.

108. GRUND

Weil es die Liebe frisch hält, wenn man nicht alles ganz genau weiß

Zuerst war es ein kleiner Nebensatz, welcher mich nachhaltig fesselte. Unsere ehemalige Mannschaftsärztin Frau Dr. Gisela Passehr, besser bekannt unter ihrem damaligen Namen Israel, äußerte ihn in einem Interview bezüglich schottischer Fanrivalitäten zwischen Celtic Glasgow und den Glasgow Rangers. Dabei absolvierte sie eine tiefe Verbeugung vor dem Dresdner Anhang: »Dabei haben wir in Dresden auch ... fanatische Fans gehabt. Die sind einmal sogar zu einem Auswärtsspiel nach Magdeburg eher angereist und haben die Torpfosten schwarz-gelb angestrichen.«[113]

Ich stellte es mir lebhaft vor. Da wurde diese grandiose Idee wahrscheinlich an einem Kneipenabend in Dresden geboren. Eine große Ausrüstung wurde nicht benötigt. Farben, Pinsel, Leiter sowie ein paar verschwiegene Freiwillige, welche entweder schnell pinselten oder Schmiere standen, und los konnte es gehen. Der 1. FC Magdeburg war in den 70er-Jahren der schärfste Konkurrent unseres Vereins. In acht Jahren zwischen 1971 und 1978 teilte man sich mit einem leicht besseren Ende für Dynamo die Meisterschaftstitel. Die Magdeburger waren in diesen Jahren nur einmal auf Platz vier zu finden. Die anderen Jahre befand sich der jeweilige Nichtmeister wenigstens auf Platz drei am Saisonende. Der Fußball der DDR definierte sich zu dieser Zeit über Dresden, Magdeburg und die in der Meisterschaft glücklose Jenaer Mannschaft.

Am Vorabend eines Dresdner Auftritts im Ernst-Grube-Stadion fuhren dann die Dresdner Künstler nach Magdeburg. Fast alle Stadien hatten zu dieser Zeit eine Leichtathletikbahn um das Spielfeld herum sowie ein großes Tor, groß genug, um mit einem Auto ins Innere zu gelangen. Das Tor werden unsere Helden geöffnet haben, ohne mit einem Fahrzeug hineinzufahren. Geht etwas schief und das Tor ist verstellt, gibt es Ärger. Also stand das Fahrzeug in der Nähe und zu viert schlüpften sie mit den benötigten Utensilien ins Innere des Stadions. Wie abgesprochen rannten zwei zielstrebig zu einem der Tore, zwei weitere genau zu dem gegenüber. Der Fünfte bewachte den Eingang.

Dann ging die Guerilla-Aktion los. Die Pinsel wurden eingetaucht und bald wurden aus weißen Pfosten welche in den schönen Farben Schwarz und Gelb. Nach nicht einmal 20 Minuten war alles beendet und bei klarem Mondenschein konnte das Kunstwerk trocknen. Am nächsten Tag stellten sich die fünf Dresdner Freunde mit frisch gewaschenen Händen zwischen alle anderen Gäste und erfreuten sich an ihrem gelungenen Coup. So die Theorie von einem Ablauf, welcher so oder ähnlich erfolgt sein kann, es aber nicht muss.

Eine Nachfrage bei einem befreundeten Magdeburger Blogger bezüglich der wahren Umstände blieb ergebnislos. Zwar klingelte es bei ihm ganz weit hinten im Unterbewusstsein, jedoch konnte er keine offizielle Bestätigung der angesprochenen farblichen Verschönerung des Magdeburger Stadions geben. Auch ein von ihm etwas größer angelegtes Horchen in den blau-weißen Kreisen brachte nichts Konkretes. Man konnte immerhin ausschließen, dass es nach 1975 gewesen ist. Das deckt sich mit der »Dienstzeit« unserer Ärztin, welche sich zwischen 1962 und 1973 erstreckte. Es schließt auch die Anfangsrivalität während der abwechselnden Meisterehren nicht aus.

Es ist auch nachvollziehbar, dass man als Fan des 1. FC Magdeburg gern die mutmaßlich erlittene Schmach im eigenen Heimstadion vergessen und ignorieren möchte. Auch bei Nachfragen im Dresdner Umfeld bezüglich dieser heroischen und dynamischen Untergrundaktion vor mindestens 40 Jahren gab es nur ratloses Schulterzucken. Was alle Befragten jedoch einte, war die Aussage, dass es unseren Fans auf alle Fälle zuzutrauen wäre.

109. GRUND

Weil drei Minuten ausreichen können, wieder zu Dynamo zu kommen

Es war kein schönes Spieljahr für Dynamo. Im Vordergrund stand die so wichtige Qualifikation für die neue eingleisige Dritte Liga, wofür Platz zehn ausreichte. Nach gewaltigen Startschwierigkeiten, die letztendlich Norbert Meier den Arbeitsplatz kosteten, hatte sein Nachfolger Eduard Geyer ab dem Ende der Hinrunde die Mannschaft auf Kurs gesetzt. Er konnte mit seiner Mannschaft aber keine längere Erfolgsserie starten, die dem Verein und den Fans ein etwas ruhiges Fahrwasser verschafft hätten. Irgendwann dümpelten wir uns konsequent auf dem gerade so ausreichenden Mittelfeldplatz ein. Wie schon einmal geschrieben, das dynamische Pferd springt oft nur so hoch, wie es nötig ist, und kein Stück mehr.

Markus begann zu dieser Zeit, hin und wieder zu unseren Punktspielen ins Stadion zu gehen. Nicht, weil er besonders mit Dynamo sympathisierte, eher, weil er fußballbegeistert war und neu in der Stadt. Da lag es nahe, dem lokalen Verein eine Chance zu bieten, sich interessant zu machen. Dynamo benötigte mehrere Versuche, doch Markus war geduldig. Und so stand er hin und wieder auf der sich ständig verändernden Stadionbaustelle und schaute sich in aller Ruhe die Spiele an, die uns viele Nerven kosteten.

Dann kam das Spiel, das für ihn alles veränderte. Wir befanden uns etwa in der Mitte der alles entscheidenden Rückrunde. Dynamo war in eine neue Durststrecke getrudelt, welche das Erreichen des Zieles wieder ernsthafter infrage stellte. Von den letzten fünf Partien waren vier an den jeweiligen Gegner abgetreten worden. Noch standen wir über dem Strich, die Pferde hinter uns machten ihre Sache derzeit aber deutlich besser und sprangen sicherer über die verschiedenen Hindernisse. Unsere nächste Darbietung sollte nun aber langsam auch einmal wieder sitzen.

Wir hatten Kickers Emden zu Gast, eine Mannschaft, die zu diesem Zeitpunkt bereits fünf Punkte mehr auf der Habenseite hatte.

Die Baustelle war mal wieder gut gefüllt. Etwa 7.600 Fans hofften, dass der Knoten platzen würde. Unter ihnen befand sich Markus. Das Spiel plätscherte vor sich hin und hinterließ bis zu einem bestimmten Zeitpunkt keinen bleibenden Eindruck bei unserem werdenden Neufan. Mitte der zweiten Hälfte gingen die nördlichen Niedersachsen in Führung, und das Spiel schien einen Verlauf zu nehmen, der zu dieser Zeit nicht ungewohnt war.

Ich selbst erinnere mich auch heute noch lebhaft an dieses Spiel, weil ich, obwohl ich arbeitsbedingt nicht anwesend war, die Dramaturgie der letzten Minuten am Liveticker, den ich ohne Pause aktualisierte, mitbekam. Die Zeit war fast abgelaufen und Markus wollte sich schon zum Ausgang bewegen. Mit dem Rücken zum Spielfeld stehend, wurde es um ihn herum auf einmal deutlich lauter. Markus sah das 1:1 nicht, erlebte aber den gewaltigen Gefühlsausbruch, den es bei den Fans verursachte.

Sich zu seinem alten Platz im Block L zurückbegeben, war bei der aufgepeitschten und umherspringenden Masse ein Ding der Unmöglichkeit. Also versuchte Markus, sich etwas sichtfreundlicher zu positionieren. Währenddessen gelang es Marek Penksa, wie schon 14 Jahre zuvor, mit seinen gerade einmal 171 Zentimeter Körpergröße eine Freistoßflanke mit seinem Kopf ins Emdener Tor zu befördern. Dynamo hatte in den letzten drei Spielminuten ein verloren geglaubtes Spiel komplett gedreht. Der Gefühlsausbruch der Fans nach dem 1:1 war nichts gegen die wahnsinnige Entladung an Endorphinen, die nun folgte. Sie riss Markus mit sich. Seitdem lebt er schwarz und gelb.

110. GRUND

Weil es Momente der dynamischen Geschichte gibt, welche uns erst zurück und dann zuversichtlich nach vorn schauen lassen

Wann genau sich Timo in Dynamo verliebt hat, ist gar nicht mehr so genau bestimmbar, es muss um 1980 herum gewesen sein. Eine genetische Veranlagung kann aber ebenso nicht ausgeschlossen werden. Das Bewusstsein, dass Dynamo etwas ganz Besonderes ist, entstand zu Grundschulzeiten, als Timo sich mit seinem Vater an den Wochenenden *Sport Aktuell* im Fernsehen der DDR anschaute. Noch heute sind ihm die vertrauten Spielernamen, die eindringlichen Kommentatorenstimmen der Reporter und Moderatoren, der Klang der Fanfaren und die Rufe der Fans in den Stadien der DDR vertraut.

Ein Schlüsselerlebnis war die Fernsehübertragung des FDGB-Pokal-Endspiels am 1. Mai 1982 im Stadion der Weltjugend in Berlin. Dynamo spielte gegen den Erzrivalen BFC Dynamo und die Spannung und Vorfreude auf dieses Spiel war bei Timo und seiner Familie riesengroß. So saß er mit seinem Vater gemeinsam gebannt vor dem Schwarz-Weiß-Fernseher und beide verfolgten enthusiastisch dieses spannende Spiel. Die überwältigende Leidenschaft und der feste Wille der Mannschaft, dieses Spiel trotz der verletzungsbedingten Ausfälle wichtiger Spieler zu gewinnen, ist Timo in lebhafter Erinnerung geblieben. Noch heute ist er begeistert von dieser Mannschaft, die mit dem Ball umgehen konnte, ihr Spiel gestaltete und letztendlich nach einem Elfmeterschießen gewann. Hans Uwe Pilz wurde in diesem Spiel zum gefeierten Helden.

Der Jubel und die Freude waren überwältigend, nicht nur in Dresden. Es fühlte sich an, als feiere die halbe DDR. Obwohl Timo das Spiel in Schwarz-Weiß verfolgt hatte, verglich er es mit den leuchtenden Farben der Bilder Vincent van Goghs. Danach hatte der Fernseher ausgedient, er wollte Spiele der SGD nicht mehr nur mit holländischen Malern vergleichen, er wollte diese Mannschaft endlich einmal live und in Farbe erleben.

Zusammen mit ein paar Freunden fuhr er von seiner Heimatstadt Marienberg nach Karl-Marx-Stadt, wo Dynamo an diesem Wochenende um Oberligapunkte spielte. Der Weg zum Stadion war rasch gefunden, und als die Freunde gerade die Eintrittskarten kaufen wollten, hörten sie aus der Ferne die Rufe der vom Bahnhof herannahenden Dynamo-Fans. Dieser Moment ließ Timo erahnen, wie beeindruckend und schön es ist, selbst ein kleines und wichtiges Puzzleteil dieses Vereins zu sein.

Als der Tross singend in die Straße zum Stadion einbog, war es, als öffneten sich große Tore, die eine Unmenge an Leidenschaft und Liebe zu diesem Verein in Richtung des Stadions spülten. Hunderte von Menschen unterstützten, vereint in einer Sache, selbstbewusst, stark und hingebungsvoll die Mannschaft in diesem Spiel. Mitzuerleben, wie vor dem Beginn der Partie die Dresdner Fans mit hochgehaltenen Schals gemeinsam ihre Hymnen sangen, war ein beeindruckendes Schauspiel.

Es ist nicht nur der Anblick, auch die Atmosphäre im Stadion ist erfüllt von gemeinsamen Aktionen. Da stimmt einfach alles, ist unbeschreiblich und geht komplett unter die Haut. Spätestens ab diesem Moment war Timo endgültig bewusst, wo die Heimat seines Fußballherzens für immer zu finden sein wird.

Sein wachsendes Interesse und der Beginn als Fan der Schwarz-Gelben mit seinen vielen positiv verrückten Anhängern, ihren Choreografien sowie die in ihm gereifte Gewissheit, dass dieser Verein ein einzigartiges Juwel im gesamten Fußballsport ist, tragen Timo noch heute über manch bittere Stunde unserer wechselvollen Vereinsgeschichte.

111. GRUND

Weil ein einziges Spiel manchmal ein ganzes Buch über Dynamo beschreiben kann

Dynamo hat schon oftmals Geschichten geschrieben, jedoch war das letzte Abstiegsendspiel am 11. Mai 2014 gegen den direkten Konkurrenten Arminia Bielefeld die passendste Zusammenfassung dieses Büchleins. Am Frühstückstisch unseres entscheidenden Spieles dampfte bereits der heiße Cappuccino in meinem großen Dynamo-Topf. Während ich äußerlich noch entspannt wirkte, wusste meine Familie jedoch um mein innerlich bebendes Befinden. Heute bestand die Möglichkeit, eine bescheiden verlaufene Saison mit dem Erreichen der im Jahr zuvor noch so verhassten Relegation vorerst um eine Woche zu verlängern.

Während meine Lieben sich einen Tag fern des Fußballs gönnten, machte ich mich vor dem Mittag auf zur Torwirtschaft und traf dort auf Gleichgesinnte. Auch wenn wir uns im Vorfeld nur virtuell begegnet waren, gab es durch die uns verbindende Liebe zum Verein genügend Gesprächsstoff, die Zeit des Wartens zu verkürzen. Wir ertappten uns dabei, wie wir über die kommenden Relegationsspiele gegen den SV Darmstadt 98 sprachen, den Lauf deren Torjägers Dominik Stroh-Engel und wie wir zuletzt wieder den Kopf aus der Schlinge ziehen würden. Dann wäre uns der Titel »Rekordrelegationssieger« sicher. Das klang dynamisch. Ein mögliches Scheitern war in unseren Gedanken nicht verankert.

Dann kam die Zeit des von der aktiven Fanszene ins Leben gerufenen Spaliers für die Mannschaft. Gemeinsam mit einer mindestens hohen vierstelligen Zahl von Fans feiere ich vor dem Stadion die Mannschaft und meinen Verein. Irgendwann kommt der Bus und ist auch gleich an uns vorbeigefahren. Es knallt und raucht ein wenig und in mein aktuelles Hochgefühl mischt sich sofort der erhobene Zeigefinger. Hoffentlich knallt es jetzt nur vor dem Spiel und nicht später, wenn drinnen alles eng an eng sitzt und steht.

Das Spalier öffnet sich. Die einen, die Karten haben, machen sich auf den Weg ins Innere unseres Stadiontempels und ich mich zu meiner nächsten Verabredung mit Jarg und Marc. Natürlich wäre ich gern im Stadion dabei gewesen. Aber wenn für ein Spiel das Doppelte an Karten gewünscht wird, als an Kapazität vorhanden ist, muss man schon im richtigen Moment am richtigen Ort sein. Ich war es nicht, nun sitze ich mit vielen anderen Fans in einer Kellerkneipe. Dynamo verbindet uns.

Kurz vor dem Spiel geht nach meiner inneren auch meine äußerliche Ruhe verloren. Die vielen Nachrichten, die ich über verschiedenste soziale Netzwerke erhalte, zeigen mir wieder einmal deutlich, dass die SGD, unabhängig von der Vereinszugehörigkeit derer, welche die aufmunternden Worte schreiben, die Menschen in ihren Bann zieht. Dann ertönt der Anpfiff. Während sich die Augen gebannt auf die in allen Ecken hängenden Bildschirme und Leinwände richten, werfe ich einen letzten Blick nach links und rechts. Der vor dem Spiel demonstrativ gezeigte Optimismus ist der kleinen Möglichkeit des heutigen brutalen Scheiterns gewichen. Wir alle bangen mit unserer Liebe.

Es wird das erwartete Spiel. Wir stellen uns nicht hinten rein und Bielefeld wartet nicht ab. Die oft zitierten Visiere sind geöffnet. Das Duell, aus dem am Ende nur einer mit erhobenem Kopf den Rasen verlassen wird, läuft. »Wir haben in unserer Geschichte bereits drei solcher Duelle verbockt«, ruft der Teufel auf meiner rechten Schulter, während auf meiner linken weiter Optimismus verbreitet wird: »Rekordrelegationssieger, was für ein schönes Wort.«

Bis zur Mitte der ersten Hälfte passiert noch nicht so viel, doch ich habe ein Unentschieden in den letzten Monaten noch nie so herbeigesehnt wie an diesem Nachmittag. Dann verabschiedet sich der ehemalige Dynamo-Spieler Thomas Hübener mit einer Gelb-Roten Karte aus diesem Spiel und sammelt in unserer Kellerkneipe noch einmal kräftig Sympathiepunkte. Während ich über diese Bielefelder Dezimierung froh bin, raunen ringsherum die ersten kritischen Stimmen.

Der gemeine Dynamo-Fan ist aus Erfahrung skeptisch und das zu Recht, denn während der Reporter noch vermutet, dass die Mannschaft von der Alm wohl erst einmal versuchen wird, irgendwie in die Halbzeit zu kommen, erzielen die statt wir vier Minuten nach der Gelb-Roten das 1:0. Wir stehen am Abgrund, und während das Spiel scheinbar so langsam in eine uns genehme Richtung verläuft, laden wir unseren Gegner zum Erzielen des Führungstreffers ein. Kurz danach betteln wir sogar noch um den zweiten Treffer, doch es gibt auch Gründe, warum unser Gegner bis kurz zuvor noch hinter uns in der Tabelle gestanden hat.

Halbzeitpause, Zeit zum Verschnaufen. Die Angst wächst, während das Männchen auf meiner linken Schulter nach neuen Argumenten sucht. »Denk an das Hinspiel, Aoudia in der Nachspielzeit. 1:1.« – »Denk lieber an Aue und Düsseldorf. Verkackt nach der 90.« Meine rechte Seite ist mit den Fakten dieser Saison gut vertraut und ich bin dem Boden nahe. Fan von Dynamo Dresden zu sein ist nichts für schwache Nerven.

Anpfiff der zweiten Hälfte. Sind das unsere letzten 45 Minuten in diesem Jahr? Ich will es nicht hoffen.

Von unserer viel beschworenen Erfahrenheit im Tabellenkeller ist nicht unbedingt viel zu sehen. Als eine Viertelstunde gespielt ist, sorgt Cheikh Guèye für den zahlenmäßigen Ausgleich auf dem Feld. Er spielt zwar den Ball, doch der Bielefelder liegt danach am Boden. Sollte es einen Fußballgott geben, so war er wohl lange nicht in Dresden. »Jetzt haben alle mehr Platz«, versucht mein Optimismus letztmalig, eine Hintertür zu öffnen, doch nutzen wieder vier Minuten später nicht wir die entstehenden Räume und es steht 0:2.

Und nun zeigt sich die hässliche Fratze, die sich immer wieder über meinen Verein wirft und mich immer wieder dazu bringt, Entschuldigungen zu suchen für Dinge, die definitiv nicht entschuldbar sind. Das Spiel wird unterbrochen, und einige wenige eines Blockes toben sich aus, während der Rest fassungslos zuschaut, wie wieder einmal mehr kaputtzugehen droht als die Zugehörigkeit in einer Liga. 20 lange Minuten warten wir, ob es das nun war.

Irgendwie sind Jarg, Marc und ich in unserem Keller so weit, es uns ganz leise in unserem Innersten zu wünschen, damit die sportliche Qual ein Ende hat und eventuell einmal eine befruchtende Diskussion mit Resultat aufkommt. Die Reporter versuchen, die leere Zeit zu überbrücken. Selbstverständlich taucht »Belgrad« in ihren Worten auf. Ein Drama, welches sich in Dresden mehr als 20 Jahre zuvor abgespielt hat und welches unser Verein nicht mehr losgeworden ist.

Doch dann gibt es doch noch einen Anpfiff und nun läuft es wieder typisch Dynamo. Mickaël Poté, unser Stürmer im ewig währenden Ruhestand, ausgerechnet die Personifikation allen Saisonunglückes, trifft zum 1:2 und aus der eben noch vorhandenen Ruhe des Stadions und der mich beherbergenden Kellerkneipe wird ein lautes Einpeitschen der Mannschaft. Kurz darauf gibt es einen Freistoß aus günstiger Position, und ausgerechnet Sebastian Schuppan, der zuletzt seinen Platz im Team verloren hat und seltenst zum Freistoß antreten darf, nagelt ihn ans Lattenkreuz. Nun sind wir alle wieder wach.

Sechs Minuten nach der neu entstandenen Hoffnung wandelt diese sich ausgerechnet durch Robert Koch in Euphorie. Robert Koch, der sich in einem Testspiel vor der Saison 90 Minuten warmlief, während alle anderen ein paar Minuten spielen durften, weil der Trainer vergaß, dass es ihn überhaupt noch bei uns gab, ausgerechnet dieser unserer rar gesäten Fußballgötter, der mit Schuppe und den anderen bereits das Pokalspiel gegen Leverkusen gedreht hat, schießt uns in die Relegation. Das ist Dynamo. Wir vergeben eine günstige Ausgangslage, sind eigentlich weg vom Fenster, der Mob dreht durch und dann geht es los.

Und das ist das, was mich während des Drückens und Jubelns mit wildfremden Menschen gerade am meisten verstört. Unser Ausgleich gibt denen, die für die Spielunterbrechung gesorgt haben, doch »Munition«, ihren Weckruf zu rechtfertigen. Als Bielefelder würde ich Einspruch gegen dieses Spiel, an dem Böller auf dem Feld direkt neben zwei Spielern hochgingen, einlegen.

Ich habe meine Gedanken noch nicht bis zu Ende reifen lassen, da greifen sich Marc und Jarg an ihre Köpfe. Nur 75 Sekunden befanden wir uns in der Relegation, jetzt sind es wieder die anderen. Ich kann nicht mehr.

Dynamo Dresden sorgt für emotionale Achterbahnfahrten. Es geht in 90 Minuten hin und her, ganz nach unten, noch etwas tiefer, dann wird man nach oben geschleudert, nur, damit einem direkt im Anschluss vollständig der Boden unter den Füßen weggezogen wird. Wenigstens wird manchmal ein Eimer zum Erbrechen gereicht. Das ist Dynamo. Das war, ist und bleibt mein Leben!

Weil sich Dynamo nach mehr als 60 wechselvollen Jahren noch einmal ganz neu zu erfinden scheint

Unsere gewohnt rabiate Fahrt durchs Spieljahr haben wir auch in der Saison 2014/15 erlebt. Schnell entstand nach dem im Nachgang zutiefst verdienten Abstieg bei uns allen eine neue Euphorie. Die Mitgliedszahlen schossen in die Höhe, und das Stadion war vom ersten Spieltag an immer mit mindestens 20.000 erwartungsfrohen Fans gefüllt. Die Mannschaft zeigte im DFB-Pokal gegen die Ruhrpottprominenz von Schalke 04 und den VfL Bochum mehrere Sternstunden und war nach zwölf Spieltagen nicht ganz unverdient Tabellenführer.

Unvergessen bleiben in diesem Zusammenhang sicherlich Schiedsrichterin Bibiana Steinhaus und Sylvano Comvalius. Zuerst nahm unser Stürmer in der 88. Spielminute sein Köpfchen und nickte zum 1:0-Endstand ein. Im Anschluss schaltete er ziemlich euphorisiert seinen Denkapparat völlig aus. Jubelnd riss er sich sein Trikot vom Leib und befand sich nach einem Sprint zu einem der Zuschauerblöcke durch eine wilde Mischung eigener Kletterei und parallelem kräftigen Händereichen der ebenso freudentrunkenen Masse mitten zwischen den Fans wieder. Die Schiedsrichterin hob zuerst pflichtbewusst das hormontriefende Leibchen mit der Nummer 9 auf. Kurze Zeit später, als der glücksstrahlende Derbyheld ihr dankend entgegeneilte, um es wieder überzuziehen, besann sie sich ihrer wahren Rolle und hielt dem verdutzten Spieler zuerst den gelben Karton für das Abwerfen der Spielkleidung vor die Nase und danach gleich noch einmal für das Verlassen des Spielfeldes. In einer frei wählbaren Mischung als Held und Depp schlich Sylvano Comvalius von dannen. Es war ein Spiegelbild der Saison.

Hoch gestartet und tief gefallen oder, besser gesagt, durchgereicht. Das Jahr 2015 beinhaltete zwischen Anfang Februar und Ende April zehn Niederlagen bei gerade einmal zwei »Siegesausrutschern«.

Unsere Blicke gingen sorgenvoll nach unten, und als das Rechnen begann, bekam die Mannschaft doch noch die Kurve und beendete die Saison einigermaßen versöhnlich.

Also Strich drunter und den Blick nach vorn gerichtet.

Mit Uwe Neuhaus kam ein neuer Trainer mit eigenen Ideen. Dazu trennte er das sich an Gelben Karten überbietende Duo Infernale Dennis Erdmann und Michael Hefele. Während Ersterer gehen musste, gab er dem anderen das Maximum, die Kapitänsbinde. Der gealterte Leitwolf Cristian Fiél hatte sich selbst in den Ruhestand verabschiedet, Publikumsliebling Benjamin Kirsten gesellte sich nicht ganz freiwillig hinzu. Dazu noch ein paar Drehungen hier, eine Neujustierung da.

Vor dem Saisonstart äußerte die Sportgemeinschaft dann ein sehr ehrgeiziges und offensiv formuliertes Saisonziel. Nichts anderes als ein Aufstieg sollte es werden. Nun gut, sonst waren es die Fans, die träumten, diesmal war es vom Verein quasi legitimiert.

Was dann folgte, war der gelebte Traum eines jeden Fans. Man konnte sich so oft zwicken (lassen), wie man wollte, wir wachten einfach nicht auf.

Die Zeitungen und Blogs überboten sich an Rekordmeldungen.[114] Erster Tabellenplatz ab dem 3. Spieltag mit teilweise mehr als 10 Punkten Vorsprung vor den scheinbar rasch resignierenden anderen Drittligamannschaften. Gedrehte Spiele wie gegen den Halleschen FC, welche in den letzten fünf Minuten doch noch aus einer möglichen Niederlage einen strahlenden Sieg werden ließen. Bester Saisonstart ever, dann ein ganz besonderes Highlight, die Präsentation des Projektes X, der größten Blockfahne Europas.[115] Sie erstreckte sich fast über das ganze Stadion. Einzig die Gästefans aus Magdeburg blieben außen vor.

Wo hier und da anfangs noch der scheinbare Absturz der Achterbahn erwartet wurde, war spätestens nach dem geglückten Rückrundenbeginn klar, dass wir uns diesmal mittendrin in einer ganz großen Saison befanden.

Wir waren die fairste Mannschaft. Wer kann hier besser genannt werden als Michael Hefele, welcher statt zwölf Gelben und einer Gelb-Roten Karte diesmal mit insgesamt fünf Verwarnungen durch die Saison kam? Wir waren der Verein mit dem größten Zuschauerandrang in allen europäischen dritten Ligen und stellten den Torjäger der Saison sowie das torhungrigste Offensivduo der gesamten Drittligageschichte. Mit zwei Saisonniederlagen durch eine ganze Saison mit 38. Spieltagen zu stürmen schaffte auch noch keine Drittligamannschaft zuvor. Wer suchen möchte, findet garantiert noch mehrere andere Bestleistungen, wir hier in Dresden waren auch so ganz berauscht.

Bereits vier Spieltage vor Saisonende war auch rechnerisch alles klar. Kein Relegationszittern, kein Abstieg am letzten Spieltag, kein Drama, fast schon Langweile statt eines Herzschlagfinales.

Das Besondere dieser außergewöhnlichen Saison war aber sicherlich nicht die Vielzahl an Bestleistungen, sondern eher das Fehlen an internen Meinungsdifferenzen und Scharmützeln, welche sonst in zuverlässiger Regelmäßigkeit nach außen drangen. Beinahe unaufgeregt wurde Geschäftsführer Robert Schäfer, dessen Name wohl auf ewig mit der Schuldenfreiheit des Vereins einhergeht, nach Düsseldorf verabschiedet. Doch die Schuldenfreiheit betrifft den kommenden Grund.

In diesem habe ich meinen Verein nach mehr als einem Vierteljahrhundert noch einmal ganz neu kennenlernen dürfen.

Weil wir nach mehr als zwei Jahrzehnten endlich schuldenfrei sind

Vor einigen Jahren, bis über beide Ohren verschuldet, befassten wir uns mit sperrigen Namen wie dem des »Stadionersatzneubaus«. In diesem Zusammenhang war es notwendig, unsere Heimspielstätte um 20 Meter nach Süden zu versetzen (siehe Grund 48). Die Umsetzung der Versetzung bei laufendem Spielbetrieb war für kreative Planer kein unlösbares Problem, nur was mit der altehrwürdigen Anzeigetafel, welche sich dann hinter dem neuen K-Block und damit außerhalb des Stadions befinden würde, geschehen sollte, sorgte unter den Fans für anhaltenden Gesprächsstoff und natürlich tolle Ideen.

Im Oktober 2009 wurde dies dann von einer Dresdner Zeitung aufgegriffen und einige Ideen genannt. Der meiner Meinung nach kreativste Gedanke war, auf ihr den aktuellen Schuldenstand darzustellen und damit aus einem seit bereits zwei Dekaden schwelenden und undefinierbaren Grau ein ins Auge stechendes und nicht mehr zu übersehendes langjähriges Vereinsproblem darzustellen.

Während es wirkte, als ob die geschäftsführenden Verantwortlichen des Vereins diese permanent existenzbedrohende Problematik seit Anfang der 1990er-Jahre zwischen den Bergen kurzfristiger Nöte nicht sehen konnten oder an ihr scheiterten und sie immer wieder an ihre Nachfolger weiterschoben, entwickelte sich bei den Fans endgültig das Bewusstsein, diese scheinbar unüberwindliche Mauer des Vereins willen selbst abtragen zu müssen.

Das sichtbarste Zeichen war sicherlich die Faninitiative Schuldentilgung, welcher der 95. Grund gewidmet ist. Sie begann 2012 im Verborgenen und ab Ende 2013 öffentlich und emsig, Geld für den Verein zu sammeln. Sie schuf damit immer mehr ein Bewusstsein unter uns allen, selbst in die Hand zu nehmen, was viel zu lange brach lag. Die Mannschaft half im Herbst 2014 durch das Erreichen des DFB-Pokal-Achtelfinales mit, ungeplant Geld einzunehmen. Im Vorfeld des anstehenden Pokalkrachers gegen Borussia Dortmund ging die Zahl der Vereinsmitglieder noch einmal spürbar nach oben. Wer dafür Karten haben wollte, wurde Vereinsmitglied; wer Vereinsmitglied wurde, zahlte, wie im November 2014 vereinsdemokratisch beschlossen, eine finanzielle Sonderumlage zur Ablösung des Kölmel-Darlehens.

Das früher zu erwartende Murren blieb aus, und der Slogan »Wir sind Dynamo« schwebte spürbar zwischen uns allen, die sich dem Verein zugehörig fühlten.

Der ursprüngliche Plan war es, die Faninitiative Schuldentilgung am 30. Juni 2015 enden zu lassen, dem Tag, an dem die Rückzahlung der jahrelangen Schulden anstand. Doch Vertragslaufzeiten kann man anpassen, sowohl als auch.

Der Filmrechtehändler Michael Kölmel verlängerte sein Darlehen noch einmal um ein Jahr. Doch anders als bei den vorherigen Verlängerungen, als uns Fans das Gefühl beschlich, einziges Ziel sei es gewesen, die Problematik hinter anderen wichtigen Dingen ablagern zu können, hatte man diesmal den berechtigten Glauben, den Berg überwunden zu haben und nur noch eine Abfahrt mit mehreren Kehren zur Zielgeraden entlangrollen zu müssen.

Auf Initiative von Jens Jeremies hatte sich der FC Bayern München zu einem Benefiz-Freundschaftsspiel angemeldet. Man kann von den Bayern halten, was man will, aber wenn Vereine im Regen stehen, sind sie da. Rostock, Duisburg, dazu noch einige andere, diesmal sollte Dynamo der Nutznießer sein. Keine Antrittsgage, keine Fahrtkosten, dafür hautnah Stars wie Thomas Müller, Philipp Lahm, Arjen Robben oder der ehemalige Jugendspieler von Dynamo, Tom Starke, würden auf dem Feld ihre Visitenkarte abgeben.

So verlängerten auch die emsigen Enthusiasten hinter der Faninitiative ihre Aktion bis zum 17. August 2015, dem Spiel gegen die Bayern.

Und wieder zogen viele an einem Strang. Der Stadionbetreiber öffnete unentgeltlich die Tore für mehr als 30.000 Fans, ein vom Ausrüster extra für dieses Spiel entworfenes 1973er Retro-Trikot fand guten Absatz, und unser Hauptsponsor rief gemeinsam mit dem Verein zum dynamischen Biergenuss auf. Der an diesem Abend getrunkene Gerstensaft floss mit seinen kompletten Einnahmen im wahrsten Sinne des Wortes in die Unabhängigkeit des Vereins. Parallel übergab die Faninitiative Schuldentilgung ihren gesammelten Beitrag von 130.000 Euro, um den Verein endlich auf selbstständigere Füße stellen zu können.

Eine weitere Sonderumlage schloss endgültig den Schuldentopf.

Letztendlich in Erinnerung bleiben wird der Tag, an dem Geschäftsführer Robert Schäfer stolz verkündete: »Der 21. März 2016 ist ein historischer Tag für die Sportgemeinschaft, denn Dynamo Dresden ist erstmals seit rund 25 Jahren wieder schuldenfrei«.[116]

Grandios, oder?

BONUSGRUND 3

Weil aus Dynamo im dritten Versuch Dynaaamo wurde und Fußball damit endlich theatertauglich

Ich schaue nach links und rechts und bin umgeben von ebenso erwartungsvoll schauenden Schlachtenbummlern in diversen Kombinationen aus Schwarz, Gelb und hin und wieder Weinrot. Nachdem sich auch die Jüngsten mit Getränken ausgerüstet und ihren Platz im Block gefunden haben, wird das Spiel eingesungen. Zuerst leise »Dy-Dy-Dy-Dy-Dy-Dy-«, mit dem »Na-Na-Na-Na-Na-Na« stimmt mein Block mit ein, und als das »Mo-Mo-Mo-Mo-Mo« erschallt, bin ich lautstärketechnisch sicher, mich im Stadion zu befinden. In knapp 90 Minuten wird es planmäßig beendet sein. Anders als gewohnt, sitze ich diesmal ganz vorn in der 2. Reihe.

Ich kann alles sehen, Anspannung, Erwartung, Spielfreude. Ihre Konzentration steckt an.

Es ist der 17. September 2015, ein Donnerstagabend, Flutlichtatmosphäre. Hell leuchtet es diesmal jedoch nicht im Stadion, sondern auf der Bürgerbühne des Kleinen Hauses. Die auflaufende Mannschaft besteht nicht wie üblich aus elf Mann auf dem Feld und sieben auf der Bank, sondern aus 19 Laienschauspielern zwischen sechs und 54 Jahren.

Dynamo meets Kultur, kann das im dritten Versuch innerhalb von vier Jahren zum ersten Mal funktionieren? Die vorherigen Versuche darf man als krachend gescheitert bezeichnen.

»Im Würgegriff der Taubenmafia« von 2011 (Grund 8) wurde bereits besprochen. Eine konkrete Planung gab es für eine Stadionaufführung von »11 Mann im Abseits – das Stück zu Dynamos Aufstieg«. Bis zur endgültigen Absage mehr als ein Jahr später kam es nicht einmal zu einer einzigen Probe.

Diesmal, so habe ich gleich am Anfang das Gefühl, muss ich mir keine Sorgen machen. Das Stück läuft, fasziniert ungemein und nimmt mich auch ohne Ball gefangen und mit sich auf eine Reise durch die wechselvolle Vereinsgeschichte. Dazwischen erklingen immer wieder die Gesänge des Stadions, mal laut, selten leise, doch diesmal sind sie für mich deutlich zu verstehen.

Während des Spieles erlebe ich viele Aha-Erlebnisse, schwelge mit den Darstellern in Erinnerungen um einstige und aktuelle Helden. Auch unsere internationale serbokroatisch-bosnische Viererkette des Jahres 2000 mit Vladimir Manislavić, Branislaw Bulatović, Ninoslav Milenković (oder war sein Nebenmann Velibor Kompunović gemeint?) erhalten, neben unserem Dauerbrenner im Tor, Ignjac »Krake« Krešić, ihre nachträglichen fünf Sekunden schwarz-gelben Ruhms. Während ich noch über den genauen Wortlaut mit dem »serbischen Melderegister« unseres damaligen »1. FC Dynamović« im Stadionmagazin des FC Sachsen Leipzig sinniere,[117] pfeifen bereits Namen anderer Spielergenerationen durch mein Hirn und ziehen mich weiter durch die dynamischen Jahrzehnte.

Plötzlich wird es deutlich kälter auf der Bühne. Eine unangenehm martialische Dresdner Montagabendstimmung breitet sich aus, und die, die mir bisher über den Abend näher zu kommen schienen, sind mir auf einmal so fern, wie es nur möglich ist. Schnell wird klar, irgendwie muss sich das entladen, und letztendlich ist es ein Bühnenstrahler, der gewaltsam malträtiert wird. Erklärungen sind überflüssig, und leider gibt es nicht einmal einen Lösungsansatz zu dieser gesellschaftlichen Fehlentwicklung. Was bleibt, ist, auch Monate später, als diese Zeilen geschrieben werden, ein unangenehmes und hilfloses Gefühl.

Doch zum Glück endet es nicht hier. Die Kälte wird vertrieben von gefühlten Dörfern (man mag es mir verzeihen), die sich in Pflichtspielen mit uns messen durften. Sondershausen, Neugersdorf, Gotha und Braunsbedra … Reicht jetzt, möchte ich noch rufen, als meine Begleitung ungefragt noch einen draufsetzt. Laut und enthusiastisch, für alle im Publikum vernehmbar, fügt er noch den »VfB Zittau« in die bisher noch unvollständige Aufzählung ein. Ja natürlich, die kleine Stadt im Dreiländereck, welche wir in der Saison 2000/01 bereisten, darf in dieser illustren Liste nicht fehlen.

Wenigstens gewannen wir da durch ein Tor durch den gerade genannten Branislaw Bulatović. Sport kann einander verbinden. Spieler, deren Völker sich an runden Tischen nicht grün waren, haben sich für Dynamo Dresden gemeinsam den Ball zugespielt.

Vielleicht sollten wir auf dieser Welt alle mehr Fußball spielen!

… und weiterhin Dynamo lieben!

Weil Feldi besser als Brause schmeckt

Die Nacht der Pokalauslosung zog sich bereits eine gefühlte Ewigkeit bräsig dahin, als endlich aus dem Amateurtopf unsere SG Dynamo Dresden gezogen wurde. In Leverkusen, wo man ebenfalls noch auf einen Gegner wartete, stieg wahrscheinlich nicht nur bei Rudi Völler die Herzfrequenz an. Damals in Dresden, 2011, wie soll man diese grausame Schmach vergessen, wenn man sie jederzeit neu erleben kann?

Derweil strichen beim FC Schalke 04 bereits emsige Finger regionale Landkarten entlang auf der Suche nach einer kleinen Stadt in Südbaden. Deren Interesse an der Pokalauslosung war erloschen. Nur wenige Sekunden zuvor hatten die Knappen mit dem FC 08 Villingen einen Verbandsligisten erwischt. Wenigstens nicht Dynamo! Egal, wann und wo sie Villingen finden würden, zumindest eine neue Schmach in Dresden war ihnen erspart geblieben! Glück gehabt!

Doch egal, Leverkusen, Schalke, alles olle Kamellen. Wir wollten neue Abenteuer, frische Triumphe und das nächste Kreuz hinter einem weiteren geglückten Pokalkrimi setzen. Als die zweite Kugel geöffnet und die nun feststehende 21. Partie der 1. Runde verlesen wurde, gab es unter den Fußballfreunden, Eventfans und Funktionären völlig gegensätzliche Reaktionen, von Müdigkeit jedenfalls gab es hier und da keine Spur mehr.

Während man beim DFB plötzlich wieder hellwach war wegen der reizenden Geschichten, wie sie nur der Fußball schreiben kann, entfuhr dem einen oder der anderen einer nicht betroffenen Fanbasis sicherlich ein überzeugtes »Wow, Wahnsinn! Ob das Spiel denn wirklich bis zur 90. Minute geht?«. In Dresden mit seinen weit verstreuten Anhängern und beim gezogenen Pokalgegner, ganze 100 Kilometer entfernt, schliefen die Gesichter ein. Die Vorfreude gehörte einzig den Unbeteiligten. Ja, wir hatten einen Bundesligisten erwischt und nicht den noch möglichen SV Sandhausen, aber nein, nein und nochmals nein, den, der es nun sein würde, den wollten wir wirklich nicht in Dresden begrüßen!

Vergleiche waren rasch gefunden: Tradition gegen Kommerz, Emotionen gegen Klatschpappen, Gut gegen Böse, Flasche gegen Dose, anders ausgedrückt: Mehrwert gegen Einweg …

Es würde ein hitziger Nachmittag werden mit vier martialisch lauten Dresdner Wänden ganz in Gelb, welcher auch bei einem Neubundesligisten einen bleibenden Eindruck hinterlassen würde. Dazwischen, in einer Kurve eingepfercht und nicht zu hören, die Anhänger des Gegners.

Dynamo, unser Gegner und sogar der DFB hatten bereits im Vorfeld mit offenen Scharmützeln und verdeckten Sticheleien ihre eigene Spielvorbereitung absolviert. So verzichtete die SGD auf der Homepage auf jegliches Darstellen des Vereinswappens unseres Erstrundengegners, der wiederum schrieb den Hinweis, möglichst erst am Spieltag mit einem neutralen Bus durch Dresden zu reisen, in den Wind. Ein gemeinsames Fanturnier fand ebenso keinen Anklang wie eine im Vorfeld angedachte deeskalierende gemeinsame Pressekonferenz.

Auch bei der Verwendung des Namens »Derby« kam man auf keinen Nenner. Geschichtsträchtig war dieses Spiel auf keinen Fall. Zwei Pflichtspielduelle jener 1. mit unserer 2. Mannschaft, ein während unserer Aufstiegsrelegation gegen den VfL Osnabrück unwichtiges Sachsenpokalspiel, die bisherigen Berührungspunkte waren rar.

Vonseiten des DFB-Generalsekretärs Friedrich Curtius erhielt unser Sportgeschäftsführer Ralf Minge telefonisch eine interessante Aussage, sollte es unschöne Szenen geben: »Egal, was passiert, es werde an unserem Verein hängen bleiben.«[118]

Am Spieltag liegen und damit leider in vielen Köpfen hängen blieb ein Bullenkopf im Stadionrund, eine geschmack- und hirnlose Entgleisung, für welche zuerst einmal wieder der Verein geradestehen wird.[119]

Sportlich in Erinnerung bleibt ein weiterer schwarz-gelber Haken, gesetzt hinter dem vierten höherklassigem Verein seit 2011. Mit einer ersten Halbzeit, welche eine Spiegelung des nicht mehr zu erwartendem Triumphes gegen Leverkusen schien, einem zweiten Abschnitt, welcher eine »Ausgerechnet Kutschke«-Überschrift tragen könnte, einer Verlängerung, welcher als Reminiszenz nur ein Alexander Schnetzler fehlte, und einem Elfmeterschießen, welches Uwe Neuhaus bei der Festlegung der Schützen entglitt. Anschließend Ekstase mit vielen Litern Feldi statt Brause. Ein wunderbarer Sieg mit der Gewissheit, einen weiteren Eintrag im Geschichtsbuch des Vereins erschaffen zu haben!

Das letzte Wort hatten auf der obligatorischen Pressekonferenz schließlich die Trainer beider Teams. Auf die Frage, ob es im Vorfeld eine Trainingseinheit für ein mögliches Elfmeterschießen gegeben habe, kam vom gerade Enttäuschten ein kleinlautes »Ja«, während Uwe Neuhaus kurz und knapp verneinte.[120]

So geht das in Dresden!

EIN GROSSER DANK AN DIE ZWÖLFTEN FRAUEN UND MÄNNER RUND UM DIE SG DYNAMO DRESDEN

NACHWORT

Die »111 Gründe« klangen am Anfang so wahnsinnig viel, und doch habe ich nicht das Gefühl, alles über Dynamo erwähnt zu haben. Egal, wie intensiv man sich der Sportgemeinschaft nähert und von welcher Seite man versucht, Dynamo zu greifen, der Verein wird sich hüten, eine einzige Schublade zu bedienen. Vielleicht ist das der wichtigste Grund, weshalb ihm so viele verfallen sind. Zeit zu danken!

Robert, dafür, dass du eine erste Tür zum Verein geöffnet hast.

Henry, der dafür sorgte, dass einige persönliche Geschichten auf Reisen gehen konnten und mich auch fanden.

Diana mit den offenen Ohren für die kleinen und großen Wünsche der Fans, welche sich einfach in der Torwirtschaft mir gegenüber hinsetzte, zuhörte und von eigenen Erlebnissen rund um den großartigsten Verein der Welt erzählte.

Andree, Yvonne, Max, Elke, Markus und Mario, welche sich, wie einige andere, bei mir gemeldet haben. Danke für eure Geschichten, die hier und da im Buch auftauchen. Danke für die vielen Rückfragen, die ihr mir schnell und selbstverständlich beantwortet habt. Auch die haben einen Platz gefunden, selbst wenn sie nicht alle in einem konkreten Grund nachzulesen sind.

Roland, welcher mir die ungeahnten Möglichkeiten der Sächsischen Landesbibliothek – Staats- und Universitätsbibliothek nahegebracht hat. Ich habe dort Stunden in den 50ern zugebracht und wahrscheinlich mehr über diese Zeit gelesen als vor vielen Jahren im Geschichtsleistungskurs.

Frank und Jürgen nahmen sich Zeit, viele Fragen aus den Jahren zu beantworten, in denen ich Dynamo wohnortbedingt etwas aus meinem erweiterten Mittelpunkt verloren hatte.

Christiane, eine gefühlte Groundhopperin im Nachwuchsfußball, half mir, die Entwicklung des Dresdner Nachwuchses ein wenig zu sortieren und nun hoffnungsvoller in die kommenden Jahre zu schauen.

Sebastian und Frank stellten sich mit mir vor dem letzten Saisonspiel gegen Bielefeld ins Spalier. »Letztendlich ist es doch eigentlich egal, wo wir spielen. Wir gehen trotzdem hin!« war einer der einprägsamsten Sätze dieses Tages geworden.

Der zweite Sebastian ist einer derer, der in Rostock live erlebten, was ich gleichzeitig am Radio vernahm. Er trommelte seine Freunde zusammen, um mir neue Blickwinkel auf unseren Verein erschaffen zu können.

Jarg hat immer wieder die Vorarbeiten einzelner Kapitel gelesen und konnte sich trotzdem noch auf das Buch freuen.

Meine beiden Jungs mussten in den letzten Monaten zu viel zurückstecken und auch meiner Frau schulde ich mindestens 112 Gründe, sie noch etwas mehr zu lieben. Die werden sich rasch finden.

Mit euch allen und noch vielen Ungenannten habe ich mich wieder über Dynamo ausgetauscht. Ihr habt meinen Blickwinkel erweitert. Vielen Dank dafür!

ANMERKUNGEN

1 »Pokal-Ausschluss für Dynamo Dresden« (24.11.2011) in: *Kölner Stadtanzeiger*, www.ksta.de/fussball/urteil-pokal-ausschluss-fuer-dynamo-dresden,15189340,12024682.html (07.08.2014)

2 Genschmar, Jens: *Mit Dynamo durch Europa, Die Europapokalspiele der SG Dynamo Dresden 1967-1991*, Dresden, edition Sächsische Zeitung, November 2011, S. 159

3 *kicker-Sportmagazin, Sonderheft Bundesliga 1993/94*, Nürnberg, Verlag Nürnberger Presse, 1993, S. 99

4 Ebd.

5 Deutscher Kinderhospizverein, www.deutscher-kinderhospizverein.de/startseite/ (07.08.2014)

6 Wittner, Andreas: »Als die Engländer noch dauernd siegten« (04.06.2006), www.welt.de/print-welt/article227103/Als-die-Englaender-noch-dauernd-siegten.html (07.08.2014)

7 Genschmar, Jens: *Dresden Wiege des Fussballs*, Dresden: edition Sächsische Zeitung (November 2012), S. 12, Saturday, March 1874 = Samstag, März 1874

8 www.dfb.de: »Der Leipziger Marien-garten als Geburtsstätte«, www.dfb.de/index.php?id=500154 (07.08.2014)

9 www.dfb.de: »Die Gründerjahre«, www.dfb.de/index.php?id=504412 (07.08.2014)

10 Karte, Uwe/Zimmermann, Gert: *Das Dynamo-Buch, Dynamo Dresden 1953–2013*, 2013, S. 78

11 Spannaus, Eric: *OstDerby*, Ausg. 2 (15.05.2013), »Von den Anfängen des Fußballs in Dresden 1874 über die schwierige Suche nach neuen Mannschaften bis zum Ende der Fahrstuhlmannschaft SG Dynamo Dresden 1969«, in: *OstDerby, Magazin für den Fußballosten*

12 Genschmar, Jens: *Mit Dynamo durch Europa, 1967-1991*, edition *Sächsische Zeitung*, November 2011, S. 23 ff.

13 *Sächsische Zeitung*, Ausg. vom 06.10.1967

14 *Sächsische Zeitung*, Ausg. vom 06.10.1967

15 Nuttelmann, Uwe: *DDR-Oberliga 1962–1991*, Verlag Uwe Nuttelmann, Jade, 2007, S. 171 ff.

16 Köster, Philipp: »Die größten Spiele aller Zeiten« (24.01.2007) in: *11 Freunde*, www.11freunde.de/artikel/national-international-weltweit (07.08.2014)

17 Spannaus, Eric: »Vizemeisterschaften als das Optimum des Möglichen, die 80er Jahre der SG Dynamo Dresden« (15.12.2013), in *OstDerby, Magazin für den Fußballosten*, Ausg. 4, S. 49 f.

18 Genschmar, Jens: *Mit Dynamo durch Europa, Die Europapokalspiele der SG Dynamo Dresden*, edition Sächsische Zeitung, November 2011, »Dynamo wieder spielberechtigt«, finale letzte Erklärung im Buch

19 Karte, Uwe/Zimmermann, Gert: *Das Dynamo-Buch, Dynamo Dresden 1953–2013*, 2013, S. 257

20 *Dresdner Neueste Nachrichten*, Ausg. vom 15.05.2002, S. 15

21 Ebd., S. 21

22 *Sächsische Zeitung*, Ausg. vom 22.05.2002, S. 17

23 *Dresdner Neueste Nachrichten*, Ausg. vom 22.05.2002

24 www.dynamo-dresden.de: Vorstellung Trikots (24.06.2013), www.dynamo-dresden.de/mediathek/details/galerie/460/mediathek-action/show/mediathek-controller/Mediathek.html (07.08.2014)

25 Schürmann, Marc (Hrsg.): Neon, Unnützes Fußballwissen, 1374 skurrile Fakten, die man nie mehr vergisst (5. Aufl.), München: Wilhelm Heyne Verlag, April 2012

26 Leue, Gunnar: »Das sportliche Überbleibsel des Kommunismus« (15.04.2013), www.zeit.de/sport/2013-04/dynamo-fussball-dresden-houston (07.08.2014)

27 *Sächsische Zeitung*, Ausg. vom 16.05.2002, S. 1

28 *kicker-Sportamagazin, Sonderheft Bundesliga 2009/10*, S. 209

29 Markus: Die 10 peinlichsten Fussball-Maskottchen (15.03.2007), www.doktorfussball.de/die-10-peinlichsten-fussball-maskottchen/ (07.08.2014)

30 www.dynamo-dresden.de: Fan-Charta www.dynamo-dresden.de/fans/fan-charta.html (07.08.2014)

31 Prüger, Uli: »WM-Qualifikation, EC und Titelkampf sind lohnende Aufgaben: Also Anpacken«, 10.08.1988 in *Sächsische Zeitung*, S. 7

32 P. U.: »Außenseiter stark in einem Spitzenteam«, 15.08.1988 in *Sächsische Zeitung*, S. 5

33 Geisler, Sven: »Ein Kribbeln wie 100000 Stecknadeln«, 15.09.2009 in: *Sächsische Zeitung*, www.dynamostadion.de/presse09/2009presse09.html (07.08.2014)

34 Ebd.

35 www.zaunfahnen.de: SGD-Zaunfahnensammlung, www.sgd zaun fahnen.de/index.html (29.09.2014)

36 Pauly, Torsten: »Dynamo hat die größte Blockfahne Deutschlands« (28.09.2011), www.bild.de/regional/dresden/dynamo-dresden/dynamo-dresden-hat-die-groesste-blockfahne-deutschlands-20193556.bild.html (04.08.2014)

37 Hamann, Günter: »Ein Spiel dauert immer 90 Minuten«, *Sächsische Zeitung*, 25.08.1986, S. 7

38 Wikipedia.de: Balkestein, Luuk, de.wikipedia.org/wiki/Luuk_Balkestein (08.09.2014)

39 Wikipedia.de: FDGB-Pokal 1976/77, de.wikipedia.org/wiki/FDGB-Pokal_1976/77 (08.09.2014)

40 Krüger, Uwe: *Ostdeutsche Traditionsverein 1: Dynamo Dresden*, Agon-Sportverlag, Kassel, 1997, S. 29 f.

41 Krüger, Uwe: *Ostdeutsche Traditionsvereine 1, Dynamo Dresden*, Kassel: Agon Sportverlag, 1997, S. 40 f.

42 Krüger, Uwe: *Ostdeutsche Traditionsvereine 1, Dynamo Dresden*, Kassel: Agon Sportverlag, 1997

43 Nuttelmann, Uwe: *DDR-Oberliga 1962-1991*, Uwe Nuttelmann, 2007

44 Pätzug, Veit: *Schwarzer Hals und Gelbe Zähne*, 2. Aufl., 2006, S. 82

45 Mathees, Axel: »Mehr als ein Jubiläum« (April 2013), *Nachspielzeit*, Ausg. 12

46 Vorderwülbecke, Per: »Aus der Kurve« (06.03.2012), www.deutsch

landfunk.de/aus-der-kurve.1346.de.html?dram:article_id=197030 (Stand 04.08.2014)

47 chs/dbr/sl: Großrazzia gegen Dynamo-Dresden-Fangruppierung »Faust des Ostens« (05.06.2012), www.dnn-online.de/dresden/web/dresden-nachrichten/detail/-/specific/Grossrazzia-gegen-Dynamo-Dresden-Fangruppierung-Faust-des-Ostens-1781601158 (04.08.2014)

48 Geisler, Sven: »Die schöne Seite des K-Blocks« (27.04.2013), *Sächsische Zeitung*

49 Dynamo Dresden teilt mit: »Testspiele und ›neue‹ Namen« in *Sächsische Zeitung*, 09.07.1985, S. 5

50 Krüger, Uwe: *Ostdeutsche Traditionsvereine 1, Dynamo Dresden*, Kassel, Agon Sportverlag, 1997, S. 79

51 Genschmar, Jens/Pätzug, Veit: *Der Dirigent Hans-Jürgen Dörner, Eine deutsche Fußballkarriere*, Göttingen, Verlag Die Werkstatt, 2007, S. 55 ff.

52 Hamann, Günter: »Vor dem Anpfiff: Sein Abschied ist kein Abschied vom Fußball« in *Sächsische Zeitung*, 25. August 1986, S. 7

53 Geisler, Sven/Schwarz, Jürgen: *Dynamo Dresden, Legenden. Schicksale. Geschichten.*, edition *Sächsische Zeitung*, 2008, S. 43

54 Pleil, Ingolf: *Mielke, Macht und Meisterschaft, Dynamo Dresden im Visier der Stasi*, Ch. Links Verlag, Berlin, 2. akt. u. erw. Aufl., 2013, S. 159

55 Pleil, Ingolf: *Mielke, Macht und Meisterschaft, Dynamo Dresden im Visier der Stasi*, Ch. Links Verlag, Berlin, 2. akt. u. erw. Aufl., 2013, S. 161

56 Geyer, Matthias: »Schokolade vom bösen Onkel« (29.03.1999), www.spiegel.de/spiegel/print/d-10630190.html (05.08.2014)

57 Jürgens, Tim: Der Fußball, mein Leben & ich: Rolf Schafstall (08.10.2013), www.11freunde.de/interview/der-fussball-mein-leben-ich-rolf-schafstall?page=2 (05.08.2014)

58 Fangemeinschaft Dynamo: »3. Legendenstammtisch mit Christoph Franke«, vimeo.com/6891932 (05.08.2014)

59 *Sächsische Zeitung* 06.06.2007

60 *kicker*, 3. Liga – Elf des Tages, www.kicker.de/news/fussball/3liga/spieltag/3-liga/2008-09/27/elf-des-tages-am-spieltag.html (04.08.2014)

61 Karte, Uwe/Zimmermann, Gert: *Das Dynamo-Buch, Dynamo Dresden 1953–2013*, Dresden 2013, S. 274

62 Schlegel, Tim: »Fans kämpfen um ihren Fußball-Gott«, www.bild.de/sport/fussball/dynamo-dresden/fans-kaempfen-um-thomas-neubert-36494050.bild.html (05.08.2014)

63 Brinkmann, Ansgar; aufgezeichnet von Henrichs, Bastian: *Der weiße Brasilianer*, Bielefeld, Delius Klasing, 2011, S.112

64 *Dynamo-Kreisel*, Ausg. zum 34. Spieltag 2013/14 (11.05.2014)

65 Dynamo Dresden: »Erfolgsgeschichten«, www.dynamo-dresden.de/nachwuchs/erfolgsgeschichten.html (04.08.2014)

66 Sonnenstrahl Dresden e. V., sonnenstrahl-ev.org/content/ (06.08.2014)

67 CD Booklet, Das Beste von Das Lied zum Spiel 2004–2011, 7 Saisons – 130 Lieder – 1 Verein!

68 *Hamburger Morgenpost*: »Salto rückwärts: Dresdner Fans retten

Frankes Job« (21.11.2005), www.mopo.de/news/fussball-salto-rueck-waerts--dresdner-fans-retten-frankes-job,5066732,5913986.html (05.08.2014)

69 Weinrich, Ulrike: »Dynamo Dresden nach Pokalausschluss schockiert« (11.12.2012), www.abendblatt.de/sport/article111945601/Dynamo-Dresden-nach-Pokalausschluss-schockiert.html (05.08.2014)

70 Schwarz-Gelb, Die Dynamo-Saison 2013/14, Ausg. 2, Dresden, edition sz, S. 68

71 Weinrich, Ulrike: »Dynamo Dresden nach Pokalausschluss schockiert« (12.12.2012), www.abendblatt.de/sport/article111945601/Dynamo-Dresden-nach-Pokalausschluss-schockiert.html (05.08.2014)

72 Dynamo-Kreisel zum 6. Spieltag der 2. Bundesliga, Saison 2012/13, S. 4 f.

73 Krüger, Uwe: *Ostdeutsche Traditionsvereine 1: Dynamo Dresden*, Kassel: Agon Sportverlag, 1997, S. 38

74 www.mundwerk-freital.de/sites/default/files/20111213_Dynamo_SZ.pdf (05.08.2014)

75 Schlegel, Tim: »Japaner bauen Dynamo-Stadion nach« (26.05.2014), www.bild.de/sport/fussball/dynamo-dresden/japaner-bauen-stadion-nach-36128042.bild.html (05.08.2014)

76 Eurosport: »Ein Überfall, der keiner war« (19.12.2013), de.eurosport.yahoo.com/news/2-bundesliga-dresdner-%C3%BCberfall-keiner-war-151830954--sow.html (05.08.2014)

77 Wikipedia: de.wikipedia.org/wiki/Dynamo_Dresden/Europapokal statistik#Messest.C3.A4dte-Pokal_1967.2F68 (05.08.2014)

78 Genschmar, Jens: *Mit Dynamo durch Europa, Die Europapokalspiele der SG Dynamo Dresden 1967–1991*, edition *Sächsische Zeitung*, 2011, S. 45

79 Karte, Uwe/Zimmermann, Gert: *Dynamo Dresden, Das Buch zum Verein 1953-1993*, Thom Verlag Leipzig, 2. Aufl. 1993, S. 66

80 MDR: »Das Hinspiel Bayern München gegen Dynamo Dresden 1973« (04.06.2012), www.mdr.de/geschichte-mitteldeutschlands/sport194.html (05.09.2014)

81 Rychlewski, Ronald: »Ein Dynamo-Fan erzählt seine Geschichte, Das Spiel der Spiele: Dynamo Dresden – Bayern München« (01.04.2011), www.mdr.de/damals/archiv/artikel69256.html (05.09.2014)

82 Kirschneck, Jens: »Dresden gegen Bayern 1973: Und dann kam Müller« (25.12.2008), www.spiegel.de/sport/fussball/dresden-gegen-bayern-1973-und-dann-kam-mueller-a-593666-2.html (05.09.2014)

83 Wikipedia: FDGB-Pokal 1974/75, de.wikipedia.org/wiki/FDGB-Pokal_1974/75 (05.09.2014)

84 Detmer, Gereon/Asche, Christoph: »Mehr Pokal-Sensationen: Schande, Schmach und Deppentanz« (31.07.2009), www.spiegel.de/sport/fussball/mehr-pokal-sensationen-schande-schmach-und-deppentanz-a-638794-4.html (05.09.2014)

85 Karte, Uwe: »Der kleine General, Dynamo DVD«, UAP Video GmbH, 2009

86 Hamann, Günter: »Im Angriffswirbel der Dynamos Tore, Tore« (07.09.1981), *Sächsische Zeitung*, S. 7

87 Maschke, Jakob: »Im Herzen bis

heute ein Team« (31.05.2011) in der Mitteldeutschen Zeitung, www.mz-web.de/sport-merseburg-querfurt/fussball-im-herzen-bis-heute-ein-team,20642832,17509226.html (05.08.2014)

88 *Sächsische Zeitung*: »Die Meinung der Trainer« (07.09.1981), *Sächsische Zeitung*, S. 7

89 *Sächsische Zeitung*: gefragt-geantwortet, »Debüt« wird schwer, Chance suchen wir (08.09.1981), *Sächsische Zeitung*, S. 4

90 FDGB-Pokal 1970/71: de.wikipedia.org/wiki/FDGB-Pokal_1970/71 (10.09.2014)

91 Genschmar, Jens/Pätzug, Veit: *Der Dirigent Hans-Jürgen Dörner, Eine deutsche Fußballkarriere*, Göttingen, Verlag die Werkstatt, 2007, S. 83

92 www.dfb.de: www.dfb.de/3-liga/spieltagtabelle/?spieledb_path=%2Fmatches%2F1908103 (10.09.2014)

93 Krüger, Uwe: *Ostdeutsche Traditionsvereine 1, Dynamo Dresden*, Agon Sportverlag, 1997, S. 315 f.

94 FDGB-Pokal 1981/82: de.wikipedia.org/wiki/FDGB-Pokal_1981/82 (10.09.2014)

95 Spannaus, Eric: »Vizemeisterschaften als das Optimum des Möglichen, die 80er Jahre der SG Dynamo Dresden« (15.12.2013) in *OstDerby, Magazin für den Fußballosten*, Ausg. 4, S. 47

96 FDGB-Pokal 1983/84: de.wikipedia.org/wiki/FDGB-Pokal_1983/84 (11.09.2014)

97 Hamann, Günter: »Nicht schlecht, aber wieder keine Treffer« (25.03.1985) in *Sächsische Zeitung*, S. 7

98 FDGB-Pokal 1984/85: de.wikipedia.org/wiki/FDGB-Pokal_1984/85 (05.08.2014)

99 *ARD-Sportschau*, »Tor des Monats«, www1.sportschau.de/sportschau_specials/tordesmonats/tor_des_monats/html/popup.php5?show=-details&id=254&cb=chronik (05.08.2014)

100 Dehlis, Frank: »Dehli-News«, www.dehli-news.de/welcome.php (06.08.2014)

101 Slawski, Wolfgang: *Mein Stadt-Wimmelbuch Dresden*, Willegoos Verlag, 2012

102 Geisler, Sven/Schwarz, Jürgen: *Dynamo Dresden, Eine Legende wird 50*, Dresden: Dresdner-Magazin Verlag, 2003

103 *Sächsische Zeitung*, 25. November 2003, S. 12

104 *Dresdner Neueste Nachrichten*, 26. Februar 2004, S. 18

105 Dynamo Dresden: »Siebenmaliger Titelträger startet im FDGB-Pokal«, www.dynamo-dresden.de/verein/fdgb-pokal/fdgb-pokal.html (06.08.2014)

106 »Dynamo Dresden: Danke!«, www.dynamo-dresden.de/fans/news/news-details/danke.html 06.08.2014)

107 Fangemeinschaft Dynamo: »Augenzeuge, der Wochenrückblick der Fangemeinschaft Dynamo«, Nr. 51, Woche vom 09.03. bis 15.03.2012 (06.08.2014)

108 1953international: »Hintergrund & Ziele«, 1953international.de/hintergrund (06.08.2014)

109 BILD: »Nach Abstieg der Schwarz-Gelben, Sarajevo-Fans unterstützen Dynamo mit Kurven-Banner« (27.05.2014), www.bild.de/regional/dresden/dynamo-dresden/fan-von-

fk-sarajevo-supporten-dynamo-dresden-36158996.bild.html (06.08.2014)

110 Vimeo, »Fangemeinschaft Dynamo: 3. Legendenstammtisch mit Christoph Franke«, vimeo.com/6891932 (06.08.2014)

111 Stadion Dresden: »Heiraten im Stadion«, www.gluecksgas-stadion.de/heiraten_im_stadion/ (06.08.2014)

112 Majica, Marin: »Flasche leer, Club voll« (18.07.2001), in: *Berliner Zeitung*, www.berliner-zeitung.de/archiv/im-vereinsheim-des-fc-magnet-mitte-treffen-sich-fussball-freunde-und-das-hippe-nachtvolk-flasche-leer--club-voll,10810590,9920756.html (06.08.2014)

113 Genschmar, Jens: *Mit Dynamo durch Europa: Die Europapokalspiele der SG Dynamo Dresden 1967–1991*, edition Sächsische Zeitung, 2011, S. 23

114 www.bild.de/regional/dresden/dynamo-dresden/die-saison-der-rekorde-45853724.bild.html

115 www.faszination-fankurve.de/index.php?head=Nach-851-Tagen-Arbeit-Das-war-Projekt-X&folder=sites&site=news_detail&news_id=11250&gal_id=1035&bild_nr=1

116 www.dynamo-dresden.de/verein/news/newsdetails/die-sg-dynamo-dresden-ist-schuldenfrei.html

117 Karte, Uwe: Dynamo Dresden 1993-2004, edition Sächsische Zeitung, Dresden 2004, 1.Auflage, Seite 153

118 www.sz-online.de/nachrichten/dynamo-entschuldigt-sich-bei-rb-leipzig-3478056.html (Stand: 07.09.2016)

119 www.sz-online.de/nachrichten/bullenkopf-affaere-brandenburger-soll-taeter-sein--3486677.html (Stand: 07.09.2016)

120 www.youtube.com/watch?v=rdaygqsVpn0 (Stand 07.09.2016)

DER AUTOR

ERIC SPANNAUS, geboren 1979 in Dresden, verdient sein Geld im Krankenhaus, fand mit seinem Herzensverein 1988/89 im erfolgreichsten Jahr der Vereinsgeschichte zusammen, wurde zum Blogger und Fußballmagazinautor, hat seinen Vater noch immer nicht ins Stadion bekommen, sitzt mit seinem Sohn im Familienblock.

Eric Spannaus
111 GRÜNDE, DYNAMO DRESDEN ZU LIEBEN
Eine Liebeserklärung an den
großartigsten Fußballverein der Welt

ISBN 978-3-86265-417-8
ZWÖLFTER MANN – Das Programm für Fußballfans von Schwarzkopf & Schwarzkopf | Die Reihe ZWÖLFTER MANN wird von Martin Brinkmann und Oliver Schwarzkopf herausgegeben |

KATALOG
Wir senden Ihnen gern kostenlos unseren Katalog.
Schwarzkopf & Schwarzkopf Verlag GmbH
Kastanienallee 32, 10435 Berlin
Telefon: 030 – 44 33 63 00
Fax: 030 – 44 33 63 044

INTERNET | E-MAIL
www.zwoelftermann.de
info@schwarzkopf-schwarzkopf.de